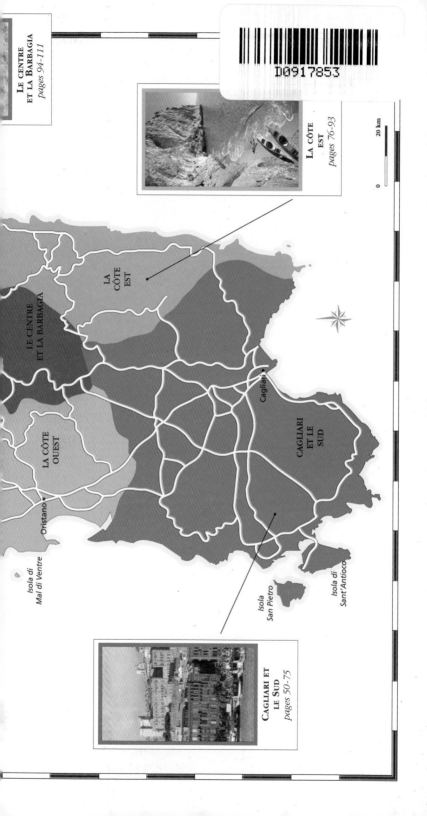

LE CENTRE
ET LA BARBAGIA
pages 94-111

LA CÔTE
EST
pages 76-93

LE CENTRE
ET LA BARBAGIA

LA CÔTE
EST

LA CÔTE
OUEST

Oristano

Cagliari

CAGLIARI
ET LE
SUD

Isola di
Mal di Ventre

Isola
San Pietro

Isola di
Sant'Antioco

CAGLIARI ET
LE SUD
pages 50-75

0   20 km

GUIDES ◆ VOIR

SARDAIGNE

GUIDES ◆ VOIR

SARDAIGNE

Libre Expression

Ce guide Voir a été établi par :
Fabrizio Ardito

Direction :
Isabelle Jeuge-Maynart

Direction éditoriale :
Catherine Marquet

Édition :
Hélène Gédouin

Traduit et adapté de l'anglais par :
Tina Calogirou avec la collaboration de Claire Rouyer

Mise en pages (P.A.O.) :
Maogani

Conception originale de la collection,
la maquette et la charte graphique
© Dorling Kindersley 1998
Publié pour la première fois en Italie en 1997
sous le titre : *Guida Mondadori : Sardegna*
© Fabio Ratti Editoria, Milan 1997
© Hachette Livre (Hachette Tourisme) 1999
pour la traduction et l'édition française
© Éditions Libre Expression ltée, 1999,
pour l'édition française au Canada.

Aussi soigneusement qu'il ait été établi, ce guide
n'est pas à l'abri des changements de dernière heure.
Faites-nous part de vos remarques, informez-nous
de vos découvertes personnelles : nous accordons
la plus grande attention au courrier de nos lecteurs.

Éditions Libre Expression
2016, rue Saint-Hubert
Montréal (Québec) H2L 3Z5

Dépôt légal : 2ᵉ trimestre 1999
ISBN : 2-89111-836-7

SOMMAIRE

COMMENT UTILISER CE GUIDE *6*

**Moutons paissant
dans une prairie en fleurs**

PRÉSENTATION DE LA SARDAIGNE

LA SARDAIGNE DANS SON ENVIRONNEMENT *10*

UNE IMAGE DE LA SARDAIGNE *12*

LA SARDAIGNE AU JOUR LE JOUR *26*

HISTOIRE DE LA SARDAIGNE *30*

**Tour du complexe nuragique
de Santu Antine, à Torralba**

La plage de Stintino, à la pointe de la côte ouest

Cavalier costumé lors du festival Sa Sartiglia, à Oristano

Vue aérienne de la ville d'Alghero

COMMENT UTILISER CE GUIDE

Ce guide a pour but de vous aider à profiter au mieux de votre séjour en Sardaigne. L'introduction, *Présentation de la Sardaigne*, situe l'île dans son contexte géographique, historique et culturel. Dans les cinq chapitres de *La Sardaigne région par région*, plans, textes et illustrations présentent en détail les principaux sites et monuments. Les *Bonnes adresses* vous fourniront des informations sur les restaurants, les cafés et les modes d'hébergement, ainsi que sur la cuisine, les boissons, les boutiques et les marchés sardes. Enfin, les *Renseignements pratiques* vous donneront des conseils utiles dans tous les domaines de la vie quotidienne.

LA SARDAIGNE RÉGION PAR RÉGION

L'île a été divisée en cinq régions faisant chacune l'objet d'un chapitre distinct. Une carte placée dans le premier rabat de couverture reprend cette répartition. Les sites décrits dans chaque chapitre sont répertoriés et numérotés dans une *Carte touristique*.

À chaque région correspond un repère de couleur pour la retrouver facilement.

1 Introduction
Elle décrit les paysages, l'histoire et le caractère de chaque région ; elle présente son évolution au cours des siècles et explique quels sont aujourd'hui ses attraits pour le visiteur.

Une carte de localisation indique où la région se situe par rapport aux autres parties de l'île.

2 La carte touristique
Elle offre une vue d'ensemble de la région. Tous les sites traités dans le chapitre y sont numérotés. Vous y trouverez aussi des informations pratiques pour circuler dans la région.

Des encadrés vous signalent les points remarquables d'un site ou d'une région.

3 Renseignements pratiques
Les localités et les sites importants sont décrits un par un, dans l'ordre de la numérotation de la Carte touristique. Texte, plans et illustrations présentent en détail ce qui vaut la peine d'être vu dans chaque région.

4 Les principales localités

Toutes les localités importantes sont décrites une par une. Les différentes notices fournissent des informations approfondies sur les édifices et les lieux incontournables. Le Plan général de la ville situe les principaux sites.

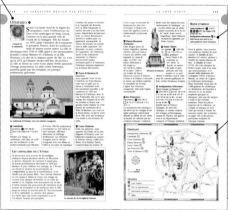

Le Mode d'emploi vous aide à organiser votre visite : il vous informe sur les transports, donne l'adresse de l'office de tourisme, les jours de marché, de fête, etc.

Le Plan général de la ville indique les rues principales et secondaires, les sites majeurs, les églises, ainsi que les gares, les arrêts de bus, les parcs de stationnement et les offices de tourisme.

5 Plan du quartier pas à pas

Il offre une vue aérienne détaillée du cœur de chaque ville ou d'un quartier présentant un intérêt particulier. Des photographies et des descriptions des principaux sites vous permettent de vous repérer facilement.

Un itinéraire de promenade vous guide à travers les rues les plus intéressantes.

Horaires d'ouverture, numéros de téléphone et informations sur les transports sont mis en évidence dans le *Mode d'emploi*.

6 Les principaux sites

Deux pleines pages au moins leur sont consacrées. La présentation en coupe dévoile l'intérieur des édifices historiques, tandis que des photographies en révèlent les caractéristiques principales.

Des étoiles indiquent les sites à ne pas manquer.

PRÉSENTATION
DE LA SARDAIGNE

La Sardaigne dans son environnement

Plus grande île de la Méditerranée après la Sicile, la Sardaigne s'étend à l'ouest de la péninsule italienne. Baignée par la mer Tyrrhénienne à l'est, elle est séparée de la Corse au nord par les Bouches de Bonifacio. Sa population de 1 700 000 habitants se répartit sur une superficie de 24 000 km². L'île est divisée en quatre provinces : Cagliari, Nuoro, Oristano et Sassari.

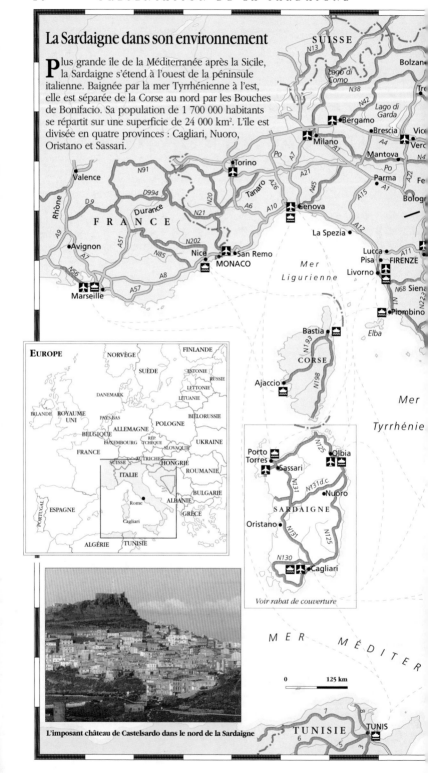

L'imposant château de Castelsardo dans le nord de la Sardaigne

Voir rabat de couverture

0 — 125 km

Photo satellite montrant le nord de l'Italie, la Corse et la Sardaigne

LÉGENDE

☐	Région traitée dans le guide
⛴	Port d'embarquement des ferries
✈	Aéroport
▭	Autoroute
▬	Route principale
- -	Liaisons par ferries
▬·▬	Frontière

UNE IMAGE DE LA SARDAIGNE

L'isolement de cette grande île au milieu de la Méditerranée a durablement façonné son caractère. Durant des millénaires, la Sardaigne est restée à l'écart des événements historiques qui ont marqué la région, résistant même un temps aux Romains. Elle a ainsi formé un monde à part.

Son histoire, jalonnée d'invasions successives, a laissé un héritage qui est toujours manifeste. En Sardaigne, les routes ne longent pas le littoral mais suivent les vallées, à l'intérieur des terres. Autre caractéristique : bien que l'île compte des marinas et des ports, la pêche ne joue pas un rôle

Détail d'une peinture murale à Orgòsolo

prépondérant dans l'économie locale et, même en temps de paix, les Sardes n'ont jamais été de grands navigateurs. Au cours des siècles, l'île a vu débarquer les Phéniciens, les Romains, les Génois et les Pisans, les Arabes, les Espagnols et, enfin, les représentants de la maison de Savoie. Toutes ces cultures sont venues enrichir l'art, l'architecture et le patrimoine sardes. L'île est constellée de témoignages du passé : habitations préhistoriques et forteresses des premiers habitants connus, tombeaux anciens taillés à même la pierre, églises romanes rappelant celles de Pise et de Lucques. Les styles artistiques introduits en Sardaigne ont souvent subi des modifications, adoptant des traits typiquement sardes, comme le montrent par exemple les retables dans la tradition espagnole. En 1861, cette île rebelle fut rattachée à la jeune nation italienne.

Le XXe siècle apporta son lot d'industrialisation et de prospérité, ainsi qu'un essor du tourisme. Cependant, l'île bordée de plages blanches et d'une mer bleu azur qui attire les visiteurs n'est pas vraiment représentative de l'âme sarde.

Hormis quelques sites défigurés par un urbanisme anarchique, le littoral a été préservé. L'intérieur des terres est lui aussi d'une beauté éblouissante.

L'impressionnante procession de Sant'Efisio traversant Pula

◁ **Les falaises escarpées de Punta Cristallo**

Les paysages, très variés, offrent des habitats fort contrastés. Certaines régions sont composées de plaines alluviales fertiles, d'autres de montagnes escarpées en granit et en calcaire. En Sardaigne, il est courant de passer de la plaine à la montagne en quelques kilomètres à peine.

LES HOMMES, LA LANGUE
ET LA MUSIQUE

À l'intérieur des terres, le peuplement remonte à des millénaires. La Sardaigne est parsemée de vestiges d'anciennes civilisations pastorales, preuve que les insulaires ont toujours préféré la sécurité relative de l'arrière-pays montagneux au littoral. L'année reste rythmée par le calendrier agricole et les fêtes liées aux récoltes.

Métier à tisser, Museo Etnografico, Nuoro

Pêcheurs d'Isola Rossa

Des traditions paiennes transparaissent à travers une foule de festivités, aujourd'hui profondément enracinées dans le catholicisme, qui reposent souvent sur les liens très étroits unissant les Sardes à leur terre. Dans l'arrière-pays, les insulaires parlent des dialectes très divers. La langue sarde comporte une base latine très nette – ainsi, pour désigner une maison, on utilise le mot *domus*, au détriment de l'italien *casa* –, mais dans les rues de certaines localités de la côte ouest, après des années de domination espagnole, vous entendrez toujours parler catalan. En revanche, dans l'île de Sant'Antioco, au sud-ouest, les traditions et la cuisine révèlent un héritage ligurien.

La musique, qui accompagne les festivités, les mariages et même les événements de la vie quotidienne, joue un rôle important en Sardaigne. Musicologues et musiciens – comme Peter Gabriel qui a enregistré les Tenores di Bitti dans son label des musiques du monde – considèrent que la musique sarde traditionnelle est unique en Europe. Elle connaît d'ailleurs un renouveau aujourd'hui. Elle possède une très grande richesse instrumentale et vocale, reposant sur le son du *launeddas*, un instrument à vent fabriqué en canne, et le chant polyphonique à quatre voix – le *Canto a Tenores*. Ses ambassadeurs les plus connus sont les Tenores di Bitti, déjà cités, une formation qui se produit régulièrement devant un nombre croissant d'amateurs.

Paysan filtrant du lait de brebis après la traite du matin

LE DÉVELOPPEMENT ÉCONOMIQUE

À mi-chemin entre le passé et l'avenir, l'économie sarde est complexe. L'agriculture et l'élevage en étaient les principaux piliers. Après l'Unification, l'industrie minière s'est implantée dans certaines régions, surtout dans le Sulcis, riche en charbon et en métaux. Cette activité a ensuite connu un déclin, notamment après la Seconde Guerre mondiale, et il est peu probable qu'elle se rétablisse. Plusieurs programmes de développement industriel ont gravement affecté l'environnement, avant d'être abandonnés. Dans les années 50, des zones marécageuses ont été traitées aux pesticides pour éradiquer la malaria avec des résultats spectaculaires : en peu de temps, la côte est devenue habitable.

Pain traditionnel de la région du Sulcis

LE TOURISME AUJOURD'HUI

La création des infrastructures nécessaires au tourisme a été très lente, et la mise en place des services correspondants n'a eu lieu que peu à peu. Toutefois, la Sardaigne s'est progressivement ouverte au monde extérieur : les visiteurs se sont faits toujours plus nombreux, attirés par ses paysages, son histoire, sa culture, ses arts et son artisanat. Dans le Nord, toute une partie du littoral a été transformée dans les années 60 en un véritable paradis touristique à l'initiative de Karim Aga Khan : la fameuse Costa Smeralda. Pour faire face au nombre croissant de touristes qui risquait de porter atteinte à la richesse de la faune et de la flore, des réserves naturelles et marines ont été créées. Le mont Gennargentu, par exemple, étendu et sauvage, est désormais un parc naturel. Récemment, des phoques moines, que l'on croyait disparus, ont été aperçus au large de la côte ouest : tourisme et écologie peuvent faire bon ménage ! Les paysages de Sardaigne comptent parmi les plus sauvages d'Europe. Comme les autres merveilles, vous les découvrirez en partant à la conquête de l'île.

Récifs au large des côtes de Masua et Nebida

La Sardaigne sous-marine

Crevette

Considérées comme les plus pures d'Italie, les eaux baignant la Sardaigne abritent une faune et une flore très riches. Les fonds marins, pour la plupart encore intacts, sont un paradis pour les plongeurs et les amoureux de la nature. Dans les falaises abruptes qui bordent la côte nichent des dizaines d'espèces d'oiseaux. Des années d'études dans le Golfo di Orosei, sur la côte est, ont permis de confirmer le retour du légendaire phoque moine, autrefois si répandu qu'il a donné son nom à quantité de grottes et de criques. Dans les eaux du nord-ouest de l'île et dans les Bouches de Bonifacio, vous aurez peut-être la chance de voir des dauphins et même de petites baleines. La zone a été classée réserve marine internationale.

La posidonie (Posidonia oceanica) *est une plante marine à feuilles plates et étroites, qui pousse à 30-35 m de profondeur. Aussi appelée paille de mer, elle fleurit, ce qui est inhabituel pour une plante marine.*

Rochers d'origine volcanique

Le sarago rayé, assez répandu en Méditerranée, fouille le fond de la mer pour se nourrir.

Les rochers sont couverts d'algues comme la *Cystoseira*.

Le corail sarde, qui se pare de diverses nuances de rouge et de blanc, vit entre 15 et 100 m de profondeur.

Le homard, crustacé bien connu pour sa chair très prisée, vit surtout sur les côtes rocheuses, mais on le rencontre aussi jusqu'à 100 m de profondeur.

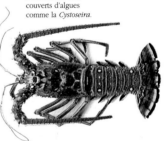

L'anémone de mer se fixe sur les rochers, en eau peu profonde. Ses tentacules contiennent des cellules urticantes qui lui permettent de capturer petits poissons et crustacés.

L'éventail de mer apprécie la propreté des eaux sardes. Ses ramifications souples, qui peuvent être blanches, jaunes ou rouges, atteignent jusqu'à 1 m.

LES OISEAUX DU LITTORAL

Les falaises bordant les côtes constituent un habitat idéal pour les oiseaux. Des pigeons sauvages viennent y nidifier et y élever leurs petits. Lorsqu'ils ne pêchent pas, les goélands argentés, les goélands d'Audouin et les cormorans perchent sur les rochers. Plus haut sur les falaises nichent des oiseaux de proie, comme le faucon pèlerin, le milan royal et le rare vautour griffon.

Cormorans perchés sur les falaises

Goéland d'Audouin

Goéland argenté

Faucon pèlerin

Milan royal

LA MÉDITERRANÉE SOUS-MARINE

Grâce à ses courants chauds et à la propreté de ses eaux, la Méditerranée possède un écosystème riche et varié. Elle abrite du corail, une foule d'algues, quantité d'espèces de poissons, de crustacés et de mollusques, ainsi que de magnifiques formations rocheuses.

Les murènes se dissimulent dans les fissures des rochers.

Les maigres se déplacent en bancs pendant la journée, pour se défendre des prédateurs. La nuit, ils chassent les mollusques, les petits poissons et les crevettes.

Les dauphins fendent les vagues à la proue des bateaux dans les eaux chaudes à l'ouest de l'île, surtout du côté de la Maddalena, sur la côte nord.

La murène, aux mâchoires puissantes, parvient à se dissi- muler entièrement, ce qui en fait l'une des créatures les plus dangereuses de Méditerranée.

Les phoques moines, que l'on croyait disparus, sont réapparus dans le Golfo di Orosei, où ils vivent dans des grottes et des cavernes isolées.

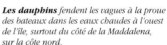

La Sardaigne au long du littoral

**Grains de quartz
d'Is Arutas**

Baignée par les eaux bleues et cristallines de la Méditerranée, la Sardaigne offre un littoral varié, jalonné de falaises et de grottes. Des criques isolées alternent avec des dunes de sable doré où fleurissent des lis sauvages et des cistes, et des falaises déchiquetées. La partie la plus connue est sans doute la Costa Smeralda, avec ses villas luxueuses et ses plages de sable fin qui font le bonheur des visiteurs. Autres régions très appréciées : la côte au sud d'Olbia, avec la Cala Gonone, plus protégée, et la pointe sud-est de l'île, près de Villasimius (facilement accessible depuis Cagliari). Plusieurs parties du littoral sont restées intactes et sauvages. C'est notamment le cas entre Orosei et Arbatax, où se cachent de nombreuses criques, et, au sud-ouest, entre Baia Chia et Oristano.

Au Capo Caccia, *des falaises de calcaire surplombent la mer à 168 m de hauteur.*

Entre Bosa et Alghero, *le littoral, spectaculaire, est ponctué de falaises d'origine volcanique couvertes de lentisques.*

Aux environs de Piscinas, *la côte est renommée pour ses dunes de sable sculptées par le vent, terrain de prédilection des genévriers et des tamaris.*

Les falaises de l'île de San Pietro, *en trachyte rose et gris, sont façonnées par la mer et par le vent. Leurs fissures et leurs saillies abritent des espèces protégées, comme le faucon d'Éléonore.*

Isola dell'Asinara

GOLFO DELL'ASINARA

Porto Torres

LE NORD LA COST SMERALD

Alghero

LA CÔTE OUEST

⑤ Bosa Marina

④ Is Arutas

• Oristano

③ Dunes de Piscinas

② Cala Domestica

Isola di San Pietro

CAGLIARI ET LE SUD

Cagliari

Isola di Sant'Antioco

La Costa Smeralda *est jalonnée de falaises de granit sculptées par le vent et l'eau, et de criques baignées d'eau cristalline, véritable paradis pour les plongeurs, les véliplanchistes et les surfeurs.*

Isola di Budelli ⑦

Olbia

La Cinta ⑧

Capo Comino ⑨

Orosei

GOLFO DI OROSEI

Cala Luna ⑩

LA CÔTE EST

Arbatax

0   40 km

Le Golfo di Orosei, *aux falaises de calcaire abruptes, recèle de petites criques qui ne sont accessibles qu'en bateau ou après de longues marches dans le maquis.*

La côte d'Arbatax *est célèbre par le rouge de son porphyre et le gris aux reflets métalliques de son granit ancien, jaillissant de la mer pour former des pinacles.*

LES DIX PLUS BELLES PLAGES DE SARDAIGNE

La plus animée ①
Il Poetto, juste à la sortie de Cagliari, est la plus grande plage de l'île, et aussi la plus vivante. Le week-end et en été, elle est très fréquentée par les Sardes.

La mieux cachée ②
La Cala Domestica, gardée par une tour sarrasine, est invisible de la mer. Durant la Seconde Guerre mondiale, elle a servi de base militaire aux Allemands.

Les plus belles dunes ③
Piscinas compte 9 km de dunes couvertes de maquis. Certaines culminent à 50 m, ce qui en fait les plus élevées d'Europe.

La plus tropicale ④
La plage d'Is Arutas, composée de minuscules « grains » de quartz, se déroule devant une pinède formant un bel arrière-plan de verdure.

La plus propre ⑤
Bosa Marina, qui n'a pas changé depuis les années 50, a été déclarée plage la plus propre d'Italie à plusieurs reprises.

La plus sportive ⑥
Grâce à une brise soutenue et permanente, Porto Pollo (Porto Puddu en sarde) est le paradis des véliplanchistes.

La plus colorée ⑦
La plage de l'île de Budelli est composée de fragments de coquillages, de coraux et de micro-organismes marins… que l'on s'abstiendra soigneusement d'emporter en souvenir.

La plus branchée ⑧
La Cinta, de 1 km de long, est appréciée de la jeunesse dorée. Idéale pour lézarder au soleil et pour faire de la planche à voile.

La plus éloignée ⑨
Composée d'une plage blanche et de rochers rouges, Berchida n'est desservie que par une longue piste de sable traversant le maquis.

La plus inaccessible ⑩
Isolée, la Cala Luna, avec son sable blanc, ses lauriers-roses et ses lentisques, n'est accessible qu'en bateau ou à pied.

La flore et la faune de Sardaigne

Âne de Gesturi

Du massif déchiqueté du Gennargentu à la plaine du Campidano, des collines de Nurra aux rochers érodés par le vent de la région de la Gallura, la Sardaigne possède des habitats très divers. Les forêts, surtout au nord, sont composées de chênes-lièges. Le maquis méditerranéen embaume des senteurs du lentisque, du ciste, du myrte et des arbousiers. Bien que les terres aient été mises en culture depuis des décennies, la faune est restée riche et variée. Les forêts et la garrigue sont peuplées de nombreux cerfs et sangliers ; les rochers sont le domaine du mouflon. Dans la petite réserve du Monte Arcosu, vous pourrez voir le cerf de Sardaigne, espèce rare. Ne manquez pas non plus l'île d'Asinara, qui est le royaume des ânes sauvages. Quant aux chevaux sauvages, c'est sur le spectaculaire plateau de Giara Gesturi qu'ils paissent en liberté. Le serpent est aussi un habitant de l'île, mais la vipère y est inconnue.

Le mouflon, qui vit sur l'île depuis des temps immémoriaux, possède une fourrure épaisse.

Le cerf de Sardaigne est trapu ; ses bois sont plus courts que ceux des autres cerfs.

Des renards vivent encore sur le Monte Limbara et dans le Gennargentu.

Montagne

Forêt

Le cheval de Sardaigne, espèce indigène, est un animal trapu que l'on trouve sur le plateau de Giara di Gesturi et au Capo Caccia.

Le chêne kermès (Quercus coccifera) *pousse essentiellement sur la côte sud.*

Le chêne-liège (Quercus suber), *qui joue un rôle important dans l'économie insulaire, prédomine dans la forêt de Gallura* (p. 151).

Les sangliers de Sardaigne vivent dans plusieurs parties de l'île. Ils sont plus petits et plus robustes que leurs congénères de la péninsule italienne.

chêne vert (Quercus ilex) *spère dans presque toutes forêts de moyenne altitude.*

LE MAQUIS MÉDITERRANÉEN

Cette végétation épaisse (*macchia* en italien) et souvent impénétrable tapisse la côte et les montagnes sardes. Elle est composée d'arbustes comme le myrte, l'arbousier et le prunellier. Ceux-ci possèdent deux périodes de végétation, au printemps et à l'automne, entrecoupées d'un repos estival. Ainsi, même en hiver, l'île est verdoyante, égayée par les taches de couleur des baies. Conséquence des incendies de forêt, le maquis a récemment gagné du terrain.

Myrte en fleurs

Fruits de l'arbousier

Fleurs du ciste blanc

Le milan *vit dans les vallées boisées, sur les hauteurs.*

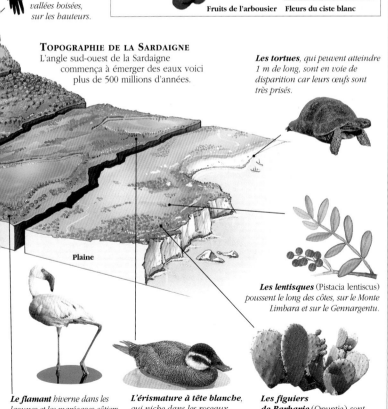

TOPOGRAPHIE DE LA SARDAIGNE
L'angle sud-ouest de la Sardaigne commença à émerger des eaux voici plus de 500 millions d'années.

Les tortues, *qui peuvent atteindre 1 m de long, sont en voie de disparition car leurs œufs sont très prisés.*

Plaine

Les lentisques (Pistacia lentiscus) *poussent le long des côtes, sur le Monte Limbara et sur le Gennargentu.*

Le flamant *biverne dans les lagunes et les marécages côtiers. Depuis quelques années, il niche également en Sardaigne.*

L'érismature à tête blanche, *qui niche dans les roseaux, se rencontre dans les marécages sardes.*

Les figuiers de Barbarie (Opuntia) *sont omniprésents sur toute la côte.*

Les nuraghi

La Sardaigne est émaillée de plus de 7 000 nuraghi, dont les cônes tronqués caractéristiques font partie intégrante du paysage local. On sait peu de choses sur les bâtisseurs de ces curieux édifices, sinon qu'ils vécurent sur l'île entre 1800 et 500 av. J.-C. (dans certaines régions, les populations nuragiques résistèrent aux Romains bien après cette date).

Carquois de bronze

À l'origine, un nuraghe était une tour unique, constituée de gigantesques blocs de pierre assemblés sans mortier. Plus tard, d'autres tours, reliées par des remparts, furent ajoutées au dispositif de base (Santu Antine à Torralba ou Su Nuraxi à Barùmini). Les nuraghi étaient à la fois des forteresses et des habitations. Les tours étaient souvent entourées d'un village et d'une muraille. Il n'existe aucun témoignage écrit de cette civilisation, mais plus de 1 500 figurines de bronze ont été trouvées dans des tombeaux et près de puits sacrés. Avec d'autres objets exhumés, elles sont exposées dans les musées archéologiques de l'île.

Chef tribal
Cette statuette de bronze provient du village nuragique de Santa Vittoria, à Serri, l'un des plus grands de Sardaigne. Elle représente un prince en prière.

Nuraghe type
C'est le nuraghe le plus simple et le plus répandu : il est composé d'une tour circulaire unique formée de rangées circulaires de pierres et abritant une pièce. Certains nuraghi comptaient plusieurs niveaux.

La tour centrale
possédait trois pièces superposées.

Les remparts
formaient un système défensif efficace.

Muraille extérieure

- Sassari
- Nuoro
- Oristano
- Cagliari

● Principaux sites nuragiques

Nuraghe Losa à Abbasanta
Comprenant trois parties, il est entouré d'un rempart ponctué de petites tours, dont la plus ancienne est antérieure à 1500 av. J.-C. La terrasse offre une magnifique vue panoramique du massif du Gennargentu.

Nuraghe Maiori à Tempio Pausania
Cette salle au rez-de-chaussée du nuraghe Maiori, au nord de l'île, était éclairée uniquement par la lumière filtrant de l'extérieur.

SÉPULTURES NURAGIQUES

Les populations nuragiques construisirent pour leurs défunts des sépultures monumentales, souvent proches de menhirs, appelées *Tombe dei Giganti* (tombes des Géants). Chaque tombeau était composé d'un long corridor couvert, construit avec de grands blocs de pierre. Leur forme représentait la corne du dieu-taureau. Une stèle monolithique ovale, ouverte à sa base, formait l'avant de la construction. De chaque côté, deux rangées de pierres assemblées en une arche achevaient la chambre funéraire. La stèle centrale, se terminant par un fronton triangulaire, pouvait mesurer jusqu'à 3 m.

La Tomba de Li Loighi est l'un des sites préhistoriques les plus célèbres de Sardaigne

La tour centrale
adopte la forme d'un cône tronqué.

Les tours latérales
furent construites ultérieurement, au début de l'âge du fer.

Le rempart
comprenait trois tours défensives.

NURAGHE SANTU ANTINE
La tour centrale de ce nuraghe est entourée d'une enceinte de forme triangulaire entrecoupée de trois tours. La construction se déroula en plusieurs étapes, au IXᵉ et au VIIIᵉ siècle av. J.-C. Plus tard, ce vaste complexe fut dédié à l'empereur romain Constantin.

Cette reconstitution représente Santu Antine. Protégée par les tours d'enceinte, la tour centrale servait à la fois de forteresse et d'habitation principale.

Nuraghe Arrubiu
Cette forteresse massive en pierre rouge s'étend sur environ 3 hectares, en bordure d'un plateau dominant la vallée de la Flumendosa. D'imposants remparts extérieurs ponctués de cinq tours protègeaient la cour intérieure et la construction nuragique centrale, qui se dressait à 16 m de haut.

Musique et danse de Sardaigne

La musique sarde compte parmi les plus anciennes de Méditerranée, ce qu'atteste la figurine nuragique en bronze d'Ittiri (VIIIe ou VIIe siècle av. J.-C.) exposée au Museo Archeologico de Cagliari *(p. 58)*. Elle représente un musicien jouant des *launeddas*, un instrument à vent typiquement sarde à trois tuyaux qui est toujours utilisé et qui exige une technique respiratoire particulière. Il comporte trois flûtes de différentes longueurs : *su tumbu* (la plus longue), *sa mancosa* et *sa mancosedda*. Le *Canto a Tenores* est un chant polyphonique à quatre voix masculines (sans instruments) : *sa boghe* (le soliste, qui dirige le groupe), *sa contra* et *su basso* (voix gutturales d'accompagnement) et *sa mesa boghe* (voix grave et douce qui lie les différentes sonorités). Quant à la danse, elle a toujours accompagné les célébrations religieuses et les festivités liées aux événements de la vie agraire qui jalonnent l'année. Les danseurs se déplacent par petits pas, la tête haute, le dos droit et le corps raide.

Cloches sardes

Statuette nuragique en bronze montrant un *flûtiste qui joue d'un instrument en roseau, devenu les* launeddas.

Le Canto a Tenores est un chant *a cappella* à quatre voix.

Les chanteurs portent le costume traditionnel de Nuoro.

L'organittu, *la guitare et l'accordéon sont les principaux instruments accompagnant les rondes sardes.*

Les quatre voix sont *sa boghe, sa contra, su basso* et *sa mesa boghe.*

INFLUENCES MUSICALES

Pendant des années, les musiciens sardes ont puisé dans leur culture et ont utilisé les instruments traditionnels pour donner naissance à une musique expérimentale. Les plus célèbres sont les Tenores di Bitti ; ils ont enregistré sous le label Real World de Peter Gabriel et ont travaillé avec le célèbre musicien de jazz Ornette Coleman. Quant au joueur de *launeddas* Luigi Lai, il a collaboré avec Angelo Branduardi. Paolo Fresu, l'un des plus grands musiciens de jazz italiens, est lui aussi sarde. Il trouve son inspiration dans la musique de son île. Il est à l'origine du projet *Sonos 'e memoria*, qui a réuni les plus grands musiciens sardes pour jouer en public la bande-son d'un film en noir et blanc sur la vie en Sardaigne dans la première moitié du XXe siècle.

Couverture de l'album *Intonos* **des Tenores di Bitti**

Paolo Fresu

Les groupes de rock sardes adaptent la musique et les instruments traditionnels aux tendances actuelles tout en développant de nouvelles idées.

LE MUSÉE DE LA MUSIQUE

Tadasuni, un village sur les rives du lac Omodeo, près de Ghilarza, recèle un joyau qui enchantera les amateurs de musique : le **Museo degli Strumenti della Musica Popolare della Sardegna** (musée des instruments de musique populaire sarde) abrite plus de 300 instruments réunis par le prêtre de la paroisse, Don Giovanni Dore. Durant des dizaines d'années, il a sillonné l'île à la recherche essentiellement d'instruments à vent et à anches typiques, comme les

Les Solittos, sortes de flûtes sardes typiques

launeddas. Ces dernières, en canne et munies de trois tuyaux, émettent un son continu (comme la cornemuse). Parmi les autres instruments à vent exposés, vous pourrez voir des cornets, des *solittos*, des *bena doppia* et *bena semplice*, tous proches de la flûte et réalisés en canne. Sont aussi exposées des percussions, comme le *tumbarinu 'e gavoi*, le *moggiu* et le *tumbarineddu*, en liège, en fer-blanc ou en bois. Les tambours sont généralement tendus de peau de chien, d'âne ou de chèvre. Le *trimpanu* servait en temps de troubles à effrayer les chevaux des carabiniers pour les désarçonner. Le musée présente aussi des orgues de Barbarie, introduits en Sardaigne au milieu du XIXᵉ siècle.

🏛 **Museo degli Strumenti della Musica Popolare della Sardegna**
Via Adua 7, Tadasuni. ☎ 0785-501 13.
◯ *sur r.-v. uniquement.*

LES TENORES DI BITTI

C'est le groupe le plus célèbre de *Canto a Tenores*. Ils ont travaillé avec Peter Gabriel et Ornette Coleman, suscitant un intérêt croissant pour la musique sarde.

Le nom de cette danse vient de la position des danseurs, qui forment un cercle.

La danse est exécutée en plein air, pendant les fêtes et les festivals.

Hommes et femmes se donnent la main.

Les costumes traditionnels continuent à être portés.

La ronde
Cette gravure du XIXᵉ siècle montre une ronde sarde. Cette danse connaît quantité de variantes locales.

LA SARDAIGNE
AU JOUR LE JOUR

Le printemps est sans nul doute la meilleure saison pour se rendre en Sardaigne. Le maquis est parsemé de fleurs parfumées, les forêts et les prairies sont verdoyantes et, bien que dès la début mai il fasse assez chaud pour se baigner, les températures ne sont pas encore caniculaires. Avec ses processions hautes en couleurs, Pâques est l'événement majeur du calendrier religieux. Le reste de l'année, bourgades et villages célèbrent leurs saints patrons, et les sanctuaires accueillent de nombreuses célé-

Masque de Mamoiada

brations. Les mois d'été sont voués à la baignade, à la voile et à la planche à voile. Il peut faire très chaud à l'intérieur des terres, mais les régions montagneuses sont plus fraîches. Elles permettent d'échapper à la foule et invitent à la marche, d'autant que les paysages y sont somptueux. Les vendanges commencent en automne. Au début de l'hiver, un épais tapis de neige vient couvrir le massif du Gennargentu. Parfois, il neige même à plus basse altitude, comme dans la région rocheuse du Supramonte.

Les narcisses en fleur illuminent l'île au printemps

PRINTEMPS

Lorsque le beau temps s'est installé, les moutons et les chèvres partent sur les pâturages d'altitude. Les plantes aromatiques fleurissent et le maquis embaume. Il bruit du bourdonnement des abeilles qui fournissent un miel plutôt amer, utilisé dans beaucoup de gâteaux traditionnels.

Dans les plaines et les montagnes des régions d'Angiona et de Montiferru, les arbres fruitiers sont en fleurs, tandis que dans les campagnes les jeunes artichauts sont prêts à être cueillis. Traditionnellement, ils sont les premiers disponibles sur les marchés italiens.

MARS ET AVRIL

Dans toute l'île, la **semaine sainte** et **Pâques** (*mars ou avril*) donnent lieu à des processions colorées. À Cagliari, le vendredi saint, un long cortège traverse les rues.

Une représentation des mystères d'*Iscravamentu* et d'*Incontru* se tient à Iglesias. À Oliena, *S'Incontru*, une procession en costumes, se déroule le dimanche de Pâques. Lors de *Su Concordu*, dans la localité de Santu Lussurgiu, des psaumes du XVe siècle sont chantés en grégorien. Le lundi saint, Castelsardo accueille le *Luni Santu*, une fête religieuse d'origine espagnole.
La fête du bétail (*25 mars*) d'Ollastra Simaxis est célébrée en l'honneur de saint Marc.
Sagra del Riccio di Mare (*début mars*). Il s'agit d'une fête de l'oursin. Elle se déroule à Alghero.
Festa Patronale (*2e dim. apr. Pâques*). L'île de Sant'Antioco célèbre son saint patron.

MAI

La Sant'Efisio (*1er-4 mai*), à Cagliari, s'accompagne d'une grande procession qui commémore la fin de l'épidémie de peste de 1656. La statue du saint est portée dans la ville, avant d'être emportée jusqu'à Nora dans une voiture tirée par des bœufs. Durant cette émouvante manifestation de foi, les fidèles jettent des fleurs sur le sol au passage de la statue.
La San Francesco (*2e dim.*), à Lula. C'est l'une des fêtes les plus populaires de Baronia et de la région de Nuoro. **Festa dell'Annunziata** (*3e dim.*), à Bitti. Célébration pastorale de l'Annonciation. **San Bachisio** (*29 mai*). Trois jours de *Ballu Tundu* (ronde) sur les places d'Onanì.

Procession de S'Incontru dans les rues d'Oliena, à Pâques

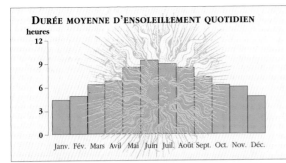

DURÉE MOYENNE D'ENSOLEILLEMENT QUOTIDIEN

heures

Janv. Fév. Mars Avil Mai Juin Juil. Août Sept. Oct. Nov. Déc.

Ensoleillement
L'été est la saison la plus chaude et la plus ensoleillée ; c'est le mois de juin qui compte le plus d'heures de soleil par jour. Le mois le moins lumineux est janvier, mais le temps sur la côte diffèrent fortement de celui qui règne à l'intérieur des terres, le littoral étant en général plus ensoleillé.

Course de chevaux d'Ardia, devant le sanctuaire de Sant'Antine, à Sedilo

Cavalcata Sarda *(Ascension).* Bien que de tradition assez récente, la « cavalcade sarde » est devenue l'une des grandes fêtes populaires de l'île. Les rues du vieux centre de Sassari accueillent des étals d'artisans et toutes sortes d'animations. Les gens affluent des quatre coins de l'île, certains à cheval et vêtus de costumes colorés, pour écouter les chansons et la poésie traditionnelles des différentes régions sardes.

ÉTÉ

L a chaleur et la beauté du littoral poussent insulaires et visiteurs vers le bord de mer. La côte devient le royaume des baigneurs et des véliplanchistes, tandis que les yachts et les voiliers viennent de toute l'Europe s'amarrer dans les ports sardes. Tout l'été, les clubs de voile, de planche à voile et de plongée proposent des cours *(p. 198-199)*. Les randonneurs, pour leur part, vont chercher la fraîcheur sur le Gennargentu, ou dans la descente des gorges de Su Gorroppu.

L'été est l'époque des fêtes villageoises : de petits sanctuaires cachés dans les vallées et les montagnes prennent alors vie, grâce à des pèlerinages et des célébrations.
Pani, Pisci, Pezza e Piricchittus *(juin-sept.),* qui signifie pains, poissons, pizzas et gâteau d'amande, est un festival gastronomique célébré dans les restaurants de Quartu. Quant à Cagliari, elle offre un programme musical, théâtral et cinématographique très riche. Le soir, San Gavino Monreale accueille des concerts et d'autres manifestations culturelles, ainsi que des activités sportives.

JUIN

Fête du cheval *(1er-3 juin).* Grande fête agricole, avec une exposition artisanale à Santu Lussurgiu.
Sagra delle Ciliegie *(1er dim. du mois).* Célébration de la récolte des cerises à Villacidro, Bonarcado et Burcei.
Foire artisanale *(11 juin),* avec quantité d'étals dans les rues de Villanova Monteleone.

JUILLET

Ardia *(5-8 juil.).* Cette fête rurale typique se tient à San Costantino a Sedilo, devant le sanctuaire de Santu Antine. Une course de chevaux animée accompagne les célébrations autour du saint local.
Sagra del Torrone *(2e dim. du mois).* À Tonara, au pied du mont Gennargentu, les festivités s'achèvent avec la préparation du célèbre nougat *(torrone).* **La Sagra delle Pesche** *(17 juil.)* est une fête des pêches célébrée à San Sperate le jour où l'on honore le saint patron de la ville.
Estate Musicale *(juil.-août)* à Alghero, avec des concerts dans le Chiostro di San Francesco. **Festival international du folklore** *(fin juil.)* à Tempio Pausania, pendant le carnaval d'été. **La foire aux tapis** *(2e sem. de juil. ou d'août),* à Mogoro, est une grande exposition d'artisanat sarde, où l'on trouve des tapis, des tapisseries et des meubles faits main. **Musique dans la vallée d'Antas** *(juil.-août).* Concerts de musique classique dans le cadre somptueux du temple d'Antas à Fluminimaggiore *(p. 68).*

Cours de voile pour sportifs confirmés au large de la Costa Smeralda

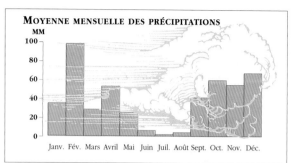

MOYENNE MENSUELLE DES PRÉCIPITATIONS

MM

100
80
60
40
20
0

Janv. Fév. Mars Avril Mai Juin Juil. Août Sept. Oct. Nov. Déc.

Précipitations

En Sardaigne, la majeure partie des précipitations tombe en automne et en hiver. Les pluies sont plus fortes dans les régions montagneuses, à l'intérieur des terres, où elles peuvent atteindre jusqu'à 1 000 mm par an. L'été est la saison la plus sèche, surtout dans les régions côtières.

AOÛT

Mariage mauritanien *(1er-15 août)* à Santadi. Cette cérémonie s'enracine dans les traditions des Nord-Africains qui vécurent dans le Sulcis à l'époque romaine.
Dieci Giorni Sulcitani *(1er-15 août)* à Sant'Antioco. Dix soirées de divertissement : pièces de théâtre en dialecte local, poésie sarde, danses traditionnelles et chœurs locaux.
Fête du tapis à Aggius *(1er dim. du mois)*. Exposition de couvertures et de tapis traditionnels faits main.
Fête de la Madonna della Neve *(1er dim. d'août)*. On exorcise les rigueurs de l'hiver au sanctuaire de Tascusì à Desulo.
Sagra del Vino *(4 août)*. Fête du vin à Jerzu, avec défilé en costumes, danses, chants traditionnels et vin de Cannonau.
Fête du Vernaccia *(6 août)*. Fête autour du vin du pays à Baratili San Pietro, près d'Oristano.
Sagra del Pomodoro à Zeddiano *(11 août)*. Fête de la tomate. Des plats à base de

Batteur au festival Time in jazz de Berchidda

ce fruit sont servis en plein air. À côté, exposition de produits de la ferme.
Faradda di Candelieri *(14 août)*. Des cierges *(candelieri)* de 200 à 300 kg sont portés par des membres des anciennes corporations de Sassari. Chaque bougie est décorée des armoiries d'une guilde et de son saint patron.
Time in jazz *(la semaine du 15 août)*. Festival annuel de jazz à Berchidda.
Processione del Redentore *(29 août)*. Nuoro accueille l'une des célébrations les plus populaires de Sardaigne : procession dans les rues en

l'honneur du Christ Rédempteur. Elle s'accompagne de spectacles folkloriques.
Festival des *launeddas* *(4e dim.)* à San Vito. Cette manifestation réunit des musiciens jouant de cet instrument à vent traditionnel *(p. 90)*. La musique accompagne le *Ballu Tundu* (ronde). **Rassegna di Musica Leggera** *(août-sept.)*. Spectacles de musique et de théâtre populaire sur la piazza Peglia, à Carloforte.
Regata Vela Latina *(fin sept.)*. Régate de bateaux de pêche traditionnels sardes.
Mostra del Tappeto *(mi août-fin sept.)*. Foire du tapis à Nule.

AUTOMNE

L es baignades en mer restent agréables jusqu'en septembre, bien que l'air se rafraîchisse en soirée. Octobre est le mois des vendanges, et l'automne marque l'ouverture de la chasse. Le gibier favori est le sanglier, dont la chair au goût relevé est une des grandes spécialités de la cuisine sarde. C'est aussi l'époque de la récolte des châtaignes dans les montagnes, qui s'achève souvent par des fêtes animées.

SEPTEMBRE

Pèlerinage au sanctuaire de la Madonna di Gonare *(8 et 16 sept.)*. Les départs vers l'église, perchée dans la montagne, s'effectuent alternativement depuis le centre de Sarule *(p. 103)* et d'Orani.
Fiera del Bestiame *(3e dim. du mois)* à Serri. Foire aux bestiaux le jour de la Santa Lucia.
Santa Cosma *(27 sept.)*. Les

Costumes traditionnels portés pour la fête de la Madonna della Neve, à Desulo

MOYENNE MENSUELLE DES TEMPÉRATURES

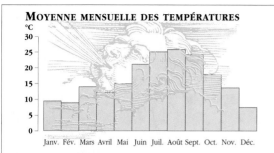

°C
30
25
20
15
10
5
0

Janv. Fév. Mars Avril Mai Juin Juil. Août Sept. Oct. Nov. Déc.

Températures

Les mois d'été, de juin à septembre, sont secs et chauds, avec des températures supérieures à 20° C, atteignant parfois 30° C. Quant aux hivers, ils sont doux, et le mercure descend rarement en-dessous de 5° C. Janvier connaît généralement des journées ensoleillées et des nuits froides.

Boes portant des cloches de vaches, lors du carnaval d'Ottana

Mamuthones (p. 102) défilent dans les rues de Mamoiada, vêtus de peaux de moutons.

OCTOBRE

Festival de Santa Vitalia à Serrenti *(1er lun. du mois).* Manifestation agricole avec des étals proposant de l'artisanat local.

Sagra delle Castagne e delle Nocciole à Aritzo *(4e dim.).* Fête célébrant la récolte des châtaignes et des noisettes. Foire artisanale.

NOVEMBRE

Festa della Madonna dello Schiavo *(15 nov.).* La statue de la Vierge, portée dans les rues de Carloforte, aurait été sculptée par des habitants de la localité faits prisonniers par des pirates et détenus à Tunis.
Santa Caterina *(25 nov.).* Fête de la sainte à Abbasanta.

HIVER

L'hiver est assez froid dans toute l'île. Le bétail est alors redescendu vers les pâturages et les enclos d'hiver de

moindre altitude. Le froid interrompt l'activité des pêcheurs. Outre **Noël**, qui revêt une très grande importance en Sardaigne, quantité de fêtes et de manifestations locales se tiennent durant la période du carnaval, avant le carême.

DÉCEMBRE

Sagra delle Salsicce à Siligo *(1er dim. du mois).* Une fois les cochons tués, on déguste la charcuterie fraîchement confectionnée.
Noël se passe en famille. Échanges de cadeaux et préparation de desserts traditionnels marquent la fête.

JANVIER ET FÉVRIER

Fête de Sant'Antonio Abate *(16-17 janv.)* à Fluminimaggiore *(p. 68).* De grands feux sont allumés dans les différents quartiers. **Le carnaval** *(les dix jours précédant mardi gras)* est très populaire en Sardaigne, surtout dans la Barbagia. Le mardi gras et le dernier dimanche de carême, des personnages masqués et costumés défilent. À Mamoiada, les *Mamuthones*, vêtus de peaux de moutons et portant de

lourdes cloches autour du cou, sont chassés par les *Issocadores* (p. 102). Des fêtes similaires se tiennent durant le carnaval, avec les *Thurpos* à Orotelli, et les *Merdules* et les *Boes* à Ottana (p. 101). Lors de *Sa Sartiglia* à Oristano, des cavaliers masqués doivent transpercer une étoile argentée suspendue à un arbre. À Iglesias (p. 68), du vin est offert, à déguster avec des gâteaux, et de la nourriture est servie sur la place principale de Perfugas. À Tempio Pausania, on brûle une effigie du « roi Georges » ; Santu Lussurgiu *(p. 128)* est le théâtre de la course de chevaux de *Sa Carrela 'e Nanti*.
Processo a Su Conte *(mercredi des Cendres).* À Ovodda, une effigie de « Su Conte » est jugée sur la place principale avant d'être brûlée.

JOURS FÉRIÉS

Nouvel An *(1er janv.)*
Épiphanie *(6 janv.)*
Dimanche et lundi de Pâques *(mars ou avr.)*
Fête de la libération *(25 avr.)*
Fête du travail *(1er mai)*
Ferragosto *(Assomption, 15 août)*
Toussaint *(1er nov.)*
Immaculée Conception *(8 déc.)*
Noël *(25 déc.)*
Santo Stefano *(26 déc.)*

Monts enneigés du Gennargentu au cœur de l'hiver

HISTOIRE DE LA SARDAIGNE

Les origines de l'histoire de la Sardaigne se perdent dans la nuit des temps. Ses premiers habitants seraient arrivés par une chaussée naturelle reliant autrefois la Toscane à l'île, voici 450 000 à 150 000 ans. Diverses cultures s'y succédèrent, donnant naissance à la civilisation nuragique. Ces tribus de bergers et de guerriers vivaient dans des habitations en pierre rondes, les nuraghi, protégées par des remparts, dont subsistent, dans toute l'île, d'exceptionnelles ruines mégalithiques. Sur les 7 000 nuraghi que compte la Sardaigne, certains sont dans un excellent état de conservation, comme celui de Losa, Su Nuraxi, près de Barùmini, et le complexe de Santu Antine.

Les Phéniciens arrivèrent vers 1000 av. J.-C. et s'établirent le long des côtes, à Tharros, Nora, Bithia et Cagliari. Après avoir remporté les guerres puniques, les Romains prirent à leur tour possession de l'île. Malgré la farouche résistance opposée par les Sardes, la domination romaine dura sept siècles, ce qu'attestent quantité de ruines. À la chute de l'Empire romain, les invasions se succédèrent. Durant des siècles, Vandales, Byzantins et Arabes luttèrent pour posséder les ports stratégiques de l'île, jusqu'à ce que les républiques maritimes de Pise et de Gênes imposassent leur loi dans les eaux sardes. S'ouvrit alors l'âge d'or de l'architecture romane, qui céda la place au gothique après la conquête de l'île par l'Aragon au XIVᵉ siècle.

Après quatre siècles de domination espagnole, l'île passa aux mains de l'Autriche, qui la céda à la maison de Savoie en 1718. Le royaume de Sardaigne survécut jusqu'à l'unification de l'Italie. La longue phase d'abandon que subit ensuite l'île ne prit fin qu'après la Seconde Guerre mondiale, avec l'assèchement des marécages insalubres, qui permit le développement du tourisme et l'émergence d'une Sardaigne autonome et moderne.

Vénus de Macomer, Museo Archeologico, Cagliari

Calaris, l'actuelle Cagliari, sur une gravure de 1590

◁ Le temple romain d'Antas à Fluminimaggiore, construit sur les ruines d'un temple phénicien

La Sardaigne préhistorique

Collier avec une défense
Ce bijou a été trouvé dans une tombe datant de 2000-1800 av. J.-C. (culture campaniforme).

Bien que les outils en pierre découverts à Perfugas témoignent d'une présence humaine dès le paléolithique (voici 150 000 ans), ce n'est que vers 9000 av. J.-C. que l'île commença à être colonisée par des populations venues d'Asie Mineure, des côtes africaines, de la péninsule Ibérique et de Ligurie. La terre fertile, riche en minéraux, et les mines d'obsidienne de Monte Arci jouèrent un rôle essentiel dans la prospérité de l'île. Vers 3000 av. J.-C., les Sardes étaient regroupés en tribus, vivant dans des huttes et enterrant leurs morts dans des tombes taillées dans la pierre, les *domus de janas* (maisons de sorcières). Vers 1800 av. J.-C., cette société rurale et guerrière devint la civilisation nuragique, qui parsema l'île de milliers de tours en pierre circulaires (les nuraghi). Un grand nombre de ces extraordinaires constructions préhistoriques a été préservé.

Figurine de bronze provenant de Teti-Abini

Terres cuites
Ces cruches et ces vases utilitaires contenaient de l'eau et des céréales.

Les motifs de la proue sont d'inspiration plus terrestre que maritime.

Ruines du Monte d'Accoddi
Il s'agit des vestiges d'une construction en terrasses à plusieurs niveaux, probablement un temple, du III millénaire av. J.-C. Elle présente une forte similitude avec les célèbres ziggourats de Mésopotamie et les pyramides aztèques.*

CHRONOLOGIE		
6000 av. J.-C. Outils et armes en obsidienne provenant du gisement de Monte Arci	*Pointe de flèche en obsidienne*	Domus de janas *typique*
6000 av. J.-C.		**4000 av. J.-C.**
Défense de sanglier utilisée comme ornement, néolithique supérieur	**4000-3000 av. J.-C.** Époque de la culture de Bonu Ighinu : de petites communautés vivent de l'élevage ovin et caprin. Production de vases gris en terre de grande qualité, ornés de motifs gravés.	

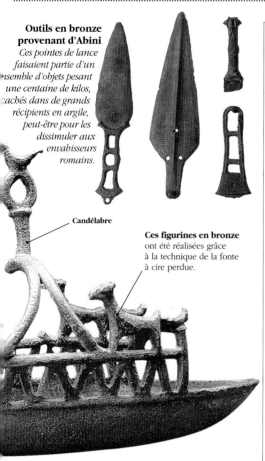

Outils en bronze provenant d'Abini

Ces pointes de lance faisaient partie d'un ensemble d'objets pesant une centaine de kilos, cachés dans de grands récipients en argile, peut-être pour les dissimuler aux envahisseurs romains.

Candélabre

Ces figurines en bronze ont été réalisées grâce à la technique de la fonte à cire perdue.

NEF VOTIVE À MOTIF DE CERF

Près de 70 lampes ont été retrouvées à Is Argiolas près de Bultei, parmi lesquelles cet ex-voto en forme de bateau. Exposé au Museo Archeologico Nazionale de Cagliari, il date du VIIIe ou du VIIe siècle av. J.-C. À l'époque nuragique, les Sardes entretenaient avec la mer des relations ambiguës. Ces liens prirent fin à l'arrivée des Carthaginois, des Romains et autres conquérants, qui les repoussèrent vers l'intérieur des terres.

OÙ VOIR LA SARDAIGNE PRÉHISTORIQUE

Parmi les ruines prénuragiques, citons la ziggourat du Monte d'Accoddi et les tombes taillées à même la pierre *(domus de janas)* de Pranu Muteddu (Goni). Des villages nuragiques ont été préservés à Su Nuraxi *(p. 64-65)*, Serra Òrrios *(p. 84)*, Tiscali *(p. 104-105)* et Abini. Des chambres funéraires, ou « tombes des Géants », se trouvent notamment à Sa Ena 'e Thomes. Quant aux puits sacrés, ils se visitent à Santa Cristina (Paulilàtino) et Santa Vittoria (Serri).

Le village nuragique de Serra Òrrios *est l'un des mieux conservés de Sardaigne, avec environ 70 habitations* (p. 84).

La nécropole de Montessu *abrite des domus de janas datant de la culture d'Ozieri.*

3000 av. J.-C. Époque de la culture d'Ozieri ou de San Michele. Des villages voient le jour dans toute l'île. Les morts sont enterrés dans les *domus de janas*

La déesse Mater Mediterranea de Senorbi (copie)

1800 av. J.-C. Émergence de la civilisation nuragique, caractérisée par ses constructions coniques tronquées (les nuraghi) bâties en bordure des plateaux

1000 av. J.-C. Débarquement des Phéniciens sur les côtes

3000 av. J.-C.	2000 av. J.-C.	1000 av. J.-C.

2000-1800 av. J.-C. Civilisation connue pour ses terres cuites campaniformes (en forme de cloche) ; construction d'habitations rondes ou rectangulaires

1500 av. J.-C. Apparition des premières formes simples de nuraghi

Nuraghe de Santa Barbara à Macomer

Les Phéniciens, les Carthaginois et les Romains

Vers 1000 av. J.-C., les Phéniciens commencèrent à aménager des ports dans les criques jalonnant les côtes sardes. Le commerce prospérant, ils fondèrent, 200 ans plus tard, les villes de Nora, Sulcis, Tharros, Olbia et, plus tard, Bithia et Karalis (l'actuelle Cagliari).

Vase à huile,
IIe siècle
av. J.-C.

La qualité des relations entretenues avec les chefs locaux se dégrada rapidement. Après une brève période de paix, les populations nuragiques attaquèrent les peuplements phéniciens, qui demandèrent l'aide de Carthage en 509 av. J.-C. En 238 av. J.-C., les Carthaginois, défaits lors de la première guerre punique, cédèrent la Sardaigne, qui passa sous domination romaine. La résistance farouche opposée par les Sardes, qui dura plus d'un siècle, prit fin en 215 av. J.-C. avec la bataille de Cornus. Cependant, les Romains ne parvinrent jamais à soumettre la totalité de l'île et, à l'intérieur des terres, la rébellion se poursuivit durant des années. Ils laissèrent à l'île un riche héritage de routes, de thermes, de temples, d'aqueducs et d'amphithéâtres.

Bracelet en or
Orné de palmettes, de fleurs de lotus et d'un aigle, il a été trouvé à Tharros (p. 132-133).

La forme du nez est caractéristique des Phéniciens.

Vase et flacon de parfum en verre
À l'époque romaine, le verre servait à réaliser des récipients ornementaux mais aussi des objets utilitaires – coupes, bols et bouteilles. Quantité de verreries ont été découvertes dans des cimetières. On peut en admirer plusieurs au Museo Archeologico Nazionale de Cagliari (p. 58).

Les lignes sur le visage imitent des scarifications.

Collier carthaginois
Les bijoux carthaginois étaient souvent très raffinés ; en témoigne ce collier à pendentifs en forme de symboles animaux et de masques.

MASQUE GRIMAÇANT

Il date du IVe siècle av. J.-C., époque à laquelle l'île était sous domination carthaginoise. Ce type d'objet était destiné à écarter le mal, à protéger les enfants ou à veiller sur le sommeil des morts. Celui-ci provient du site enfoui sous la ville moderne de San Sperate.

CHRONOLOGIE

900 av. J.-C.
Villages nuragiques, figurines en bronze et sculptures en pierre

Bateau phénicien

500-400 av. J.-C.
Les Sardes essuient des défaites contre les Carthaginois et se retirent dans la Barbagia

900 av. J.-C.	750 av. J.-C.	500 av. J.-C.

730-700 av. J.-C.
Construction des premiers ports phéniciens, qui deviendront Nora, Tharros, Bithia et Cagliari

v. 550 av. J.-C.
Arrivée des Carthaginois et fondation des premières villes puniques

509 av. J.-C. Les populations nuragiques attaquent les villes du littoral, qui demandent l'aide de Carthage

**Statue de Drusus
(10 av. J.-C.-23 apr. J.-C.)**
*Cette représentation du
consul romain, fils de l'empereur Tibère, a été trouvée
à Sant'Antioco (p. 72)
avec d'autres statues du
début de l'Empire.*

Les incisions
représentent
des lotus et
des rosettes.

**OÙ VOIR LA SARDAIGNE
ROMANO-PUNIQUE**

Les villes romano-puniques
les mieux préservées sont
Nora *(p. 89)* et Tharros
(p. 132-133). Les ruines de
Sulki, l'actuel Sant'Antioco
(p. 72), remontent toutes à
l'époque punique. Parmi les
vestiges romains, ne man-
quez pas l'amphithéâtre de
Cagliari *(p. 54)*, la Villa de
Tigellio *(p. 59)* et les thermes
de Fordongianus *(p. 137)*.

***Amphithéâtre romain de
Cagliari**, II*e* siècle apr. J.-C.*

***Le théâtre romain de Nora**
accueille des manifestations
culturelles en été.*

Inscription punique
*Elle était gravée sur la
base d'une statuette du
IV*e* siècle, découverte
dans le temple d'Antas.*

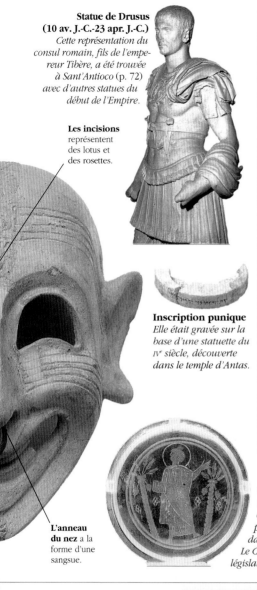

**L'anneau
du nez** a la
forme d'une
sangsue.

**Coupe en verre ornée
de la figure du Christ**
*Ce magnifique objet
paléochrétien a été trouvé
dans une tombe, près d'Ittiri.
Le Christ y est figuré comme
législateur et comme empereur.*

---

238 av. J.-C.
Les Carthaginois
perdent la pre-
mière guerre
punique

227 av. J.-C.
La Sardaigne et la
Corse deviennent
province romaine

*Mosaïque
trouvée
à Nora*

200-300 apr. J.-C. La
Sardaigne, insalubre, devient
un lieu de déportation

| 250 av. J.-C. | 0 | 250 |

*Temple
d'Antas,
dédié au
Sardus Pater*

27 av. J.-C.
La Sardaigne,
séparée de la
Corse, devient
province
sénatoriale

66 apr. J.-C. La Sardaigne
romaine est une province
impériale, occupée par
des légions

Le Moyen Âge, des Vandales aux Aragonais

Armoiries des Arborea

En 456, les Vandales s'emparent de la Sardaigne. Peu après, l'île est libérée par l'Empire romain d'Orient, dont elle devient l'une des sept provinces africaines. L'absence de pouvoir fort en Sardaigne, renforcée par des invasions arabes, donne naissance aux quatre *giudicati*, ou principautés autonomes, de Torres, Gallura, Arborea et Cagliari. Vers 1000, après avoir mené campagne contre les Arabes, Pisans et Génois conquièrent certaines parties de l'île. Les relations de longue date entretenues avec l'Aragon sont officialisées à l'issue de la paix d'Anagni en 1295 : le pape Boniface VIII accorde à Jacques II d'Aragon des droits sur la Sardaigne, ce dernier renonçant à la Sicile et à Majorque. Le 12 juin 1323, l'infant Alphonse débarque en Sardaigne avec son armée.

Quartier du Castello, Cagliari
Construit à l'époque pisane, le quartier fortifié du Castello de Cagliari forma le cœur de la ville jusqu'au XIXᵉ siècle.

Eleonora d'Arborea
Cette femme remarquable hérita Arborea de son père Mariano IV, en 1383. Après deux guerres contre l'Aragon, Eleonora prit le contrôle de presque toute la Sardaigne en 1394. Appelée la Giudica, elle reste l'un des symboles de l'indépendance sarde.

Armoiries papales

L'inscription désigne le pape par son nom : Benedetto Caetani.

Sceau de Barisone Iᵉʳ
En 1038, après avoir arraché la Sardaigne aux Arabes, les Pisans aidèrent Barisone Iᵉʳ d'Arborea à prendre possession des quatre giudicati *(principautés) de l'île.*

BONIFACE VIII
En 1295, le pape Boniface VIII (représenté ici lors du jubilé de 1300) fulmina une bulle donnant le contrôle du « Regnum Sardiniae et Corsicae » à Jacques II d'Aragon, en contrepartie de ses prétentions sur la Sicile. Outrepassant l'accord, les Espagnols annexèrent la Sardaigne.

CHRONOLOGIE

534 L'Empire byzantin libère la Sardaigne qui devient, avec la Corse, l'une de ses sept provinces africaines

Le pape Grégoire le Grand

500	600	700	800

Terres cuites provenant de tombeaux vandales

600 Le pape Grégoire le Grand entame la christianisation de la Sardaigne

711 Début des incursions arabes

815 Les diplomates sardes demandent de la France dans guerre contre les A

Capo Falcone
Cette tour faisait partie d'un système défensif grâce auquel un terme put être mis aux incursions barbares en Sardaigne au XVI siècle.*

Le pape
Boniface VIII

Où voir la Sardaigne médiévale

Au Moyen Âge, les conquérants pénétrèrent plus avant dans les terres, marquant l'architecture locale. San Saturnino, à Cagliari *(p. 59)*, et San Gavino, à Porto Torres *(p. 120)*, comptent parmi les plus vieilles églises médiévales de Sardaigne. Les échanges avec le continent transparaissent dans les églises romanes de Logudoro *(p. 156-157)*, la cathédrale d'Oristano *(p. 134-135)* et la cathédrale Santa Maria de Cagliari *(p. 55)*. Plusieurs châteaux ont été préservés, comme la Rocca de Castelsardo *(p. 164)* ; le quartier du Castello à Cagliari *(p. 56-57)* remonte également à cette époque.

La Santissima Trinità di Saccargia *est de style roman pisan (p. 158-159).*

Le Castello Malaspina *domine la ville de Bosa (p. 126-127).*

Boniface VIII fut un pape très controversé.

Remparts d'Alghero
Les murs massifs et les tours datent du XIV siècle, période de domination catalane.*

Jacques II d'Aragon

1016 Le pape Benoît VIII appelle Pise et Gênes à intervenir en Sardaigne

1087 Guglielmo di Massa devient le premier maître étranger à Cagliari

1164 Frédéric Barberousse transforme la Sardaigne en royaume

1257-1259 Dernières années des principautés de Cagliari et de Torres

1000	1100	1200	1300

1243 Frédéric II proclame son fils Enzo roi de Sardaigne

1323 12 juin : débarquement d'Alphonse d'Aragon en Sardaigne

Frédéric I
Barberousse

La domination espagnole

Armoiries de la maison d'Aragon

La conquête espagnole de la Sardaigne fut lente : les d'Arborea menèrent une longue guerre contre les envahisseurs, d'âpres révoltes se déroulèrent à Alghero puis, en 1355, la couronne espagnole consentit à accorder une sorte de parlement aux six principales villes sardes. L'Aragon ne prit définitivement le pouvoir qu'en 1409, lorsque à l'issue de la sanglante bataille de Sanluri la principauté d'Arborea fut remplacée par le marquisat d'Oristano. La domination espagnole se renforça en 1479, avec le mariage de Ferdinand d'Aragon et d'Isabelle Ire de Castille. La Sardaigne espagnole vit également la fondation des premières universités, comme celles de Sassari en 1562 et de Cagliari en 1620. Le traité d'Utrecht de 1714 attribua l'île à l'Autriche qui, par le traité de Londres, la céda à son tour au roi Vittorio Amedeo II, de la maison de Savoie.

Vittorio Amedeo II de Savoie
Vittorio Amedeo devint roi de Sardaigne en 1718, lorsque l'Autriche lui céda l'île en échange de la Sicile. Le parlement de Cagliari prêta allégeance au nouveau roi le 2 août 1720.

VICTOR AMÉDÉE.

Armoiries aux Quatre Maures
D'origine catalane, les armoiries aux Quatre Maures firent leur apparition en Sardaigne après l'arrivée d'Alphonse d'Aragon, en 1323. Elles sont l'un des symboles de l'île.

Au registre supérieur, sur les panneaux latéraux scènes, de la vie de saint Pierre. Au registre inférieur, saint Pierre entouré de saints.

Bordure figurée

Les quatre évangélistes sont peints sur la prédelle, rehaussée d'une riche bordure. Les artistes sardes reprirent le style des retables catalans en l'adaptant.

CHRONOLOGIE

1355 Fondation du parlement sarde

1409 Bataille de Sanluri, fin de la principauté d'Arborea

1541 En chemin pour Tunis, Charles Quint s'arrête à Alghero

1350   **1400**   **1500**

1402 *Anno de Sa Mortaglia Manna*, l'année de la grande épidémie de peste

Ferdinand d'Aragon et Isabelle de Castille

1509-1520 Multiples incursions de pirates arabes en Sardaigne

Cathédrale d'Alghero
La cathédrale Santa Maria, constuite à partir du XVIe siècle, est une magnifique illustration du style gothique catalan qui s'épanouit en Sardaigne.

OÙ VOIR LA SARDAIGNE ESPAGNOLE

Le premier bâtiment espagnol de Sardaigne est la chapelle gothique aragonaise de la cathédrale de Cagliari *(p. 55)*. À sa suite furent édifiés San Francesco à Iglesias, San Giorgio à Perfugas, San Francesco à Alghero et la cathédrale de la même ville *(p. 118)*. La cathédrale de Sassari fut construite en style dit « baroque colonial ». L'influence baroque est également manifeste à Àles. Une importante école de peinture de retable vit le jour à cette époque (Pinacoteca Nazionale de Cagliari).

RETABLE DE SAINT PIERRE

Panneau religieux peint qui était souvent placé au-dessus du maître-autel, le retable constitue l'un des principaux genres artistiques de la Sardaigne espagnole du XVIe siècle. Cette œuvre montre la Vierge à l'Enfant avec les saints Pierre, Paul et Georges de Suelli. Due à Pietro et Michele Cavaro (1533-1535), elle se trouve désormais à San Giorgio, à Suelli (Cagliari). Le cadre raffiné et la richesse des éléments décoratifs révèlent une influence flamande.

Cette maison aragonaise de Fordongianus date des XVe et XVIe siècles.

Les retables associaient souvent peinture, sculpture et décorations gravées.

San Francesco, à Alghero (XIVe siècle), a été reconstruit en style gothique aragonais.

Philippe V (1683-1746)
Contraint de renoncer à la France et à la Sardaigne, Philippe V tenta de reconquérir l'île en 1717 avec l'aide de son Premier ministre, Alberoni.

Charles Quint

1620 Fondation de l'université de Cagliari sous Philippe III

1688 Mécontentement et révoltes ; assassinat du vice-roi espagnol

1600

1700

Le cardinal Alberoni, Premier ministre de Philippe V

1717 Philippe V d'Espagne tente de reconquérir Naples et la Sardaigne

1718 Traité de Londres : la Sardaigne est cédée à la maison de Savoie

Le royaume de Sardaigne

L'une des premières actions du gouvernement mis en place par la maison de Savoie est de rétablir les universités de l'île. Toutefois, une grave crise économique et sociale secoue la Sardaigne, conduisant à des soulèvements et au développement du banditisme. Après la révolution de 1789, la France essaie en vain de conquérir la Sardaigne, mais ces tentatives réveillent la ferveur révolutionnaire sarde : en 1795, la « révolution sarde » éclate à Cagliari. En 1799, après la prise de tous leurs autres territoires par Napoléon, les Savoie se réfugient dans l'île. En 1847, sous la pression populaire à Cagliari et à Sassari, ils lient le destin de la Sardaigne au Piémont par la *fusione perfetta*. En 1861, ces régions sont intégrées au royaume d'Italie.

Le port de Cagliari
Il se développa après l'arrivée des souverains de Savoie. Avec Porto Torres, Cagliari devint le principal port de l'île.

Université de Cagliari
Elle fut fondée dans le cadre de la politique de réorganisation culturelle et de développement mise en œuvre par Carlo Emanuele III (1730-1773), qui créa à Turin un comité des affaires sardes.

Carlo Emanuele IV
Roi de Sardaigne de 1796 à 1802, Carlo Emanuele se réfugia dans l'île après la prise de ses territoires continentaux par Napoléon, en 1798. Son frère, Vittorio Emanuele I, devint roi de Savoie.

LE VICE-ROI ABSOLUTISTE

Carlo Felice, qui reçoit ici les clés de Cagliari, fut vice-roi de Sardaigne de 1799 à 1821, date à laquelle il devint roi. Souverain incontesté, il gouverna néanmoins en monarque absolu.

CHRONOLOGIE

Trône du royaume de Sardaigne à Turin

1720 Filippo Pallavicino devient le premier vice-roi issu de la maison de Savoie en Sardaigne

1793 Révolte contre les Savoie

1720	1740	1760	1780

1764-1765 Réouverture des universités de Cagliari et Sassari

1788 La cour de la maison de Savoie fuit Turin ; elle restera à Cagliari jusqu'en 1815

Tablette commémorative
Cette tablette, au Palazzo Viceregio de Cagliari, porte une dédicace à Carlo Felice par son frère Vittorio Emanuele I, qui abdiqua en sa faveur en 1821.

Giuseppe Garibaldi
Après des années d'exil dues à ses idées républicaines, Garibaldi se rendit à Caprera en 1857. Il s'y installa après avoir conquis le royaume des Deux-Siciles pour la maison de Savoie, avec son armée de 1 000 volontaires, les célèbres Chemises rouges.

Où voir la Sardaigne des Savoie

Les théâtres de Cagliari, de Sassari et d'Alghero, les bâtiments des administrations provinciales et la mairie de Cagliari *(p. 58)* datent de l'époque des Savoie, comme la plupart des lignes de chemin de fer et quantité de statues d'hommes célèbres, telle celle de Garibaldi à Caprera. La Villa Aymerich, à Làconi, est l'une des nombreuses résidences de campagne reconstruites alors.

La Galleria Comunale d'Arte di Cagliari, *exemple d'architecture des Savoie.*

Monument de Carlo Emanuele III *à Carloforte, ville dont il est le fondateur.*

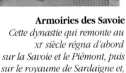

Armoiries des Savoie
Cette dynastie qui remonte au xɪᵉ siècle régna d'abord sur la Savoie et le Piémont, puis sur le royaume de Sardaigne et, enfin, sur le royaume d'Italie.

Vittorio Amedeo III, roi de Sardaigne (1773-1789)

1847 La Sardaigne et le Piémont s'unissent

1857 Garibaldi s'installe à Caprera puis achète des terrains sur l'île

| 1820 | 1840 | 1860 |

1826 Publication du *Voyage en Sardaigne* d'Alberto La Marmora

Tombe de Carlo Emanuele IV de Savoie, à Cagliari

Alberto La Marmora

1861 Le Piémont et la Sardaigne sont rattachés au royaume d'Italie

La Sardaigne et l'Italie unifiée

Grazia Deledda, Cendres

En Sardaigne, l'industrialisation a débuté après l'Unification : les premières lignes ferroviaires sont construites en 1871 et les mines du Sulcis et de l'Iglesiente se mettent à fonctionner à plein rendement. Les premiers quotidiens voient le jour et Nuoro devient le centre d'un mouvement culturel auquel appartient notamment Grazia Deledda, prix Nobel de littérature. Durant la Première Guerre mondiale, l'héroïsme d'une brigade, la Brigata Sassari, devient le symbole de la nouvelle confiance en elle-même de la Sardaigne ; il conduit à la fondation du Partito Sardo d'Azione, en 1921. Dans l'entre-deux-guerres, l'industrie minière continue à prospérer, entraînant la fondation de Carbonia en 1938. Est alors lancé un vaste programme de récupération des terres, d'aménagement de lacs artificiels, comme le lac Omodeo, et d'assainissement des marécages où sévissait la malaria. Le 31 janvier 1949, l'île est proclamée Région autonome d'Italie.

Mine de Monteponi
Cette gravure du XIXᵉ siècle montre l'usine installée près de la grande mine de plomb et de zinc.

La foule était composée des classes sociales souffrant le plus du coût élevé de la vie.

Carbonia
En 1938, Mussolini en personne inaugura la nouvelle ville de Carbonia (p. 71), destinée à devenir le principal centre minier de Sardaigne.

Brigata Sassari
Cette brigade entièrement composée de Sardes se distingua par son héroïsme durant la Première Guerre mondiale.

Emilio Lussu (1890-1975)
Ancien membre de la Brigata Sassari, il raconta son expérience durant la Première Guerre mondiale dans Un anno sull'altopiano.

CHRONOLOGIE

1871 Naissance de l'écrivain Grazia Deledda

1889-1899 Intervention d'unités de l'armée pour combattre le fléau du banditisme en Sardaigne

1897 Adoption des premières lois restrictives spéciales en Sardaigne

1870	1880	1890	1900

Quintino Sella, ministre des Finances en 1862, 1865 et 1869-1873.

1889 Fondation du premier quotidien de Sardaigne, *l'Unione Sarda*

1891 Naissance de l'écrivain engagé Antonio Gramsci à Àles

Antonio Gramsci

La ligne de chemin de fer Cagliari-Arbatax
Intégrée à l'Italie unifiée, la Sardaigne se lança dans un programme de modernisation. Les premières lignes ferroviaires virent le jour en 1871 et, en 1881, Cagliari et Sassari étaient reliés par le rail. La ligne Cagliari-Arbatax est un itinéraire touristique apprécié (p. 92-93).

Les grévistes prennent d'assaut l'office des douanes et des impôts pour protester contre la taxe sur le pain.

Barrage sur le Tirso
La construction de ce barrage de 70 m de haut commença en 1918, donnant naissance au lac Omodeo. Avec ses 20 km de long, il était alors le plus grand lac artificiel d'Europe.

LA GRÈVE DE CAGLIARI
Au début du siècle, les conflits sociaux et les tensions étaient tellement exacerbés que les premières lois restrictives spéciales furent promulguées. Le mouvement des mineurs de Buggerru, le 3 septembre 1904, conduisit à la première grève générale d'Italie. En 1906, le coût élevé de la vie entraîna une vague d'émeutes à Cagliari qui furent brutalement réprimées : il y eut dix morts et un grand nombre de blessés.

L'étang de Cabras
L'étang, qui s'étend sur plus de 20 ha, est le résultat de l'un des ambitieux programmes de récupération des terres. Ils délivrèrent l'île de la malaria et ouvrirent la voie au développement de l'industrie touristique.

Drapeau de la Région autonome de Sardaigne

1915-1918 Importante contribution des Sardes à l'effort de guerre

1924 Financement d'un vaste programme de travaux publics en Sardaigne par la « loi du milliard de lires »

1943 Cagliari sérieusement endommagée par les bombardements alliés

1920	1930	1940

1921 Fondation du Partito Sardo d'Azione

1926 L'écrivain sarde Grazia Deledda remporte le prix Nobel de littérature

1938 Fondation de la ville minière de Carbonia par Mussolini

1948 La Sardaigne devient Région autonome

La Sardaigne moderne

Drapeau du Yacht-Club de la Costa Smeralda

L'assainissement des marécages littoraux a joué un rôle crucial dans le développement de la Sardaigne. Négligée durant des millénaires, la côte, superbe, peut enfin être aménagée. Des villas luxueuses et des villages de vacances jaillissent de terre. La Costa Smeralda, ou côte d'Émeraude, devient un lieu de villégiature couru et renommé dans le monde entier. Assainies, les terres accueillent aussi des cultures : jardins maraîchers et vergers se multiplient. Ces changements entraînent une mutation de l'économie. L'élevage ovin est en déclin, tandis que l'industrie et les services se développent, parfois au détriment de l'environnement. Aujourd'hui, la Sardaigne est à la croisée des chemins : la modernité y rivalise avec la plus précieuse des ressources, à savoir une nature intacte et diversifiée.

1972 Les premières mines sont abandonnées ; le déclin de l'industrie minière s'amorce

1971 L'équipe de football de Cagliari, club du buteur vedette Gigi Riva, remporte pour la première fois le championnat d'Italie

1962 Antonio Segni, chrétien démocrate originaire de Sassari, devient président de la République italienne

1950	1960	1970

1950	1960	1970

1956 La Sardaigne commence à recevoir les émissions de la télévision italienne, la RAI

1970 Visite du pape Paul VI en Sardaigne

1953 Premier enlèvement à Orgosoli, inaugurant une pratique qui deviendra l'un des plus graves fléaux de la Sardaigne d'après-guerre, mais qui s'est heureusement résorbé récemment. Le film de Vittorio de Seta sur le banditisme sarde obtiendra un prix lors du festival de Venise de 1961

1962 Création du consortium de la Costa Smeralda dirigé par Karim Aga Khan (ci-contre), point de départ de la conquête immobilière de la Costa Smeralda ; l'expansion touristique dans le nord-est de la Sardaigne est lancée. La même année, une loi destinée à stimuler tous les secteurs de l'économie est adoptée

1971 Le nombre d'ouvriers dépasse pour la première fois celui des agriculteurs

1972 Enrico Berlinguer (au centre), de Sassari, est élu secrétaire du parti communiste italien, poste qu'il conservera jusqu'à sa mort, en 1984. Il est l'artisan d'une « troisième voie vers le socialisme » et du « compromis historique » entre communistes et chrétiens démocrates

1950 Pour la première fois, aucun cas de malaria n'est signalé en Sardaigne. Un programme financé par la fondation américaine Rockefeller éradique le vecteur de la maladie, l'*Anopheles maculipennis*

1977 *Padre Padrone*, film de Paolo et Vittorio Taviani, adapté du roman de Gavino Ledda, remporte la palme d'Or au festival de Cannes. L'œuvre présente une image réaliste et dure de la Sardaigne, montrant une île déchirée entre ses traditions pastorales et la modernité

1989 Sur la côte nord-est, dix touristes trouvent la mort dans des incendies, pour la plupart d'origine criminelle

1980 Création du parc national de Caprera

Aujourd'hui Avec le tourisme, l'industrie liée à l'élevage – viande, lait cuir – est le moteur de l'économie sarde

1979 Révolte de terroristes dans la prison de haute sécurité de l'île d'Asinara

1990 La Sardaigne est frappée par une terrible sècheresse

1980	1990

1980	1990

74 Le choc rolier au yen-Orient te un coup ndustrie rochimique le

1995 Aggravation de la crise de l'industrie minière. Les mines de charbon du Sulcis sont mises en vente

1979 Augmentation du nombre d'enlèvements ; le célèbre auteur-compositeur italien Fabrizio De André et sa femme Dori Ghezzi sont kidnappés

1985 Francesco Cossiga, de Sassari, ancien Premier ministre et ministre de l'Intérieur, est élu président de la République italienne

Aujourd'hui Les marinas de l'île, notamment celles de Porto Cervo, comptent parmi les plus belles de Méditerranée

1983 La première participation de l'Italie à la Coupe de l'America, avec le voilier *Azzura*, a lieu grâce au Yacht Club de la Costa Smeralda

La Sardaigne
Région par région

La Sardaigne d'un coup d'œil

Essentiellement réputée pour son littoral, la Sardaigne vaut aussi le voyage pour ses paysages spectaculaires et ses sites archéologiques. L'île est constellée de nuraghi préhistoriques, depuis Su Nuraxi jusqu'à Orroli, Santu Antine et Silanus. Outre pour la Costa Smeralda, le nord de la Sardaigne est connu pour ses églises romanes, nichées au cœur des paysages du Logudoro et de la Gallura. Dans la Barbagia et sur la côte est, dominées par le vaste parc national du Gennargentu *(p. 82-83)*, le maquis tapisse les vallées isolées et les contreforts inaccessibles. Au Sud et à l'Ouest, les ruines puniques de Nora, Sant'Antioco ou Tharros sont particulièrement impressionnantes. Quant à la côte occidentale, elle est restée relativement sauvage.

Église romane Santa Maria del Regno, à Ardara *(p. 156)*

Flamants hivernant dans les marais de la région d'Oristano *(p. 134-135)*

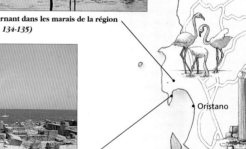

LA CÔTE OUEST

Oristano

Les ruines impressionnantes de Tharros *(p. 132-133)*

0   20 km

CAGLIARI ET LE SUD

La côte déchiquetée près de Buggerru *(p. 68)*

Phare du Capo Testa, près de Santa Teresa di Gallura, sur la côte nord *(p. 144-145)*

Mouflon dans les forêts du centre de l'île *(p. 20-21)*

Tronçon de l'itinéraire suivi par le Trenino Verde *(p. 92-93)*

Vue de Cagliari, l'ancienne ville romaine de Kàralis, chef-lieu de la région de Sardaigne *(p. 54-61)*

LE NORD ET LA COSTA SMERALDA

Olbia

Nuoro

LE CENTRE ET LA BARBAGIA

Arbatax

LA CÔTE EST

Cagliari

CAGLIARI ET LE SUD

L e sud de la Sardaigne comporte des paysages variés – hautes dunes de sable le long du littoral, marais peuplés de flamants roses et maquis étendu où vous aurez peut-être la chance d'apercevoir le cerf de Sardaigne. Cette région, qui fut le centre minier de l'île, est aussi riche en sites archéologiques, comme Nora et Su Nuraxi.

L'histoire minière de la région débuta vers 5000 av. J.-C., lorsque les insulaires se mirent à extraire et à fondre du cuivre et de l'argent. Les Phéniciens en firent une base de commerce, exportant les minerais locaux dans la Méditerranée. Au Moyen Âge, les Pisans apportèrent une nouvelle richesse à la région avec le développement des mines d'argent et, à l'époque fasciste, Mussolini, qui voulait que l'Italie vécût en autarcie, exploita dans ce but le charbon sarde. Aujourd'hui, les bâtiments industriels du Sulcis et de l'Iglesiente ont été transformés en attractions touristiques : des mines sont ouvertes au public et des musées permettent de mieux comprendre cette industrie locale.

Bien que la capitale de l'île, Cagliari, ait été fondée par des navigateurs phéniciens, ce sont les Aragonais qui y laissèrent l'empreinte la plus manifeste. Les fortifications espagnoles dominent toujours la ville, entourant le quartier du Castello. Au nord de Cagliari se déroule la plaine du Campidano, bordée de figuiers de Barbarie et d'eucalyptus. Dans cette région qui fut longtemps le grenier à blé de la Sardaigne, les usines côtoient désormais les terres agricoles, notamment aux environs de Cagliari.

Sur les hauteurs de l'est s'étendent les ruines du plus grand site préhistorique sarde, Su Nuraxi, qui domine les plaines environnantes.

Les îles de San Pietro et Sant'Antioco sont coupées du reste de la Sardaigne, tant sur le plan géographique que culturel : Calasetta et Carloforte sont habitées par les descendants de pêcheurs de corail liguriens, retenus en otages par des pirates musulmans en Afrique du Nord, et qui vinrent s'installer dans les îles après leur libération. Leur dialecte, leur cuisine et leurs traditions sont restés quasiment inchangés.

Rochers volcaniques de la baie de Goloritzé

◁ **Front de mer de Cagliari, avec la Via Roma bordée d'arcades et, à l'arrière-plan, le quartier du Castello**

À la découverte de Cagliari et du Sud

L a côte sud-ouest est l'une des plus sauvages de l'île. Peu de routes longent le littoral : le meilleur moyen pour le découvrir est le bateau ou la marche. À l'intérieur des terres, le maquis de l'Iglesiente et du Sulcis contraste avec les bâtiments industriels décrépits construits au XIXᵉ siècle dans ces régions minières. Au nord, les fouilles entreprises à Su Nuraxi ont révélé un important peuplement nuragique. Cagliari et les marais salants à ses portes offrent de multiples centres d'intérêt. C'est aussi un point de départ idéal vers le site antique de Nora.

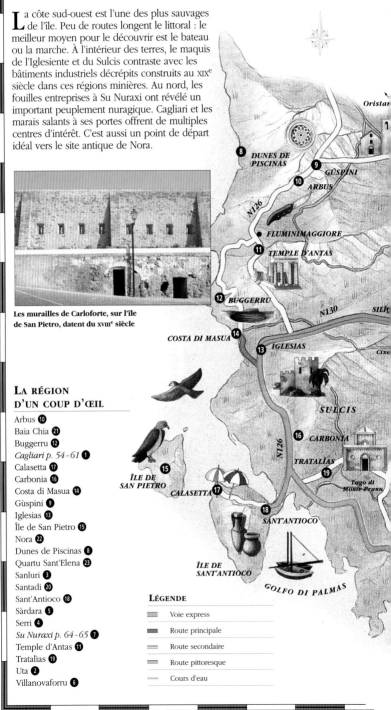

Les murailles de Carloforte, sur l'île de San Pietro, datent du XVIIIᵉ siècle

LA RÉGION D'UN COUP D'ŒIL

Oristar

DUNES DE PISCINAS ❽

GÙSPINI ❾

ARBUS ❿

N126

FLUMINIMAGGIORE

TEMPLE D'ANTAS ⓫

BUGGERRU ⓬

N130

SILÌ

COSTA DI MASUA ⓮

IGLESIAS ⓭

Cixe

SULCIS

CARBONIA ⓰

N126

TRATALÌAS ⓳

Lago di Monte Pranu

ÎLE DE SAN PIETRO ⓯

CALASETTA ⓱

SANT'ANTIOCO ⓲

ÎLE DE SANT'ANTIOCO

GOLFO DI PALMAS

LÉGENDE

▦	Voie express
▦	Route principale
▦	Route secondaire
▦	Route pittoresque
—	Cours d'eau

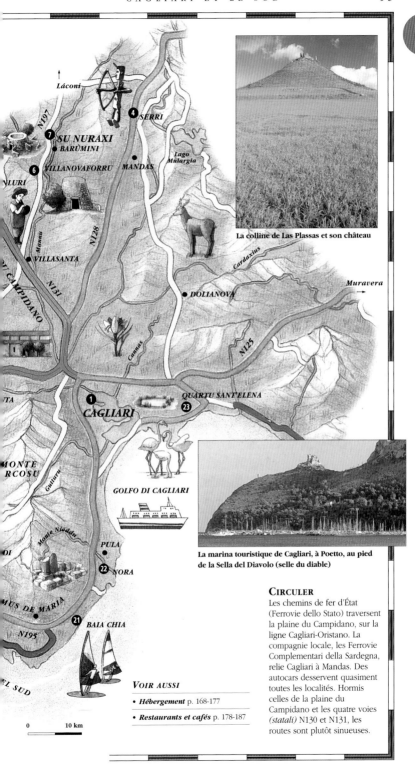

La colline de Las Plassas et son château

La marina touristique de Cagliari, à Poetto, au pied de la Sella del Diavolo (selle du diable)

CIRCULER

Les chemins de fer d'État (Ferrovie dello Stato) traversent la plaine du Campidano, sur la ligne Cagliari-Oristano. La compagnie locale, les Ferrovie Complementari della Sardegna, relie Cagliari à Mandas. Des autocars desservent quasiment toutes les localités. Hormis celles de la plaine du Campidano et les quatre voies (*statali*) N130 et N131, les routes sont plutôt sinueuses.

VOIR AUSSI

- *Hébergement* p. 168-177
- *Restaurants et cafés* p. 178-187

0   10 km

Cagliari ●

**Lion ornant l'une
des chaires
de la cathédrale**

La position protégée de la ville, dans le Golfo di Cagliari, lui a longtemps valu d'être un port important. Du VIIIe au VIe siècle av. J.-C., les Phéniciens établirent sur la rive orientale de l'étang de Santa Gilla une escale pour les bateaux de marchandises, entre le Proche-Orient et la péninsule Ibérique. *Kàralis* (« la ville rocailleuse ») devint rapidement l'un des principaux centres marchands de Méditerranée. Sa physionomie actuelle est l'œuvre des Pisans, qui aménagèrent le quartier aragonais du Castello. Les populations locales, qui n'avaient le droit d'entrer dans la ville que le jour, vivaient dans les villages de Stampace et Villanova, entourés de remparts. Ceux-ci ont été détruits en 1862, et ces quartiers font désormais partie de la ville. Chef-lieu de la région, la Cagliari moderne, bordée sur trois côtés par la mer et les marais, ne s'est étendue que vers le nord.

Bâtiments à arcades du XIXe siècle dans la Via Roma

À la découverte de Cagliari

En arrivant par la mer, vous découvrirez l'élégante Via Roma, parallèle au quai et bordée de bâtiments du XIXe siècle ouverts d'arcades au rez-de-chaussée. Dans la journée, cette rue commerçante fourmille de promeneurs. Derrière s'étendent les ruelles étroites de l'ancien quartier de la Marina. Les pêcheurs et les commerçants qui l'habitaient autrefois ont laissé la place aux trattorias, où l'on peut goûter à la cuisine traditionnelle, ainsi qu'aux tavernes et aux magasins de souvenirs et d'artisanat local. Le Largo Carlo Felice, qui part vers le nord depuis la Via Roma, est une large avenue du XIXe siècle agrémentée d'une statue de Carlo Felice, vice-roi de Sardaigne *(p. 40-41).*

Armoiries de la ville

🏛 Palazzo Comunale

Via Roma. **C** 070-67 71.
O *demander à l'entrée.*
À l'angle de la Via Roma et du Largo Carlo Felice se dresse le Palazzo Comunale (mairie). Construit au début du XXe siècle en style néo-gothique, le bâtiment a été restauré. Sa façade est décorée de fenêtres géminées et de tours. Des peintures de Filippo Figari et Giovanni Marghinotti ornent la Sala della Rappresentanza, et dans la Sala della Giunta, le *Trittico dei Consiglieri* (triptyque des conseillers) mérite un coup d'œil.

🏛 Bastione San Remy

Terrazza Umberto I.
De la Piazza Costituzione, un escalier menant à la Terrazza Umberto Ier permet de rejoindre le bastion construit à la fin du XIXe siècle sur les remparts

Sala della Giunta, Palazzo Comunale

espagnols. La vue sur les marais et sur le bord de mer est magnifique. Tous les dimanches matin, un marché aux puces se tient sur la terrasse. Le passage couvert au niveau médian accueille des expositions et des manifestations culturelles.

⚲ Amphithéâtre romain

Viale Fra Ignazio. **C** 070-65 21 30.
O *de mai à sept. : de 9 h à 13 h et de 17 h à 19 h t.l.j. ; d'oct. à avril : de 9 h à 13 h et de 14 h 30 à 17 h t.l.j.*
Le vestige majeur de la Cagliari romaine se dresse au nord-ouest du centre-ville. Il s'agit d'un amphithéâtre du IIe siècle apr. J.-C. taillé dans la pierre, à l'instar des théâtres grecs. On y exécutait des numéros de cirque et des naumachies – reconstitutions de célèbres batailles navales. Des canalisations permettaient de remplir l'arène d'eau. La maçonnerie s'est en grande partie écroulée au Moyen Âge, et quantité de pierres ont été prélevées dans les gradins pour construire le quartier du Castello. On voit toujours la *cavea*, la fosse aux bêtes sauvages, les couloirs et les passages souterrains, ainsi que la partie conservée des gradins.

Ruines de l'amphithéâtre romain du IIe siècle apr. J.-C.

♣ Orto Botanico

Viale Fra Ignazio 13. 070-67 51.
de 8 h à 13 h 30 t.l.j.

Installé au sud de l'amphithéâtre, le jardin botanique
s'étend sur plus de 12 ha. Créé
en 1865, il recèle plus de
500 espèces de plantes tropi-
cales d'Amérique, d'Afrique,
d'Asie et des îles du Pacifique,
ainsi que les végétaux méditer-
ranéens les plus caractéristiques.

L'Orto Botanico contient une
foule de petites grottes, comme
la Grotta Gennari, vouée à la
culture des fougères en raison
de la température idéale et du
haut degré d'humidité qui y
règnent. Le jardin abrite également des vestiges de tunnels
romains, construits pour améliorer l'approvisionnement en eau
du lieu, une galerie romaine et
un puits en forme
de bonbonne.

🏛 Cathédrale

Piazza Palazzo.
de 8 h à midi et de 16 h à
19 h t.l.j. **Museo Capitolare**
070-66 38 37. sur r.-v.

La cathédrale Santa
Maria de Cagliari a été bâtie
par les Pisans aux XIᵉ et
XIIᵉ siècles. Transformée au fil
des ans, notamment avec des
ajouts du XVIIᵉ siècle, la façade
actuelle est le fruit d'une
importante restauration réalisée

L'intérieur en marbre de la cathédrale Santa Maria, de style baroque

dans les années 30, qui rétablit
le style roman d'origine. Les
quatre lions gardant l'entrée
datent de cette période.
L'intérieur a conservé quantité
de décorations
baroques, ainsi
que certains
détails d'origine.
Près de l'entrée se
trouvent deux chaires
sculptées en 1162
par Mastro
Guglielmo pour la
cathédrale de Pise et données à
Cagliari par la ville toscane. Le
bénitier, en marbre, est orné
d'un ange. La crypte sous le
chœur abrite les tombeaux des
princes de la maison de Savoie.
Dans la salle capitulaire, on

**Tête d'ange
ornant le bénitier**

découvre une collection de
peintures, dont une
Flagellation du Christ attribuée
à Guido Reni. Le **Museo
Capitolare** (trésor) présente
des amphores et, entre autres
objets religieux précieux, des
calices et une grande croix en
argent doré.

MODE D'EMPLOI

Carte routière C6. 176 236.
Piazza Matteotti 9 (070-66
92 55) ; Piazza Deffenu 9 (070-65
48 11 ou 070-65 16 98).
dim. matin, Terrazza Umberto I
(antiquités) ; dim., quartier de
Sant'Elia. 1ᵉʳ mai : fête de
Sant'Efisio.

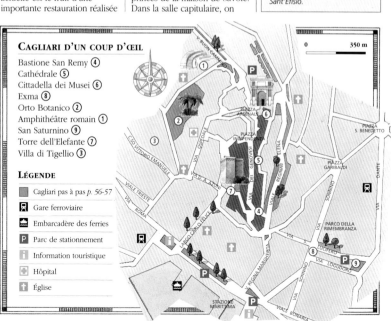

CAGLIARI D'UN COUP D'ŒIL

Bastione San Remy ④
Cathédrale ⑤
Cittadella dei Musei ⑥
Exma ⑧
Orto Botanico ②
Amphithéâtre romain ①
San Saturnino ⑨
Torre dell'Elefante ⑦
Villa di Tigellio ③

LÉGENDE

▪ Cagliari pas à pas *p. 56-57*

🚉 Gare ferroviaire

⛴ Embarcadère des ferries

P Parc de stationnement

ℹ Information touristique

✚ Hôpital

🏛 Église

0 — 350 m

Le Castello pas à pas

Torre dell'Elefante, détail

L e quartier du Castello, qui est la partie la plus ancienne de Cagliari, est l'œuvre des Pisans et des Aragonais. Perché au sommet d'une colline et protégé par d'anciennes murailles, il abrite des demeures aristocratiques. Au cours des ans, l'ancien siège du pouvoir perdit de son importance, et les élégants bâtiments se sont défraîchis. Au cœur du quartier se trouvent la Piazza Palazzo, avec le Palazzo Arcivescovile (palais archiépiscopal), et la cathédrale. Entourant l'ancienne citadelle, d'imposantes tours de garde dominent les portes. Une partie des fortifications a été transformée en musées et en esplanade.

★ Cathédrale Santa Maria
Reconstruite à plusieurs reprises, elle associe des éléments pisans, aragonais et baroques. L'intérieur en marbre polychrome renferme de belles sculptures (p. 55).

★ Cittadella dei Musei
C'est dans ce complexe moderne, aménagé dans l'ancien arsenal des Savoie, que se trouvent les principaux musées de la ville (p. 58).

Palazzo Arcivescovile

PIAZZA ARSENALE

VIA MARTINI

VIA DEI

Torre di San Pancrazio
La porte nord du Castello a été bâtie en 1305 par Giovanni Capula. Plaquées à l'extérieur de blocs de calcaire, ses parois sont restées à nu à l'intérieur, escaliers et balcons en bois étant à l'air libre.

Via La Marmora
Cette rue pittoresque est bordée d'une foule d'ateliers et de magasins d'antiquités.

★ Bastione San Remy
Au début du XXᵉ siècle, les remparts espagnols ont été transformés pour donner naissance au Bastione San Remy. Il s'ouvre sur une vaste esplanade offrant un superbe panorama.

Porta dei Leoni
La porte en plein cintre qui donne accès au bas du quartier de la Marina doit son nom aux deux têtes de lion (leoni) romanes de part et d'autre de l'arc.

BASTIONE
SAN REMY

VIA CANNELLE

VIA LA MARMORA

PIAZZA
CARLO
ALBERTO

VIA VIVALDI

VIA UNIVERSITÀ

Palazzo Boyl
Ce palais surplombant le Bastione San Remy a été édifié en 1840 sur les vestiges de la Torre dell'Aquila (tour de l'Aigle), l'une des grandes tours pisanes qui marquaient les portes d'entrée de la vieille ville.

Torre dell'Elefante
Elle a été construite par l'architecte sarde Giovanni Capula en 1307. Le mécanisme permettant d'ouvrir les portes est encore visible. Sur la façade, la statue d'éléphant qui a donné son nom à la tour est toujours en place.

À NE PAS MANQUER

★ La Cittadella dei Musei

★ Le Bastione San Remy

★ La cathédrale Santa Maria

LÉGENDE

‒ ‒ ‒ Itinéraire conseillé

0   50 m

La Cittadella dei Musei, complexe moderne dans le quartier du Castello

Cittadella dei Musei

Piazza Arsenale.
À l'extrémité nord du quartier du Castello s'étend la Cittadella dei Musei, un ensemble de musées. Dans l'ancien arsenal royal, lui-même construit sur le site de la citadelle espagnole, sont ainsi installés le Museo Archeologico Nazionale, le Museo Civico d'Arte Orientale Stefano Cardu et la Pinacoteca Nazionale. Une terrasse offre de belles vues sur la ville.

🏛 Museo Archeologico Nazionale

Cittadella dei Musei. 📞 070-65 59 11. ⏰ de 9 h à 19 h, du mar. au dim. 🖼
Au rez-de-chaussée, les collections sont présentées par ordre chronologique, du néolithique au Moyen Âge. La salle néolithique abrite de magnifiques sculptures en albâtre représentant des divinités féminines, dont une en forme de croix provenant de Senorbi. Belle collection de haches de la fin de l'âge du bronze. Le musée présente également un ensemble intéressant de figurines nuragiques en bronze *(p. 32-33)* découvertes au Tempio di Teti d'Abini. Certaines tiennent des sabres votifs. Dans la troisième salle, une statuette montre un musicien jouant de la flûte sarde, les fameuses *launeddas (p. 90)*.
Les périodes romaine et phénicienne sont représentées par des objets provenant des environs de Cagliari, de Tharros et de Nora : bijoux, amulettes, petites têtes en verre coloré et statues votives en terre cuite. Le bracelet en or

estampé et les boucles d'oreilles en or de Tharros sont particulièrement remarquables.
Les objets paléochrétiens, comme les cruches, les lampes et les bijoux en or, donnent un aperçu de la culture médiévale sarde et des apports des envahisseurs byzantins, vandales et maures.

🏛 Museo Civico d'Arte Orientale Stefano Cardu

Cittadella dei Musei. 📞 070-49 07 27. ⏰ de 9 h à 19 h, du mar. au dim. 🖼
Le musée, qui a rouvert fin 1996, présente la majeure partie des 1300 objets donnés à la ville en 1917 par Stefano Cardu, un Sarde qui servit à la cour du roi de Siam. La collection comprend des objets en or et en argent, des statues en ivoire et des vases datant pour la plupart du XIᵉ siècle.

🏛 Pinacoteca Nazionale

Cittadella dei Musei. 📞 070-67 01 57. ⏰ de 9 h à 19 h 30, t.l.j. 🖼
L'entrée s'effectue par le niveau supérieur, où sont exposées des peintures du XVᵉ et du XVIᵉ siècle, et notamment des retables catalans et sardes, comme l'*Annonciation* de Juan Mates (1391-1431), *Sant'Eligio* par le Maître de Sanluri (début

du XVIᵉ siècle) et *Nostra Signora della Neve* (1568) de Michele Cavaro.
Des peintures des XVIIᵉ et XVIIIᵉ siècles, ainsi que des costumes et des objets sardes, occupent l'étage intermédiaire. Quant au niveau inférieur, y est exposée une peinture de l'école de Stampace, *La Chiesa di San Francesco*, endommagée par le feu en 1871.

🏛 Galleria Comunale d'Arte

Giardini Pubblici, Viale Regina Elena. 📞 070-49 07 27. ⏰ de 9 h à 13 h et de 17 h à 20 h (d'oct. à avril : 16 h à 19 h), du mar. au dim. 🖼
Installée sur l'avenue qui part à l'est du Castello, elle est consacrée à des œuvres d'artistes sardes, de la fin du XIXᵉ siècle jusqu'aux années 70. Au rez-de-chaussée sont présentées des créations de Francesco Ciusa et, au premier étage, de l'art contemporain.

🝔 Necropoli Tuvixeddu

Via Falzarego. ⏰ de mars à sept. : de 8 h au coucher du soleil
Les centaines de chambres funéraires souterraines de la nécropole punique, à l'ouest du jardin botanique, sont couvertes de ronces. Les peintures des tombes méritent toutefois une visite, notamment celles de la Tomba del Guerrier (tombe du Guerrier) et de la Tomba dell'Ureo (tombe de l'Uræus).

🝔 Grotta della Vipera

Viale Sant'Avendrace. ⏰ d'avril à sept. : de 9 h à 13 h et de 17 h à 20 h, du mar. au dim. ; d'oct. à mars : appeler l'office de tourisme.
L'une des sépultures est celle d'Atilia Pomptilla, épouse de Cassius Philippus, exilé ici au Iᵉʳ siècle apr. J.-C. Deux serpents ornent la façade de cette « grotte de la Vipère ». Les murs portent des inscriptions en grec et en latin.

Sarcophage en marbre (IVᵉ siècle apr. J.-C.) exposé au Museo Archeologico

L'église paléochrétienne San Saturnino, dédiée au saint patron de Cagliari

La Cagliari souterraine

Viale Fra Ignazio. 070-66 30 52. *sur r.-v.*

Au nord-est du centre-ville, sous l'amphithéâtre romain, l'hôpital et l'Orto Botanico, se trouvent des chambres et des passages souterrains aménagés par les Phéniciens. L'ouvrage le plus spectaculaire est la vaste pièce qui porte le nom du roi Vittorio Emanuele II. De la Casa di Riposo, sur le Viale Fra Ignazio, les visiteurs empruntent un escalier sombre desservant une salle inquiétante. Les murs, qui ont une surface d'environ 2 500 m², sont tapissés d'un revêtement épais pour les protéger de l'humidité.

La salle souterraine Vittorio Emanuele II, époque phénicienne

Villa di Tigellio

Via Tigellio. *au public.*

Au sud-est de l'Orto Botanico, la Villa di Tigellio est un ensemble de trois demeures aristocratiques et de thermes romains datant de l'époque impériale. Le *tablinum*, la salle de réception, s'ouvre sur l'atrium central.

Exma

Via San Lucifero. 070-66 63 99. *de 9 h à 13 h et de 17 h à minuit (d'oct. à avril : de 9 h à 20 h), sur r.-v.*

À l'est du quartier du Castello se dressent les anciens abattoirs municipaux, construits au milieu du XIXᵉ siècle et fermés en 1964. Ce bâtiment rouge sombre, décoré de têtes de vaches sculptées, a été rénové pour accueillir le centre artistique de la ville.

Il propose des expositions temporaires de photographie, de peinture et de sculpture, ainsi que des cours pour enfants et adultes. Des concerts de musique classique se tiennent dans la cour en été et dans l'auditorium en hiver.

Tête de vache ornant l'Exma

Le département des arts graphiques de la Galleria Comunale d'Arte pourrait prochainement venir s'y installer.

San Saturnino

Piazza San Cosimo. 070-201 01. *de 10 h à midi, l'a.-m. sur r.-v., du lun. au sam. jours fériés.*

À l'est de l'Exma s'élève l'église San Saturnino, appelée aussi Santi Cosma e Damiano. Cette église a rouvert après 18 ans de travaux, qui ne sont toujours pas entièrement achevés. C'est l'un des plus anciens bâtiments chrétiens de l'île. Sa construction fut entamée au Vᵉ siècle pour commémorer le martyre de Saturno, le saint patron de la ville.

Au Moyen Âge, San Saturnino, avec son monastère adjacent, devint un important centre religieux et culturel. Le plan en croix grecque prévu à l'origine fut modifié au XIᵉ siècle par les moines de Saint-Victor de Marseille, qui édifièrent trois nefs voûtées en berceau. À l'intérieur, un ex-voto en marbre nous a conservé la plus ancienne représentation de San Saturno. Les vitres installées dans cette robuste construction en calcaire pour éviter les dommages dus à l'air et à l'humidité confèrent à l'église une apparence plutôt moderne. Elle n'en reste pas moins un lieu fascinant à visiter.

Les marécages et les marais salants

Le crapaud, un hôte bien connu du marais

Un réseau de marais et de lacs s'étend aux environs de Cagliari, notamment sur la rive ouest du golfe. Dans la vaste lagune de Santa Gilla, qui couvre plus de 4 000 ha, se trouvent les marais salants de Macchiareddu. Ces salines très anciennes sont les seules encore en exploitation dans la région. Après être restés à l'abandon durant bien des années, les marécages des environs de Cagliari sont devenus des réserves naturelles, retrouvant une faune riche et variée. À l'est de la ville, les marais de Molentargius accueillent de nombreux oiseaux migrateurs. Plus de 170 espèces y ont été recensées, soit un tiers des oiseaux vivant en Europe. Entre août et mars, les flamants attirent les ornithologues en herbe. Depuis 1993, ces oiseaux ont recommencé à nicher sur les rives du marais de Molentargius.

Le paradis des ornithologues
En automne, les oiseaux migrateurs abondent dans les marais, attirant les amateurs d'ornithologie.

N130

Les salines
Parmi les nombreuses salines des environs de Cagliari, seules celles de la région de Macchiareddu sont encore exploitées.

Marais salants de Macchiareddu

Port de pêche de Giorgino

N195

G O L F O L
C A G L I A

Stagno di Santa Gilla

Nidification des flamants
Depuis quelques années, les flamants nichent à nouveau dans les marais.

MODE D'EMPLOI

Carte routière C6. 🚌 *P Via Roma pour Poetto ; 8 pour Santa Gilla.* ℹ️ *EPT Piazza Deffenu 9, Cagliari (070-65 48 11). Meilleure période pour observer les oiseaux : août à mars.*

FAUNE ET FLORE DES MARAIS

Beaucoup d'oiseaux migrateurs et sédentaires vivent dans les marais des environs de Cagliari. Ils se nourrissent de petits organismes, comme l'*Artemia salina*, une crevette vivant en eau salée. Outre les flamants, dont la population dépasse parfois les 10 000 individus, vous pourrez observer une foule d'oiseaux aquatiques, des échasses blanches aux avocettes, en passant par les cormorans et les sarcelles. Les eaux du marais salant de Macchiareddu, quant à elles, sont peuplées de colverts, de foulques et de canards pilets.

Flamant   **Échasse blanche**   **Avocette**

Cormoran   **Sarcelle**   **Massettes**

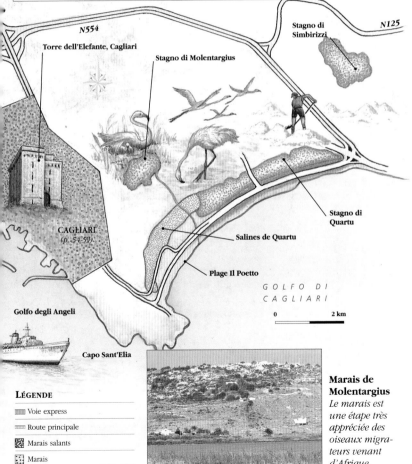

Marais de Molentargius
Le marais est une étape très appréciée des oiseaux migrateurs venant d'Afrique.

LÉGENDE

Voie express

Route principale

Marais salants

Marais

L'église romane Santa Maria à Uta

Uta ❷

Carte routière C6. 🏛 6 599. 🚌 🚊
ℹ️ *Via Umberto I (070-96 83 36).*
📅 *26-31 août : Santa Lucia.*

Prospère bourgade agricole, Uta est installée en bordure de la plaine du Campidano, vaste couloir fertile entre Cagliari et Oristano. En dehors de la localité, l'église **Santa Maria** est un bâtiment sobre construit en 1140 par les moines de Saint-Victor de Marseille. Sa façade en pierres claires, agrémentée de blocs plus sombres, est ornée d'arcatures aveugles, à la retombée desquelles sont sculptés des visages, des cerfs, des veaux et des motifs géométriques.

AUX ENVIRONS : San Sperate, à 8 km au nord-est d'Uta, est un véritable musée à ciel ouvert, avec les peintures murales et les sculptures du Sarde Pinuccio Sciola.

🏠 **Santa Maria**
Via Santa Maria. 📞 070-96 90 59.
🕐 *de 8 h à 12 h 30 et de 15 h à 18 h 30, t.l.j.*

Sanluri ❸

Carte routière C5. 🏛 8 645. 🚌 🚊
ℹ️ *Piazza Mazzini 4 (070-937 05 05).*
📅 *10 août : San Lorenzo.*

Ville importante de la plaine du Campidano, Sanluri s'est développé autour du château d'Eleonora d'Arborea *(p. 36),* qui date du xve siècle. Cette forteresse changea de mains à plusieurs reprises, avant que les Aragonais ne s'en empare en 1709. L'imposante structure carrée est ponctuée de tours. Le château, propriété privée, appartient à la famille Villasanta. Il abrite le **Museo Risorgimentale Duca d'Aosta**. Cette collection historique comprend de magnifiques meubles, dont un lit du xvie siècle. Une sculpture de *San Michele* accueille les visiteurs dans l'entrée. Le **Museo della Ceroplastica**, avec des sculptures miniatures en cire du xvie siècle, est au deuxième niveau.

Perché sur une colline dominant la bourgade, le Convento dei Cappuccini, bâtiment restauré du xvie siècle, abrite le **Museo Storico Etnografico**. Une collection d'outils et de trouvailles archéologiques y a été rassemblée.

🏛 **Museo Risorgimentale Duca d'Aosta**
Castello di Eleonora d'Arborea.
📞 070-930 71 05. 🕐 *de juil. à sept. : de 16 h 30 à 20 h, lun., mer. et ven. ; d'oct. à déc. et de mars à juin : de 9 h 30 à 13 h et de 15 h au coucher du soleil le 1er et le 3e dim. du mois, lun. de Pâques, 25 avril, 1er mai.* 📷

🏛 **Museo Storico Etnografico**
Via San Rocco 6. 📞 *070-930 71 07.*
🕐 *de 9 h à midi et de 16 à 18 h, lun., mer. et ven., sur r.-v.*

Serri ❹

Carte routière C4. 🏛 802. 🚌 🚊
ℹ️ *Via Municipio 1 (0782-80 60 81).*
📅 *3e dim. de sept. : Santa Lucia.*

Ce village voué à l'élevage du mouton est installé sur un plateau rocheux dominant les collines de Trexenta. Juste sur l'éperon qui le borde se trouve le **Santuario Nuragico di Santa Vittoria**, l'un des sites nuragiques les plus fascinants de l'île. Ces ruines archéologiques ont livré quelques précieuses statuettes votives en bronze, désormais exposées au Museo Archeologico Nazionale de Cagliari *(p. 58).* Le puits du temple, en excellent état de conservation, est desservi par 13 marches de basalte taillées avec une étonnante précision. Les pèlerins y venaient pour vénérer le dieu de l'Eau. Depuis l'entrée, une promenade de cinq minutes vous conduira au Recinto delle Feste (enceinte des fêtes). Ce bâtiment elliptique est doté d'une cour à portique sur laquelle ouvraient les chambres des pèlerins. Il s'agit probablement du prototype des *cumbessias* ou *muristeni* des sanctuaires ruraux sardes.

Statue en cire du Museo della Ceroplastica à Sanluri

🏠 **Santuario Nuragico di Santa Vittoria**
7 km N.O. 📞 *0782-80 60 81.* 🕐 *mai à sept. : de 10 h à 20 h t.l.j. ; avril : se renseigner à la mairie.*

Peinture murale moderne dans le village de San Sperate

Beata Vergine Assunta, l'église paroissiale du XVIe siècle de Sàrdara

Sàrdara ❺

Carte routière C5. ![pop] 4 492. ![bus]
![cal] 22 sept. : Santa Maria is Acquas.

Installée en bordure nord de la plaine du Campidano, Sàrdara se trouvait à la limite des principautés médiévales d'Arborea et de Cagliari (p. 36-37). Des maisons en pierre de cette époque, aux grandes portes voûtées, ont été préservées dans le quartier entourant **San Gregorio**. Cette église romane a été construite au VIe siècle. Cependant, sa façade haute et étroite trahit l'influence du premier art gothique. Aux environs de la bourgade, à l'ouest, se trouve l'église paroissiale **Beata Vergine Assunta**, du XVIe siècle. Ses colonnes et ses arcs sculptés ainsi que sa voûte constellée d'étoiles valent le coup d'œil.

Non loin s'étendent les vestiges d'un temple nuragique à puits du IXe et du Xe siècle avant J.-C. Ils consistent en une chambre souterraine aux murs irréguliers en basalte et en calcaire, et au plafond en coupole ouvert. Elle est connue sous le nom de Funtana de is Dolus (fontaine de la Douleur). Les fidèles venaient y boire l'eau curative qui jaillissait d'une source souterraine, et qu'un canal de pierre conduisait jusqu'au temple. Des objets votifs en terre cuite décorée découverts dans le temple sont désormais présentés au Museo Archeologico Nazionale de Cagliari (p. 58).

Sàrdara est également connue pour ses tapis et ses tapisseries en laine et en coton colorés et brodés de motifs traditionnels animaux et floraux.

AUX ENVIRONS : Les ruines du **Castello di Monreale** médiéval, qui était une forteresse de la principauté d'Arborea, se situent sur une colline à 1 km au sud-ouest de la ville. Un peu plus à l'ouest s'étendent les vestiges des **Aquae Neapolitanae**, des thermes romains, et non loin se dresse l'église gothique **Santa Maria is Acquas** ; un festival s'y tient en septembre.

Villanovaforru ❻

Carte routière C5. ![pop] 727. ![bus]
![i] Piazza Costituzione (070-930 00 00). ![cal] 15 juil. : Santa Marina.

Ce petit village agricole, fondé au XVIIe siècle par les Espagnols, a conservé en grande partie son plan d'origine. Beaucoup de maisons ont gardé leurs décorations et leur caractère. Sur la place centrale, le Monte Granatico, un ancien magasin à blé, abrite aujourd'hui le petit **Museo Archeologico**. Des objets provenant des fouilles du site nuragique voisin de Genna Maria y sont présentés, comme des outils en bronze, en fer, et des céramiques du IXe siècle av. J.-C., exposés au rez-de-chaussée. Le premier étage accueille les objets votifs de l'époque romaine, dédiés à Déméter et Perséphone.

AUX ENVIRONS : Sur la route de Collinas, à 1 km à l'ouest, le village nuragique de **Genna Maria** apparaît au sommet d'une colline. Découvert en 1977, le site fait encore l'objet de fouilles. Ce nuraghe présente une forme caractéristique (p. 22-23). Des murs épais forment un triangle marqué par trois tours, entourant une tour centrale et une cour avec un puits. Une autre muraille cernait l'ensemble du village.

🏛 **Museo Archeologico**
Piazza Costituzione. ![phone] 070-930 00 50. ![clock] de 9 h à 13 h et de 15 h 30 à 17 h 30 (de mai à sept : 18 h 30), du mar. au dim. ![ticket] billet combiné avec Genna Maria.
⌂ **Genna Maria**
1 km O. ![phone] 070-930 00 48. ![clock] de 9 h 30 à 13 h et de 15 h 30 à 19 h (d'oct. à mars : 18 h), du mar. au dim.

LE SAFRAN DE SARDAIGNE

Stigmates de safran

La culture du safran sarde, réputé dans toute l'Europe, est pratiquée autour de San Gavino, dans la plaine du Campidano. Le safran s'obtient en faisant sécher les stigmates rouge foncé du *Crocus sativus*, une fleur violette qui tapisse les champs à l'automne. La récolte est très courte, puisque les stigmates doivent être prélevés le jour de la floraison. Jadis aussi précieux que l'or, le safran était employé comme teinture pour les tissus et les tapis, comme colorant alimentaire et comme épice. La cuisine sarde l'utilise toujours beaucoup (p. 180).

Safran en fleur

Su Nuraxi ❼

L es fouilles entreprises à l'est de Barùmini ont permis de mettre au jour la plus grande forteresse nuragique de Sardaigne : Su Nuraxi. Le peuplement d'origine remonte aux environs de 1500 av. J.-C. La forteresse de 19 m de haut occupe un emplacement de choix, sur une colline, d'où la vue est dégagée sur les plaines environnantes. Au VIIᵉ siècle av. J.-C., alors que pesait la menace phénicienne, la protection de la partie centrale de l'édifice, composée d'une tour reliée à quatre nuraghi, fut renforcée par une épaisse muraille extérieure, dotée de tourelles et d'un chemin de ronde. Le village attenant s'étend progressivement au-delà des fortifications principales, s'agrandissant d'habitations à une ou plusieurs pièces, d'un moulin et d'une boulangerie. Bien qu'après la conquête carthaginoise, les parties supérieures de la forteresse eussent été détruites et que le site eût perdu son importance stratégique, la région fut habitée pendant presque 2 000 ans.

Habitations à une pièce
Les plus anciens logements, circulaires, ne comptent qu'une seule pièce.

Le système défensif
Les populations nuragiques construisirent un rempart extérieur pour se protéger des invasions carthaginoises. La muraille, jalonnée de sept tours, comprenait un chemin de ronde.

La salle où se tenaient les assemblées, circulaire, était construite non loin du rempart extérieur. Les anciens prenaient place sur un banc de pierre aménagé le long des murs. Les objets découverts ici sont présentés au Museo Archeologico de Cagliari *(p. 58).*

Habitations à plusieurs pièces
Elles étaient composées de sept ou huit pièces carrées ou trapézoïdales s'ouvrant sur une cour ou un vestibule, souvent doté d'un puits.

Tour nord-est
Les tours d'angles étaient percées vers l'extérieur de la forteresse d'une double rangée d'ouvertures laissant filtrer la lumière.

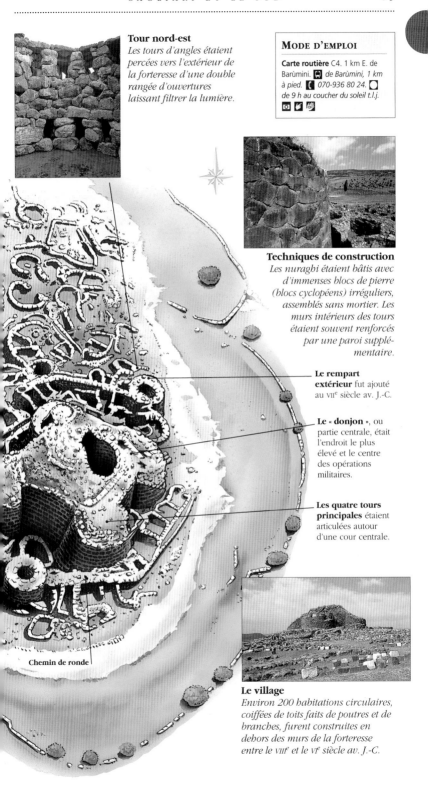

Techniques de construction
Les nuraghi étaient bâtis avec d'immenses blocs de pierre (blocs cyclopéens) irréguliers, assemblés sans mortier. Les murs intérieurs des tours étaient souvent renforcés par une paroi supplémentaire.

Le rempart extérieur fut ajouté au VIIᵉ siècle av. J.-C.

Le « donjon », ou partie centrale, était l'endroit le plus élevé et le centre des opérations militaires.

Les quatre tours principales étaient articulées autour d'une cour centrale.

Chemin de ronde

Le village
Environ 200 habitations circulaires, coiffées de toits faits de poutres et de branches, furent construites en dehors des murs de la forteresse entre le VIIIᵉ et le VIᵉ siècle av. J.-C.

Les dunes de Piscinas ⓼

L es collines de sable de Piscinas et d'Is Arenas (« les sables », en sarde) sont des dunes « mouvantes », atteignant pour certaines 50 m de haut, qui se dressent autour de l'estuaire de la Piscinas. L'érosion provoquée par le mistral qui souffle depuis la France modèle en permanence les paysages. Certaines plantes solidement enracinées parviennent toutefois à croître sur le sable. Les racines robustes de l'oyat *(Ammophila arenaria)* stabilisent peu à peu les versants des dunes, qui se tapissent ensuite d'autres plantes résistant au sel, comme le genévrier et le lentisque. Cette niche écologique unique accueille un grand nombre d'animaux, et le sable est parsemé d'empreintes de renards, de chats sauvages, de perdrix et de lapins. On y voit également les vestiges des mines du XIXᵉ siècle, qui furent autrefois le pilier de l'économie de la région du Sulcis.

Plage de Piscinas
La plage de sable de Piscinas se déroule sur 9 km de long. Exposée en hiver au souffle puissant du mistral, elle change d'aspect en permanence.

Tortues marines
L'emplacement isolé de Piscinas en fait un excellent lieu de nidification pour la tortue caret.

La perdrix de Sardaigne apprécie les habitats ensoleillés. Originaire d'Afrique du Nord, elle a été introduite ici par les Romains.

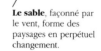

Hôtel *Le Dune*
L'établissement donnant sur le bord de mer est installé dans un ancien bâtiment de mine (p. 174).

Le lis sauvage, bien que svelte et délicat, parvient à vivre et à fleurir dans des environnements arides.

Le sable, façonné par le vent, forme des paysages en perpétuel changement.

Des empreintes d'animaux sauvages constellent le sable, surtout au petit matin.

Le train des mines
Un tronçon de la ligne de chemin de fer du XIXᵉ siècle, assurant autrefois la liaison entre les mines et la mer, a été remis en service près de la plage.

Oyat
*L'*Ammophila arenaria, *plante vivace aux racines solides, est caractéristique des milieux sablonneux.*

Les lapins sauvages sont nombreux dans les dunes. On y aperçoit aussi des renards et de petits animaux, comme les lézards.

Les dunes de sable
Elles sont en partie tapissées d'un épais maquis.

San Nicola di Mira, à Gùspini

Gùspini ❾

Carte routière B5. 🏃 *13 283.* ⊞
ℹ️ *Via Don Minzoni 10 (070-97 16 82).* 📅 *15-31 août : Santa Maria.*

Dominant la vallée du Campidano, Gùspini est entouré d'oliveraies. La ville est adossée aux contreforts du Monte Arcuentu. Sur la place principale, l'église **San Nicola di Mira**, du XVIᵉ siècle, présente une grande rosace. Elle est au cœur de la vie locale. La fête de Santa Maria est l'occasion d'une procession et d'une course de chevaux.

La rose de San Nicola di Mira

Jusque dans les années 50, la **mine de Montevecchio**, à 8 km à l'ouest, fut l'une des plus grandes d'Europe. Bien qu'à l'abandon, les maisons des mineurs, le bâtiment administratif, l'église, l'école et l'hôpital méritent d'être découverts. En été, des visites de la mine et des bureaux sont proposées, et une exposition présente la vie des mineurs.

🔺 Mine de Montevecchio
8 km O. de Gùspini. ☎ *0368-53 89 97.* ⭕ *de juin à oct. : de 9 h 30 à 13 h et de 15 h à 20 h t.l.j.* 📷📹 *obligatoire.*

Arbus ❿

Carte routière B5. 🏃 *7 570.* ⊞ ℹ️
Via Repubblica 132 (070-975 87 88).
📅 *13 juin : Sant'Antonio ; 21 août : Palio de Santo Lussorio (course de chevaux).*

On peut voir dans ce village blotti sur le Monte Linas des maisons en granit caractéristiques. Arbus est connu pour ses couteaux traditionnels aux lames incurvées, les *arrasoias*, fabriqués par des artisans locaux.

En partant vers le sud-ouest par la N126, sur 7 km, puis en bifurquant à l'ouest sur une route de montagne, vous atteindrez le village minier d'**Ingurtosu**, construit par la société française Pertusola, où travaillaient autrefois plus de 1 000 mineurs. Les maisons, le bâtiment administratif et l'église sont désormais à l'abandon. La forêt de pins entourant les bâtiments délabrés a été plantée par les mineurs. Une piste passe entre les anciennes mines et les bâtiments abandonnés pour atteindre Naracauli, où s'étendent les ruines d'un complexe minier construit juste après la Première Guerre mondiale. Autrefois, un train transportait le plomb et le zinc de la mine vers la mer. La portion de voie ferrée conservée près de la plage de Piscinas permet de s'en faire une idée.

De la plage de Piscinas, la côte couverte de maquis qui s'étend vers le nord est appelée la Costa Verde. Une route tranquille et pittoresque la longe, offrant de magnifiques vues. Elle se poursuit jusqu'à Marina di Arbus et donne accès à plusieurs plages de sable.

Les grands bassins de la mine de Montevecchio

Temple d'Antas ⓫

Carte routière B5. 🚌 *de Fluminimaggiore.* 🛈 *Via Cavour 17,
Fluminimaggiore (0781-58 09 90).*

Découvert en 1966, le
temple antique d'Antas
aurait été un site sacré nuragique. Il fut remployé par les
Carthaginois au IVᵉ siècle av.
J.-C. et dédié à Sid Addir
Babài. Un siècle plus tard, ces
mêmes Carthaginois le rema-
nièrent, lui ajoutant un atrium
et une salle centrale. Il était
orné de décorations égyp-
tiennes et ioniques.

Au IIIᵉ siècle apr. J.-C., les
Romains le reconstruisirent en
utilisant une partie des matériaux existants, comme les
chapiteaux ioniques des
colonnes. Ce temple fut dédié
au Dieu et « créateur des
Sardes », Sardus Pater (peut-
être une altération du nom
carthaginois). Bien qu'il ne
reste que six colonnes encore
debout, le temple, isolé dans
le maquis, est un lieu
fascinant.

AUX ENVIRONS : Dans la vallée
fertile de la Mannu, à 9 km
au nord, s'étend le petit
village agricole de
Fluminimaggiore, fondé au
XVIIIᵉ siècle. La route part à
l'ouest, sur 9 km, avant de
rejoindre la **plage de
Portixeddu**, protégée par
des dunes de sable. Du Capo
Pecora, la vue est magnifique
sur la mer et la côte.

Ancienne localité minière, Buggerru est désormais une station balnéaire

Buggerru ⓬

Carte routière B5. 👥 *1 469.* 🚌
🛈 *Via Roma 41 (0781-545 22).*

Situé dans une vallée s'ouvrant sur la mer, Buggerru a
été fondé au XVIIIᵉ siècle dans
une région riche en minerai.
Cette ville minière prospéra
rapidement. Elle s'agrandit
d'un petit théâtre où avaient
lieu des opéras, et devint le
siège d'une entreprise française, la Société anonyme
des mines de Malfidano.
Les mines sont aujourd'hui
fermées. La localité est
entourée de terrils. Dans
le bas de Buggerru, une
sculpture de Pinuccio Sciola
(p. 62) est dédiée aux mineurs
qui moururent durant les
grèves de 1904.

Aujourd'hui, la bourgade est
devenue un port de plaisance,
le seul entre Carloforte et
Oristano. Les quais, où l'on

chargeait autrefois le minerai
sur les bateaux, accueillent
désormais les visiteurs qui
partent à la découverte de la
côte ouest de l'île et de ses
longues plages sablonneuses
et abritées. Au sud se trouve
la **Cala Domestica**, une baie
rocheuse dominée par une
tour de guet espagnole.

Iglesias ⓭

Carte routière B5. 👥 *29 960.* 🚌
🚉 🛈 *Biblioteca Comunale, Via
Gramsci (0781-417 95).* 🎭 *semaine
sainte.*

Iglesias, ou Villa Ecclesiae, a
été fondé au XIIIᵉ siècle par le
comte Ugolino della Gherar-
desca (mentionné dans l'*Enfer*
de Dante, au chant XXXIII).
Les Pisans, qui avaient conquis
la région en 1257, rouvrirent
les mines abandonnées à
l'époque romaine. Ils exploi-

LE TEMPLE D'ANTAS

Le plan ci-contre montre comment le temple romain intégra
les éléments du temple carthaginois antérieur, du IIIᵉ siècle av.
J.-C. Le plan rectangulaire et les
six colonnes du pronaos, le portique menant au sanctuaire, sont
toujours visibles. Au-dessus de
l'entrée, une architrave soutenait
un fronton triangu-
laire, et des mar-
ches menaient au
temple.

Les colonnes, de 8 m
de haut, étaient formées
de blocs de calcaire
posés sur des bases
d'environ 1 m de large.

Les chapiteaux,
de style ionique,
étaient atypiques
car dépourvus
d'abaques et de
volutes.

pronaos

colonnes

marches

Le temple romain
a été construit sur le
temple carthaginois.

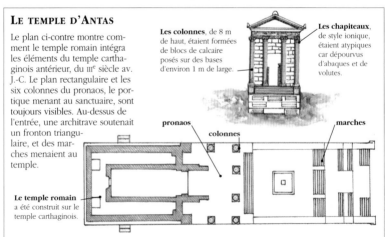

La procession de Pâques durant la semaine sainte, à Iglesias

tèrent l'argent, et la ville put battre sa propre monnaie. Au milieu du XIXe siècle, de nouvelles mines furent ouvertes.

Aujourd'hui, les ruines de bâtiments miniers, pour la plupart abandonnés, offrent un contraste étonnant avec le centre historique. L'élégante rue commerçante et piétonne, le Corso Matteotti, mène à la Piazza del Municipio et au Palazzo Vescovile (palais épiscopal), datant de 1785. Sur le côté ouest se dresse le Palazzo del Comune (mairie) du XIXe siècle et, en face, la cathédrale **Santa Chiara**. Achevée à la fin du XVIIe siècle, elle possède une façade romane (1228).

Les ruelles sinueuses autour de la cathédrale sont bordées de bâtiments à deux étages ornés de balcon en fer forgé. Sur la Via Don Minzoni, l'église **San Francesco** a été construite entre le XIVe et le XVIe siècle ; ses chapelles latérales sont dédiées à des familles nobles. À une demi-heure de marche de la Piazza Sella s'élève le **Castello di Salvaterra**, bâti en 1284 et intégré dans le dispositif défensif de la ville. Une partie des murailles est également visible sur la Via Eleonora d'Arborea.

Pendant la semaine sainte, la ville est le théâtre de processions et de représentations de mystères *(p. 26)*.

LES MINES DU SULCIS

L'histoire des mines est étroitement liée à celle du développement économique de l'île. Les anciennes formations rocheuses ont laissé de riches dépôts minéraux d'argent, de cuivre, de plomb, de fer et de zinc, surtout dans la région du Sulcis, au sud-ouest. Les populations nuragiques savaient travailler le métal, et l'île compte

Entrée d'une mine désaffectée

des vestiges de mines phéniciennes et romaines. Au XIXe siècle, les mines se dressaient telles des citadelles dans un paysage essentiellement agricole. Aujourd'hui, le rêve d'une prospérité liée aux mines s'est évanoui, ne laissant qu'un héritage architectural et culturel.

Les environs d'Iglesias forment le centre minier de la Sardaigne, et les paysages déclinant vers la mer portent les stigmates de l'extraction. À Monteponi, les bâtiments, les puits et les maisons des mineurs semblent avoir été abandonnés récemment, et à Masua, on voit encore des tunnels et des rails. À Buggerru, la mine de Malfidano, exploitée durant huit siècles, s'ouvre sur le bord de mer.

AUX ENVIRONS : À Case Marganai, à 10 km au nord-est d'Iglesias, le **jardin botanique de Linasia**, où poussent les plantes du maquis, s'étend sur

Portail roman de Santa Chiara, à Iglesias

plus de 9 km². Le **Museo Casa Natura** attenant présente des plantes locales et des objets provenant des puits de mines. L'**Associazione Minatori** (Association des mineurs) propose des visites des mines. L'une d'elles permet de découvrir la mine de plomb et de zinc de Monteponi, avec l'élégant bâtiment Bellavista et le puits de Sella. Une autre visite commence à la mine de San Giovanni et s'achève au village abandonné de Seddas Moddizzis, en passant par le puits de Santa Barbara.

🌿 Jardin botanique de Linasia
Località Marganai. 📞 0781-200 61. 🕐 d'oct. à avril : de 9 h 30 à 13 h sam. et dim. ; de mai à sept. : de 9 h à midi et de 16 h 30 à 19 h mar., jeu., sam. et dim. 🏛 **Museo Casa Natura** comme ci-dessus.
🏭 Associazione Minatori
Località Nicolay, Monteponi. 📞 0781-49 14 10.

Costa di Masua ⓯

Carte routière B5. 🛈 *(0781-545 22).*

La corniche entre Fontanamare et Masua, à 12 km au nord, longe la côte, sauvage et préservée. À Masua, la petite plage de Porto Flavia est dominée par des piliers de calcaire érodé et par la silhouette étonnante de l'île de Pan di Zucchero (« pain de sucre »), rocher de 132 m de haut qui semble jaillir de la mer. À Nebida, vous verrez les mines désaffectées de cette ancienne zone industrielle.

Un chemin panoramique longeant la côte mène aux bâtiments abandonnés et aux puits de la mine de La Marmora.

L'île de Pan di Zucchero se dresse dans la mer

Île de San Pietro ⓯

L'île tient son nom de l'apôtre Pierre, qui y aurait trouvé refuge durant une tempête. Elle resta quasiment inhabitée jusqu'en 1736, où Carlo Emanuele III en fit don à des pêcheurs de corail liguriens dont les ancêtres avaient été exilés à Tabarca, sur les côtes tunisiennes. L'héritage ligurien de San Pietro transparaît à travers son architecture, son dialecte et sa cuisine, qui affiche aussi des influences nord-africaines. La côte déchiquetée, où vit le faucon d'Éléonore, espèce protégée, est criblée de criques spectaculaires accessibles uniquement par la mer. Toute l'île est recouverte d'un épais maquis.

La Punta
Les habitations des pêcheurs de thon ont été reconverties en maisons de vacances.

Cala Fico
Pierre argentée et roche brune entourent cette crique abritée.

Cala Vinagra

Montagna di Ravenna

Carloforte

Le faucon d'Éléonore
doit son nom à Eleonora d'Arborea *(p. 36)*, qui était la seule personne autorisée à le chasser. Il vit protégé dans une réserve, où ont été aménagés des points d'observation et des sentiers balisés.

Monte di Gasparro

La Caletta

Stagno della Vinagna

Capo Sandalo
Le point le plus occidental de l'île, où s'élève un phare, est souvent battu par le mistral.

0   2 km

La Caletta
Cette baie, protégée des courants par la Punta Spalmatore, possède une plage de sable blanc.

Les marais salants
des environs de Carloforte attirent quantité d'oiseaux migrateurs.

Légende

▬▬▬	Route principale
═══	Route secondaire
▨	Marais salants
──	Cours d'eau

MODE D'EMPLOI

Carte routière B6. 6 683.
Corso Tagliafico 1, Carloforte
(0781-85 40 09). Saremar
(0781-85 40 05) de Calasetta à
Portovesme. En août, les ferries sont
souvent pris d'assaut : il est conseillé
de réserver. À Carloforte, deux
bateaux, le Laguna et le Sir Lawrence,
proposent des excursions autour de
l'île. 29 juin : San Pietro.

Isola
Piana

Carloforte
*Unique localité de l'île,
Carloforte domine le port,
avec ses ruelles et ses
escaliers dégringolant vers
la mer. L'animation se
concentre sur la Piazza
Carlo Emanuele III. La
procession de bateaux lors
de la fête de San Pietro est
un véritable événement.*

Punta delle Colonne
*L'endroit doit son nom
aux formations de trachyte
jaillissant de la mer.*

La Piazza Roma, à Carbonia, fleuron de l'architecture fasciste

Carbonia ⓰

Carte routière B6. 33 046.
Piazza Marmilla (0781-67 16 27).

Carbonia a été fondée par
Mussolini dans la région
minière du Sulcis en 1936,
pendant l'embargo international imposé à l'Italie suite à
la campagne d'Abyssinie. La
ville, construite en deux ans,
a conservé son urbanisme et
son architecture fascistes,
avec ses édifices imposants et
ses avenues convergeant vers
la Piazza Roma. Cette dernière est bordée des principaux
bâtiments publics : mairie,
Torre Civica et église paroissiale San Ponziano, dont le
clocher en trachyte est une
réplique de celui de la
cathédrale d'Aquileia, au
nord-est de l'Italie.

La Villa Sulcis, ancienne résidence du directeur des mines,
accueille désormais le **Museo
Archeologico**. On y trouve
des statuettes en terre cuite et
en bronze, des bijoux
provenant de *domus de janas*
et des trouvailles des sites
archéologiques du Monte Sirai.

AUX ENVIRONS : À l'ouest de
Carbonia, une route balisée
part de la N126 pour mener à
l'imposante colline sur
laquelle s'étend le site archéologique du Monte Sirai. À elle
seule, la vue sur les îles de
Sant'Antioco et de San Pietro
mérite le déplacement.
L'**acropole du Monte Sirai**,
fortifiée, a été construite par
les Phéniciens au IVᵉ siècle av.
J.-C. pour défendre Sulki
(l'actuel Sant'Antioco). Le mur
extérieur, de 4 m d'épaisseur,
protégeait l'acropole et la ville
de garnison, qui pouvait
accueillir 500 fantassins et
100 cavaliers. Les ruines de ce
camp militaire antique ont été
découvertes en 1963, et les
fouilles se poursuivent.

La nécropole, au nord-ouest
de la citadelle principale,
possède une partie phéni-
cienne, avec des sépultures
collectives, et une zone de
tombes puniques comptant
une dizaine d'hypogées
(chambres funéraires
souterraines).

🏛 **Museo Archeologico**
Villa Sulcis, Via Napoli 4. 0781-
640 44. de 9 h à 13 h et de 15 h
à 19 h t.l.j.

⛩ **Acropole du Monte Sirai**
3 km S. de Carbonia. de 9 h à
midi et de 14 h à 19 h du mar. au dim.

**Chambres funéraires souterraines
de la nécropole du Monte Sirai**

Calasetta ⓱

Carte routière B6. 2 731.
Piazza Municipio 10 (0781-885 34).

Deuxième village de l'île
de Sant'Antioco *(p. 72)*
et port de commerce de
Carloforte, Calasetta a été
fondée en 1769 pour
accueillir des pêcheurs
liguriens venus de Tabarca,
en Tunisie. Les rues recti-
lignes bordées de maisons à
deux étages mènent à la place
principale où se dresse
l'église paroissiale au clocher
d'inspiration arabe. La route
partant au sud le long de la
côte ouest offre de superbes
vues.

Urnes contenant des cendres de nouveau-nés, tophet, Sant'Antioco

Sant'Antioco ⑱

Carte routière B6. 🏠 *12 197.* 🚌
🛈 *Via Nazionale 175 (078-820 31).*
🎊 *29 juin : San Pietro.*

Sant'Antioco est la principale localité de l'île du même nom, reliée à la Sardaigne par une route d'où l'on peut voir les vestiges d'un pont romain. D'un côté de l'île se dressent les faraglioni, deux grands menhirs. Selon la légende, il s'agirait d'un moine et d'une nonne pétrifiés dans leur fuite.

La localité fut fondée par les Phéniciens au VIIIe siècle et baptisée Sulki. Elle devint rapidement un port important, grâce au commerce des minerais et, notamment, de l'or. L'astronome grec Ptolémée appelait l'île Insula plumbaria (île du plomb). Les Carthaginois se servirent du port durant la deuxième guerre punique *(p. 34)* mais, après leur victoire, les Romains punirent sévèrement cette alliance. Sous l'Empire romain, la ville prospéra, avant que les incursions incessantes de pirates au Moyen Âge n'entraînent son déclin.

La ville, très pittoresque, grimpe sur les hauteurs depuis la mer. Les maisons sont ornées de petits balcons en fer forgé. L'église **Sant'Antioco**, un édifice en plan à croix grecque et à coupole centrale construit au VIe siècle, puis modifié au XIe, domine la cité. La tradition veut que les reliques du saint patron de l'île, Antioco, reposent dans les **catacombes**. On dit que la dépouille du martyr, tué par les Romains en Afrique, aurait été apportée ici

par la mer. Plusieurs catacombes sont ouvertes au public. Les salles qui y ont été creusées mesurent moins de 2 m de haut, et certaines sont décorées de fresques.

Dans la Via Regina Margherita, à deux pas, le bâtiment du Monte Granatico accueille désormais l'**Antiquarium**. Des terres cuites et des bijoux phéniciens et romains, ainsi que d'autres objets découverts dans la région, comme des urnes provenant de la nécropole du tophet, non loin de là, y sont rassemblés.

Le **Museo Etnografico** est installé dans un ancien établissement vinicole. La grande salle centrale renferme des outils utilisés pour la fabrication du fromage et la culture de la vigne. Une section est également consacrée au tissage, avec des fuseaux et des métiers servant à travailler la laine et le byssus, un fin fila-

ment sécrété par un mollusque. Sous l'arcade, à l'extérieur, on peut voir des outils et des matériaux utilisés pour la viticulture et l'élevage du bétail.

Le **Castello Sabaudo**, bâtiment de pierre rouge, domine la bourgade. Il fut reconstruit par les Aragonais au XVIe siècle. À l'extérieur de Sant'Antioco, sur une falaise dominant la mer, s'étend le sinistre **tophet**, sanctuaire phénicien où l'on pratiquait des sacrifices humains. Il servait aussi de lieu de sépulture, et on y a retrouvé les cendres d'enfants morts nés ou morts en bas âge. Non loin se trouve la **nécropole** carthaginoise, qui compte une quarantaine de tombeaux familiaux. Cette zone fut ensuite utilisée par les Romains pour accueillir les cendres

Fresque des catacombes de Sant'Antioco

de leurs défunts. Les tombes, qui occupent la partie supérieure de la ville, servirent de catacombes à l'époque paléochrétienne.

🚪 **Sant'Antioco**
Via Necropoli. 📞 *0781-830 44.*
Catacombes ⭕ *de 9 h à midi et de 15 h à 18 h du lun. au sam. ; de 10 h à 11 h et de 16 h à 20 h dim. et jours fériés ; d'oct. à mars : sur r.-v. uniquement.* 📷

Cala Domestica, au nord de Sant'Antioco *(p. 68)*

🏛 Antiquarium

Via Regina Margherita 113. ☎ *0781-835 90.* ⬤ *de 9 h 30 à 13 h et de 15 h 30 à 18 h t.l.j.* 🎫 *billet combiné avec le Museo Etnografico et le tophet et la nécropole.* 🅿

🏛 Museo Etnografico

Via Necropoli. ☎ *0781-84 10 89.* ⬤ *de 9 h 30 à 13 h et de 15 h 30 à 18 h t.l.j.* 🎫 *billet combiné.*

⛪ Tophet et nécropole

Via Castello. 🛈 *Archeotur (0781-835 90).* ⬤ *de 9 h 30 à 13 h et de 15 h 30 à 18 h t.l.j.* 🎫 *billet combiné.*

Tratalìas ⓳

Carte routière B6. 🚶 *1 182.* 🚌

C e village de la région du Sulcis fut un siège épiscopal jusqu'en 1413. La façade de **Santa Maria**, la cathédrale romano-pisane consacrée en 1213, est surmontée d'un édicule orné d'arcatures aveugles et ouvert d'une rose. Le fronton triangulaire qui le coiffe est particulièrement étonnant : une volée d'escalier en sort !

Les côtés et l'abside sont scandés par des pilastres. À l'intérieur, de grands piliers octogonaux séparent les trois nefs. Un retable de 1596 représente saint Jean Baptiste et saint Jean l'évangéliste avec une Vierge à l'Enfant.

Cathédrale Santa Maria, à Tratalìas

Santadi ⓴

Carte routière C6. 🚶 *4 014.* 🚌 🛈
Via Vittorio Veneto 1 (0781-94 10 00).
🎭 *1er dim. d'août : Matrimonio Mauritano.*

L a vieille ville, construite sur les rives de la Mannu, est installée dans la partie nord, plus haute. Des vestiges de l'architecture traditionnelle en pierre volcanique brute sont encore visibles dans le centre médiéval. Les objets en cuivre, en bronze, en or et en terre cuite découverts ici, exposés au Museo Archeologico de Cagliari *(p. 58)*, attestent une présence humaine depuis l'époque nuragique. Des outils et des meubles de la région sont présentés au **Museo Etnografico Sa Domu Antigua**, dont la boutique vend des produits artisanaux typiques du Sulcis.

AUX ENVIRONS : Sur un plateau, au sud-ouest, s'étend **Pani Loriga**, une forteresse phénicienne du VIIe siècle av. J.-C. En poursuivant au sud pendant 5 km, vous atteindrez deux grottes : la **Grotta Is Zuddas** vaut le coup d'œil pour ses stalagmites et stalactites ; la **Grotta Pirosu** a livré des trouvailles archéologiques, dont une lampe

Nécropole de Montessu

votive et un trépied de style chypriote. Au nord de Villaperuccio, la **nécropole de Montessu** compte des *domus de janas (p. 33)* ; certaines portent encore des traces de revêtements jaune et rouge d'origine. D'autres tombes étaient probablement vouées au culte.

Le Matrimonio Mauritano *(p. 28)*, d'origine nord-africaine, est célébré en août.

🏛 Museo Etnografico Sa Domu Antigua

Via Mazzini 37. ☎ *0781-95 59 83.* ⬤ *de 9 h à 12 h 30 et de 15 h à 19 h 30 t.l.j.* 🎫 **Grotta Is Zuddas et Grotta Pirosu** Benatzu. 🛈 *Cooperativa Monte Meana (0781-95 57 41).* ⬤ *de midi à 16 h du lun. au ven. ; de 9 h 30 à midi et de 14 h 30 à 17 h dim.* 🅿

⛪ Montessu Necropolis

Località Peruccio. ☎ *0781-84 10 89.* ⬤ *de 9 h à 13 h et de 15 h à 17 h t.l.j.* 🎫 🅿

MONTE ARCOSU

Les montagnes du Sulcis sont tapissées de forêts de chênes-lièges, de chênes verts, d'arbousiers et de bruyère, d'où semblent jaillir les sommets de granit. Ce domaine s'étend sur environ 7 000 ha, interrompu uniquement par une route difficile reliant Santadi à Capoterra, entre les vallées de la Mannu et de la Gutturu. Il existe un projet visant à transformer la région en parc national : le WWF (World Wide Fund for Nature) a acheté 300 ha sur le Monte Arcosu pour protéger le cerf de Sardaigne qui, jusqu'en 1900, peuplait toute l'île. Les forêts abritent également des daims, des chats sauvages, des sangliers, des martres et quantité d'oiseaux tels que l'aigle royal, le faucon pèlerin et l'autour. Cette réserve naturelle est ouverte toute l'année et les visiteurs peuvent y passer la nuit dans des refuges. On y trouve des sentiers bien balisés et des pistes non marquées. Dans certaines zones, la présence d'un guide officiel du WWF est obligatoire. La Cooperativa Quadrifoglio *(070-96 87 14)*, à Cagliari, fournit des informations sur les hébergements et les randonnées. Pour rejoindre la réserve, prendre la route passant à l'est de Santadi, qui longe la Gutturu.

Cerf de la réserve de Monte Arcosu

La plage protégée de Baia Chia

Baia Chia ㉑

Carte routière C6. **ⓘ** *Via Provinciale 41, Domus de Maria (070-923 02 41).*

L a côte sud (Costa del Sud) est jalonnée de hautes dunes et de plages jusqu'au Capo Spartivento. Des genévriers poussent sur le sable, et les marais sont peuplés d'aigrettes, de hérons pourpres, de grèbes et autres oiseaux migrateurs aquatiques. La région est appelée à devenir le centre d'une réserve naturelle.

Installée sur la route côtière, Chia est une destination touristique très prisée. Une route difficile mène à sa baie, abritée, et flanquée d'un côté par la **Torre di Chia**, du XVIIᵉ siècle, de l'autre par des falaises rouges. Au pied de la tour, vous pourrez visiter les vestiges de la **Bithia**

phénicienne. Cette ville, mentionnée dans les écrits de Ptolémée et de Pline l'Ancien et couverte par la mer durant des siècles, n'a toujours pas été entièrement mise au jour.

Les vestiges d'une nécropole punique et romaine sont visibles, tout comme les ruines d'un temple probablement dédié au dieu Bès. Des pots et des amphores en terre cuite du VIIᵉ siècle av. J.-C. ont été découverts dans le sable, et des restes de peintures romaines et de mosaïques décorent des maisons à portiques. Près de la base de la tour de guet, on voit des fortifications puniques. Une citerne elliptique a également été retrouvée.

⌂ Bithia
Domus de Maria, Località Chia.
◯ *entrée libre.*

AUX ENVIRONS : Jusqu'au Capo Spartivento, d'où la vue est spectaculaire, baies, dunes et forêts de pin, que l'on peut rejoindre à pied, se succèdent.

Le théâtre romain de Nora

Nora ㉒

Carte routière C6. **ⓘ** *070-920 91 38.* ◯ *de 9 h au coucher du soleil t.l.j.*

F ondée sous domination carthaginoise au IXᵉ et au VIIIᵉ siècle av. J.-C., la ville antique de Nora a été construite sur une avancée dans la mer. Elle devint la principale ville de l'île, et le resta à l'époque romaine. En 238 apr. J.-C., Nora devint la capitale de la province romaine de Sardaigne.

Au Moyen Âge, les incursions sarrasines répétées et l'infertilité des terres entraînèrent l'abandon de la cité et ses trois ports furent peu à peu engloutis par la mer.

Les ruines de la ville antique s'étendent jusqu'au Capo di Pula, couvert par le maquis et dominé par une tour espagnole, la **Torre del Coltelazzo**.

Le promontoire du Capo Spartivento domine la côte sud

À part le temple de Tanit, la déesse de la Fertilité, il ne reste pas grand-chose de la période punique, bien que les nombreux objets retrouvés dans des tombes témoignent d'une activité commerciale intense.

La ville romaine, en revanche, est bien représentée. Les Terme di Levante, du IVᵉ siècle, sont des thermes décorés de mosaïques. Non loin se situe un théâtre du IIᵉ siècle apr. J.-C., derrière lequel s'étend le vaste forum rectangulaire. Au sud du théâtre, les mosaïques du *frigidarium* et du *caldarium* des bains sont composées de tesselles noires, blanches et ocre. Les anciennes voies pavées et le vaste système d'égouts de la ville sont également toujours en place.

Beaucoup de trouvailles, dont des inscriptions puniques mentionnant pour la première fois le nom de Sardaigne, sont conservées au Museo Archeologico Nazionale de Cagliari *(p. 58)*. Plusieurs objets en terre cuite découverts sur le site sont exposés au **Museo Civico Archeologico**.

Tous les ans, une procession partant de Cagliari *(p. 26)* rejoint l'église romane Sant'Efisio, construite au XIᵉ siècle par des moines de Saint-Victor de Marseille.

🏛 **Museo Civico Archeologico**
Corso Vittorio Emanuele 67.
📞 070-920 96 10.
🕐 de 9 h à 19 h. 🈲

Plume en or découverte à Nora

Il Poetto, station balnéaire très populaire, entre Quartu Sant'Elena et Cagliari

Quartu Sant'Elena ㉓

Carte routière C6. 🏠 65 610.
🚌 🚆 *Cagliari.* ✈ *Elmas.* ℹ *070-860 12 37.* 📅 *14 sept. : Sant'Elena.*

Située à la périphérie de Cagliari, Quartu Sant'Elena est aujourd'hui l'une des plus grandes villes de l'île. Elle borde les marais salants et le marécage du même nom, très appréciés des flamants.

L'église médiévale **Sant'Agata** occupe l'un des côtés de la place principale, la Piazza Azuni. De là, la Via Porcu mène à la **Casa Museo Sa Dom 'e Farra**, littéralement « maison de la Farine ». Cette grande demeure rurale transformée en musée contient plus de 14 000 outils traditionnels agricoles et domestiques, et des instruments réunis par Gianni Musiu, un ancien berger. Chaque pièce du musée est consacrée à une activité de la ferme : selles, harnais de cuir, chariots, soufflerie de forge, etc. La glacière à neige est l'un des objets les plus curieux. Ramassée dans la Barbagia, la neige était transportée à Cagliari à dos de mule et conservée dans des conteneurs que l'on enterrait, protégés par de la paille. Les demeures agricoles étaient composées de l'habitation du propriétaire et des logements des ouvriers. Les pièces donnant sur la grande cour servaient aux activités domestiques et agricoles, comme la mouture, la fabrication du pain et la réparation des outils.

De Quartu Sant'Elena, un car part au sud-ouest pour desservir la station balnéaire Il Poetto, très appréciée des Sardes.

🏛 **Casa Museo Sa Dom 'e Farra**
Via Eligiu Porcu 143. 🕐 *de 9 h à 13 h et de 16 h à 20 h t.l.j.*

FORESTA DEI SETTE FRATELLI

La forêt des « Sept Frères » doit son nom aux sept sommets que l'on voit de Cagliari et qui émergent au-dessus des forêts de chênes verts et du maquis. Gérée par l'Azienda Foreste Demaniali *(070-279 91)*, elle couvre une superficie de 4 000 hectares. Plantée de pins, d'eucalyptus et de cyprès, elle monte jusqu'à 1 023 m d'altitude. C'est l'un des rares endroits où vit le cerf de Sardaigne, quasiment disparu. La montagne fourmille de chemins muletiers, autrefois utilisés par les marchands de charbon. L'un d'eux part de Campu Omo, sur la N125, où se trouve le centre forestier. Pour rentrer dans les montagnes, tournez à droite après le col d'Arcu 'e Tidu, sur la N125.

La Foresta dei Sette Fratelli, plantée de pins, d'eucalyptus et de cyprès, s'étend sur sept collines

LA CÔTE EST

L'arrière-pays de la Sardaigne orientale offre un paysage de pâturages et de rochers, qui se transforment en falaises abruptes en plongeant dans la mer. Elles abritent des phoques moines, qu'on croyait disparus. Le Golfo di Orosei fait partie du parc national du Gennargentu, vaste réserve où aigles royaux et mouflons sont protégés.

La côte est ne compte pas de villes importantes, mais elle possède quelques stations balnéaires très agréables aux environs d'Arbatax et de Villasimius. À quelques exceptions près, les routes ne longent pas le littoral. Ainsi, pour rejoindre la plupart des plages, vous devrez effectuer de longues marches ou bien emprunter des pistes en voiture. Orosei, Muravera et Dorgali, les principales localités, sont toutes situées à une certaine distance de la mer. Cet éloignement s'explique par des raisons historiques, comme la malaria endémique qui sévit dans l'île jusqu'au lendemain de la Seconde Guerre mondiale, ou les incursions incessantes des pirates, qui écumèrent les côtes durant des siècles. La Sardaigne orientale est encore intacte. L'arrière-pays est le domaine des bergers et de leurs troupeaux. Il y a peu de temps encore, la région de Sarrabus, privée de routes carrossables, était très isolée. Seul le train à voie étroite venant de Cagliari, qui suit les contours des vallées, permettait de rejoindre le bourg. Ce train qui fonctionne toujours est l'occasion d'un délicieux voyage dans le temps. Sarrabus plaira aux visiteurs aimant sortir des sentiers battus. Plus au nord, la région d'Ogliastra, avec ses plages de sable dont la couleur varie du gris perle au rouge éclatant, est hérissée de montagnes escarpées et de collines où le temps semble s'être arrêté. La modernité n'est pas arrivée jusque-là : la vie des bergers est restée inchangée et les traditions vivaces. La Baronia, en revanche, avec les bourgs de Siniscola et d'Orosei, est bien desservie par les transports en commun et par une voie rapide et moderne.

La plaine alluviale des environs de Posada, vue depuis le Castello della Fava

◁ Falaises de calcaire abruptes du Golfo di Orosei

À la découverte de la côte est

Les paysages grandioses et les sites archéologiques préhistoriques des environs de Dorgali et d'Orroli comptent parmi les principaux atouts de la région. Sur cette côte bordée de falaises abruptes, le bateau est le meilleur moyen pour rejoindre les criques les plus isolées du Golfo di Orosei (Cala Sisine, Cala Luna, Cala Goloritze), l'autre possibilité étant la marche, de préférence en chaussures de randonnée. Cela vous demandera peut-être quelques efforts, mais le jeu en vaut la chandelle ! La principale route de la région est l'Orientale Sarda. Un projet, soutenu par la population locale mais combattu par les écologistes, prévoit de la transformer en voie express.

POSADA ⑪

SINISCOLA ⑩

EXCURSION AU MONTE ALBO ⑨

N125

N129

⑦ ORO

⑧ **GALTELLÌ**

Nuoro

⑤ **DORG**

①

CODULA DI LUNA

Le Golfo di Orosei, près de Baunei

LA RÉGION D'UN COUP D'ŒIL

0   10 km

LÉGENDE

▦	Voie express
▬	Route principale
▭	Route secondaire
▨	Parcours pittoresque
⎯	Cours d'eau

Vue panoramique des contreforts du Monte Gennargentu

Rochers de granit rouge à Arbatax

**D I
E I**

SARDA (N125)

3 SANTA MARIA
NAVARRESE

2 ARBATAX

**ATIONAL DU
RGENTU**
NUSEI

15 BARÌ SARDO

13 JERZU

N125

GU 19

*OYAGE À BORD DU
RENINO VERDE*

iendosa

16 MURAVERA

Cagliari

COSTA
REI

17 VILLASIMIUS

Tour pisane à Orosei

CIRCULER

L'Orientale Sarda (N125) est sinueuse et lente. La route menant à l'intérieur des terres, de Tortolì à Nuoro, est plus rapide grâce au tunnel qui permet d'éviter le col d'Arcu Correboi et qui relie directement la Barbagia à l'Ogliastra. Un service d'autocars assure également une liaison nord-sud. La plaine d'Ogliastra (Tortolì et Arbatax) est reliée à Cagliari par le train à voie étroite des Ferrovie Complementari della Sardegna : le voyage prend environ huit heures. Certes, le trajet peut sembler long, mais le train traverse des paysages sublimes.

Crique de la côte est,
près de Cala Luna

L'Orientale Sarda ❶

Longeant les sommets orientaux du parc national du Gennargentu *(p. 82-83)*, la N125, ou Orientale Sarda, est une route qui relie Olbia à Cagliari. Sa portion la plus spectaculaire se situe entre Dorgali et Baunei : au milieu du XIXᵉ siècle, 63 km de route sinueuse ont été taillés dans le rocher par des marchands de charbon piémontais. Ces « étrangers » aménagèrent une voie dans les vallées reculées et abattirent des arbres qui furent envoyés sur le continent, entraînant une déforestation irréversible.

Vallée de la Flumineddu ②
Cette partie de la N125 traverse des terres déchiquetées riches en escarpements, offrant une belle vue sur la vallée de la Flumineddu, dominée par les sommets du Monte Tiscali. La route est jalonnée de nombreux refuges d'où l'on peut d'admirer ces magnifiques paysages.

Col de Genna Silana ③
C'est le point culminant de l'excursion, à 1 017 m. Si vous n'avez pas le vertige, jetez un coup d'œil sur le ravin de Su Gorroppu. De Pischina Urtaddalà, un chemin descend vers le lit de la Flumineddu.

Urzulei ④
Étagé sur les flancs de la Punta Is Gruttas, Urzulei était autrefois un bourg isolé, difficile à atteindre. Son église de pierre, San Giorgio di Suelli, date du XVᵉ siècle.

Dorgali

GROTTA DEL BUE MARINO

GOLFO DI OROSEI

N125 (Orientale Sarda)

Flumineddu

Codula di Luna

Codula di Sisine

PARC NATIONAL DU GENNARGENTU

LÉGENDE

▰▰ Route principale

▱▱ Route secondaire

— Cours d'eau

Baunei ⑤
Les maisons blanches de ce village montagnard s'étendent au pied d'un escarpement de calcaire.

0   5 km

CARNET DE ROUTE

Itinéraire : 63 km.
Où faire une pause : Vous trouverez cafés et restaurants à Dorgali, Genna Silana, San Pietro et Santa Maria Navarrese. Comptez une journée entière, car la route est sinueuse et les haltes agréables et nombreuses.

Cala Gonone ①
Un tunnel de 400 m de long creusé dans le calcaire mène à la station balnéaire de Cala Gonone, très appréciée. Une route offrant de belles vues sur la mer, les rochers blancs et le maquis serpente jusqu'à la Grotta del Bue Marino, où les chanceux apercevront peut-être quelques phoques moines *(p. 17)*.

San Pietro ⑥
Une piste difficile, avec des virages abrupts en épingle à cheveux, grimpe vers un plateau boisé : c'est le domaine des cochons sauvages. Au bout de la piste s'étend le ravin de Golgo, profond de 295 m. Un peu plus loin se trouve l'église San Pietro, construite au XVIIIe siècle. Les bergers y font toujours des offrandes et une fête rurale s'y tient à partir des 28-29 juin.

Le village de vacances de Cala Moresca, à Arbatax

Arbatax ❷

Carte routière D4. 👥 *1 100.* 🚂 🚌 🚢 **i** *Tortoli (0782-62 28 24).* 📅 *12-15 juil. : Madonna di Stella Maris.*

Cette petite ville est située à la pointe nord du Capo Bellavista, où une falaise en porphyre rouge plonge dans la mer. Gardé par une tour espagnole, le port est le terminus du train à voie étroite venant de Cagliari. Il est aussi desservi par des ferries faisant la liaison depuis Cagliari, Olbia et la péninsule italienne.

Cette partie de la côte possède une eau claire et pure, et de jolies criques, comme à **Cala Moresca**, au sud d'Arbatax. Quelques stations touristiques ont été implantées sur ce petit cap. C'est le cas du village Vacanze Club, qui a l'allure d'un village méditerranéen typique. Les portes en bois massives et les grilles en fer

La tour aragonaise de Santa Maria Navarrese

forgé des fenêtres proviennent du village abandonné de Gairo *(p. 89)*. Plus au sud se trouvent Porto Frailis, également gardé par une tour espagnole, et la longue plage de sable d'Orrì. D'Arbatax, des chemins grimpent jusqu'au phare du Capo Bellavista.

Santa Maria Navarrese ❸

Carte routière D4. 👥 *1 430.* 🚌 🚌 **i** *Piazza di Navarra (0782-61 50 65).* 📅 *15 août : Festa dell'Assunta.*

Cette station balnéaire doit son nom à l'église campagnarde pleine de charme autour de laquelle elle s'est développée. On dit que ce bâtiment à trois nefs, avec une abside semi-circulaire, a été construit au XIe siècle par la fille du roi de Navarre, sauvée d'un naufrage.

Dans la cour de l'église pousse un gigantesque olivier sauvage, qui serait plus que millénaire. Près de la belle plage de Santa Maria Navarrese, bordée par une forêt de pins, se dresse une autre tour espagnole. Au large s'élève le gigantesque rocher d'Agugliastra (ou Sa Pedra Longa), un étroit pic en calcaire de 128 m de haut. Le petit port de Santa Maria Navarrese est le point de départ pour des excursions en bateau jusqu'au rocher, ainsi qu'à Cala Luna, Cala Sisine et Cala Goloritzè.

L'île rocailleuse d'Ogliastra, vue du Capo Bellavista

Parc national du Gennargentu ❹

Il s'étend sur quelque 59 102 ha, offrant des paysages qui sont parmi les plus sauvages et les plus montagneux de Sardaigne. C'est là que se dresse le point culminant de l'île, la Punta La Marmora. Créé en 1989, le parc se situe intégralement dans la province de Nuoro, à l'exception de l'île d'Asinara.

Pivoines en fleur

Cette zone protégée compte 14 bourgades, mais les routes goudronnées sont rares, et les vallées abruptes et les sommets dépouillés donnent à la région un air désolé. La nature, intacte, fait le bonheur des randonneurs, des géologues et des amateurs de solitude. L'ascension du pic granitique de la Punta La Marmora (1 834 m) mérite tous les efforts, et le désert de calcaire du Supramonte est l'un des sites les plus spectaculaires d'Italie. Le Monte Tiscali abrite un village de pierre préhistorique *(p. 104-105).* Quant aux ravins de Su Gorroppu et à la source de Su Gologone, ils ne sont à manquer sous aucun prétexte. À l'est, la côte, où vit le phoque moine, est l'une des plus belles d'Europe.

Chat sauvage
Ce félin, plus grand que le chat domestique, vit sur le Gennargentu et sur le Supramonte.

Massif du Monte Gennargentu
En hiver, les sommets dégarnis et les versants de moindre altitude sont parfois entièrement recouverts de neige.

Gypaète barbu

Mouflon

Refuge

FONNI

N128

DÈSULO

ARITZO

Martre

Punta La Marmora

Vautour griffon

0   15 km

LA PUNTA LA MARMORA, POINT CULMINANT DE LA SARDAIGNE

Le massif du Gennargentu, dont le nom signifie « porte d'argent », culmine à la Punta La Marmora (1 834 m), qui est aussi le point le plus élevé de Sardaigne. Les paysages que les visiteurs découvrent dans cette région sont relativement arides et sauvages. Dans le ciel, des oiseaux de proie volent en quête de nourriture ; avec un peu de chance, vous pourrez apercevoir, au loin, un petit troupeau de moutons ou, même, des mouflons.

Randonneur au sommet de la Punta La Marmora

La crête du Supramonte

À l'est du Gennargentu se dressent les sommets du Supramonte, qui décline ensuite vers la mer.

MODE D'EMPLOI

Carte routière D4. EPT Nuoro, *Piazza Italia 19 (0784-323 07 ou 300 83) ; WWF Nuoro, Piazza Santa Maria della Neve 8 (0784-328 88) ; Pro Loco Dorgali, Via La Marmora 181 (0784-96 243) ; mairie de Dèsulo (0784-61 92 11).*

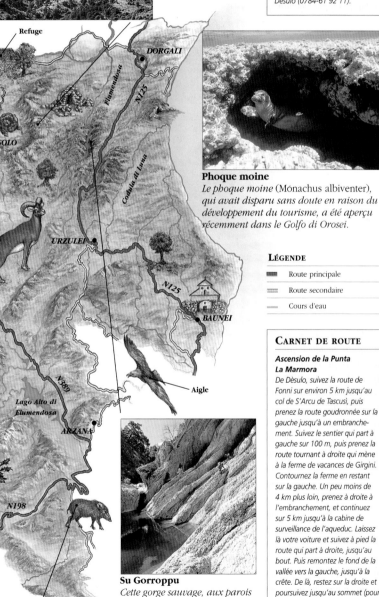

Phoque moine
Le phoque moine (Monachus albiventer), qui avait disparu sans doute en raison du développement du tourisme, a été aperçu récemment dans le Golfo di Orosei.

LÉGENDE

▬▬	Route principale
▭▭	Route secondaire
──	Cours d'eau

CARNET DE ROUTE

Ascension de la Punta La Marmora

De Dèsulo, suivez la route de Fonni sur environ 5 km jusqu'au col de S'Arcu de Tascusì, puis prenez la route goudronnée sur la gauche jusqu'à un embranchement. Suivez le sentier qui part à gauche sur 100 m, puis prenez la route tournant à droite qui mène à la ferme de vacances de Girgini. Contournez la ferme en restant sur la gauche. Un peu moins de 4 km plus loin, prenez à droite à l'embranchement, et continuez sur 5 km jusqu'à la cabine de surveillance de l'aqueduc. Laissez là votre voiture et suivez à pied la route qui part à droite, jusqu'au bout. Puis remontez le fond de la vallée vers la gauche, jusqu'à la crête. De là, restez sur la droite et poursuivez jusqu'au sommet (pour cette excursion, comptez environ une heure et demie de marche).

Su Gorroppu
Cette gorge sauvage, aux parois abruptes, n'est accessible qu'aux alpinistes expérimentés.

Refuge

DORGALI

Flumendosa

N125

OLO

Codula di Luna

URZULEI

N125

BAUNEI

Aigle

N389

Lago Alto di Flumendosa

ARZANA

N198

Sanglier

Objets trouvés lors de fouilles, Museo Archeologico, Dorgali

Dorgali ❺

Carte routière D3. 🗺 8 114.
ℹ Pro Loco (0784-933 87).
📅 16-17 janv. : Sant'Antonio Abate.

Cette charmante petite ville installée sur un versant qui décline depuis le Monte Bardia est située à 30 km de Nuoro et à un peu moins de 10 km de la mer et de Cala Gonone. Quoique avant tout un centre agricole, Dorgali joue aussi un rôle important

Église paroissiale Santa Caterina au centre de Dorgali

dans l'artisanat local : vous y trouverez articles en cuir, céramiques, bijoux en filigrane, tapis, etc.

Les bâtiments du vieux centre sont en pierre volcanique sombre. C'est le cas de plusieurs églises, comme la Madonna d'Itria, San Lussorio et la Maddalena. La place centrale, Piazza Vittorio Emanuele, est dominée par la façade de l'église paroissiale Santa Caterina, qui mérite la visite pour son grand autel sculpté.

Le **Museo Archeologico di Dorgali** possède une importante collection d'objets exhumés lors de fouilles de sites nuragiques, puniques et romains. Certaines des principales trouvailles nuragiques ont été découvertes non loin de là, à **Serra Òrrios**. Le musée fournit par ailleurs des informations sur les visites du village de pierre de Tiscali, autre site nuragique important

(p. 104-105). La bourgade est renommée pour son vin ; la coopérative viticole et la laiterie se visitent.

Ruines nuragiques à Serra Òrrios

🏛 **Museo Archeologico di Dorgali**
Scuola Elementare, Via La Marmora.
📞 0784-961 13. ⬜ d'avril à oct., de 10 h à 13 h et de 16 h à 19 h.
⛰ **Serra Òrrios**
ℹ 0784-933 87. ⬜ de mai à sept., de 10 h à 13 h et de 16 h à 19 h. 🎫 📷

LE VILLAGE NURAGIQUE DE SERRA ÒRRIOS

À Serra Òrrios, à 10 km au nord-ouest de Dorgali et à 23 km à l'est de Nuoro, s'étend l'un des villages nuragiques les mieux préservés de Sardaigne, datant des XIIe - Xe siècles av. J.-C. Soixante-dix habitations rondes, possédant chacune une cheminée centrale, sont disposées en six groupes répartis autour de grands espaces dotés d'un puits. Des petits lieux de culte ont également été mis au jour dans le village.

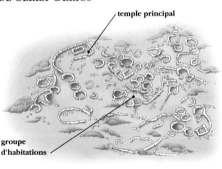

temple principal

groupe d'habitations

Codula di Luna ❻

Du Supramonte, une randonnée de trois heures, descendant la Codula Illune, ou vallée de la lune, mène à la mer. Le chemin est facile, mais il faut savoir qu'en été, il n'y a quasiment pas d'ombre. La piste qui traverse le maquis odorant passe devant des huttes de bergers et les entrées de gigantesques grottes, dont beaucoup n'ont pas encore été entièrement explorées.

La belle plage isolée de Cala Luna, adossée à un petit étang

0   2 km

LÉGENDE

■ ■ Itinéraire conseillé

▬▬ Route principale

═══ Route secondaire

─── Cours d'eau

Cala Luna ③
On peut s'y rendre à pied depuis la vallée, ou par la mer.

③
Cala di Luna

À la découverte de la Grotta Su Palu

Fiumendosa
N125

Grotta Su Palu ②
Découverte en 1980 seulement, c'est l'une des plus grandes grottes de Sardaigne.

②

La côte près de la Grotta del Bue Marino
Cala Sisine

GENNA SILANA

GENNA CRUXI

①

URZULEI

GENNA SARBENE

Nuraghe Solluli ①
Avant d'atteindre la route de Codula, vous verrez sur la droite le nuraghe Solluli.

Le nuraghe Solluli, situé stratégiquement sur une crête

CARNET DE ROUTE

*De la route principale N125, la fameuse Orientale Sarda (p. 80-81), à l'embranchement de Giustizieri, non loin de la bifurcation pour Urzulei, prenez la route qui descend dans la Codula et laissez votre voiture là où s'arrête le revêtement goudronné. Une randonnée d'une heure vous mènera à l'entrée de la Grotta Su Palu (sur la droite, réservée aux spéléologues expérimentés). En poursuivant sur ce chemin, vous verrez que la vallée s'élargit et qu'elle s'ouvre sur la baie de Cala Luna (comptez encore deux heures de marche). Par beau temps, la baie est aussi desservie par des bateaux partant de Cala Gonone (p. 80). Bateaux également pour la **Grotta del Bue Marino** (mouillages). Pensez à emporter de l'eau potable !*

Grotta del Bue Marino
⭘ du 1er avril au 15 oct.
🎫 📷 ♿ 0784-933 05.

La Chiesa delle Anime à Orosei

Orosei ❼

Carte routière D3. 🏛 *5 502.* 📮
ℹ️ *Piazza del Popolo 54 (0784-985 90).*
🎭 *semaine sainte, 26 juil.,*
San Giacomo.

À environ 5 km de la mer, la capitale historique de la Baronia possède un vieux centre bien conservé et animé, avec des églises blanches, des arcades et de petits bâtiments blanchis à la chaux ouvrant sur des cours fleuries.

Certainement fondé au début du Moyen Âge, Orosei connut son âge d'or sous la domination pisane, où il fut gouverné par les barons de la famille Guiso.

Avec ses mouillages bordant le Cedrino, Orosei devint un port important. Après être tombée sous domination aragonaise, la localité se mit à décliner, subissant la malaria, les raids de pirates et l'ensablement progressif de sa rivière. Un labyrinthe de ruelles mène à la Piazza del Popolo, au centre, bordée de trois églises. Au sommet d'une volée d'escalier se dresse **San Giacomo Maggiore**, avec sa façade du XVIIIe siècle et ses coupoles couvertes de tuiles en terre cuite. En face se trouvent la **Chiesa del Rosario**, dont la façade est baroque, et la **Chiesa delle Anime**, fondée par une congrégation de moines qui tiennent encore aujourd'hui une place importante lors des cérémonies de la semaine sainte.

Portail de Santa Maria 'e Mare

Ancien sanctuaire rural isolé, Sant'Antonio Abate est désormais entouré par la ville. À l'intérieur de la tour pisane, dans l'enceinte de Sant'Antonio, sont présentés des produits de l'artisanat local.

Le sanctuaire de la Madonna del Rimedio, du XVIIe siècle, lui aussi isolé autrefois, est aujourd'hui situé en bordure du bourg. Il est entouré de *cumbessias*, maisons accueillant les pèlerins en septembre.

Excursion au Monte Albo ❾

L'imposante crête de calcaire blanc qui a donné son nom à la montagne (*albo* signifie blanc) s'étend comme un bastion entre la Barbagia et la Baronia. Depuis ses versants tapissés de maquis, la vue est imprenable. La région est destinée à devenir une réserve où seront protégés 650 espèces végétales, mais aussi des mouflons, des sangliers et des oiseaux de proie. Une partie de l'itinéraire suit une route étroite à la base de l'escarpement de calcaire.

Lodè ②
Petite ville blottie entre les oliviers, dans le maquis, Lodè abrite le sanctuaire d'Annunziata, avec ses *cumbessias* blanchies à la chaux et coiffées de toits rouges. Le 22 et le 23 mai, le sanctuaire est la destination d'un pèlerinage.

Sanctuaire de l'Annunziata, à Lodè

Bitti ③
Cette bourgade animée *(p. 100)* est nichée dans un charmant paysage, entre les chênes et les oliviers sauvages.

LÉGENDE

▬▬ Itinéraire conseillé

══ Autres routes

── Cours d'eau

0   4 km

AUX ENVIRONS : Santa Maria 'e Mare, près de l'embouchure du Cedrino, a été fondée au XIIIe siècle par des marchands pisans. Elle regorge d'ex-voto et le dernier dimanche de mai, elle est le but d'un pèlerinage. Une statue de la Vierge est alors emportée en bateau sur le fleuve, accompagnée d'une multitude d'embarcations.

À l'embouchure, le cours d'eau se divise. La partie nord se déverse dans un canal, tandis que la moitié sud se jette dans le marécage de Su Petrosu, peuplé de foulques, de poules d'eau et de colverts. Les eaux peu profondes sont un paradis pour les avocettes, les échasses, les hérons cendrés et les aigrettes.

Galtellì ❽

Carte routière D3. 🏘 2 366. 🚌
🛈 *Piazza del Popolo 54, Orosei (0784-985 90).* 🎭 *16-17 Janv, Sant'Antonio Abate.*

Perché sur le Monte Tuttavista, Galtellì était la principale localité de la région au Moyen Âge. Jusqu'en 1496,

la ville fut un siège épiscopal, comme en témoigne San Pietro, l'ancienne cathédrale romane construite au XIIe siècle. Après cette époque, Galtellì connut un déclin, subissant la malaria et de nombreuses incursions de pirates. Toutefois, l'église paroissiale Santissimo Crocifisso, ornée de belles statues en bois du XVIe et du XVIIe siècle, a conservé des vestiges de ce passé glorieux.

Des bâtiments blanchis à la chaux et de petites maisons bien entretenues donnent un certain cachet au centre historique.

AUX ENVIRONS : Le Monte Tuttavista est l'un des sites les plus intéressants de la région. Une piste de terre puis un sentier mènent à Sa Pedra Istampada (« la pierre perforée »), un arc de 30 m sculpté par le vent. Superbe panorama depuis le sommet.

Près du village de La Traversa, à 12 km de Galtellì, se trouve la *Tomba dei Giganti* (tombe des Géants) de **Sa Ena 'e Thomes**, un monument préhistorique très impressionnant, avec une stèle de 3 m taillée dans un bloc de granit.

Tomba dei Giganti **de Sa Ena 'e Thomes, près de La Traversa**

Sant'Anna ①
Ce col à 624 m d'altitude offre de magnifiques panoramas. La route grimpe en serpentant entre les escarpements, les euphorbes et les pins.

Lula ④
Dans cette localité de la Barbagia, un sanctuaire célèbre est dédié à saint François. Du 1er au 10 mai, des milliers de pèlerins participent aux cérémonies en l'honneur du saint, dépeintes par Grazia Deledda dans *Elias Portolu*.

CARNET DE ROUTE

Itinéraire : 76 km.
Le trajet en voiture dure deux heures, mais comptez une demi-journée avec les haltes.
Où faire une pause : à la maison du cantonnier de Sant'Anna et au bourg de Bitti (p. 100).

Vue du Monte Albo

Ascension du Monte Albo ⑤
Une route de montagne se déroule pendant 20 km sur le versant nord, traversant des pâturages et le maquis. D'un côté, elle est bordée de parois de calcaire striées de rose.

Siniscola ⑩

Carte routière D2. 🚶 10 056. 🚌
ℹ️ *Via Monfalcone 17 (0784-87 75 25).*
🎪 *18 août : Sant'Elena.*

L'ancienne ville agricole de Siniscola, au pied du Monte Albo, était un important centre de négoce du XIVe siècle, sous la principauté de Gallura *(p. 36).* Depuis, elle s'est étendue autour du centre médiéval. Dans la rue principale animée, la Via Sassari, l'église paroissiale du XVIIIe siècle, **San Giovanni Battista**, est ornée d'un cycle de fresques illustrant la vie de saint Jean Baptiste. La ville est également connue pour ses ateliers de poterie.

AUX ENVIRONS : De Siniscola, une route droite partant au nord-est mène à **La Caletta**, un petit port touristique avec une plage de sable de 4 km. Vers le sud, la N125 passe par **Santa Lucia**. Probablement fondé par des émigrants de l'île de Ponza, ce village de pêcheurs est gardé par une tour espagnole. Aujourd'hui, c'est une station balnéaire très vivante, avec une pinède bordant la plage. En poursuivant au sud, après une longue promenade en bord de mer, vous arriverez aux dunes de sable blanc et

L'église de Santa Lucia

aux genévriers du Capo Comino (également accessible depuis la N125).

Le **Capo Comino**, dominé par un phare, est formé de rochers arrondis et de plages de galets. Une promenade de deux heures en bord de mer et dans la pinède vous mènera à la **plage de Berchida**, où se dresse un immense rocher appelé *S'incollu de sa Marchesa* (la gorge de la marquise). Les marécages sont peuplés d'anguilles et de mulets. Une autre excursion emprunte la piste qui part à droite de la N125, après la Berchida, et qui serpente dans le maquis vers une magnifique plage de sable blanc aux eaux cristallines. En chemin, la route passe devant les vestiges du peuplement nuragique de Conca Umosa.

La tour espagnole de Santa Lucia

Posada ⑪

Carte routière D2. 🚶 1 646. 🚌

Perché au sommet d'une masse de calcaire couverte d'euphorbes et de lentisques, le village est dominé par les ruines du **Castello della Fava**. Ce château a été construit au XIIe siècle par les maîtres de Gallura, qui passèrent ensuite sous la domination des d'Arborea. La principauté fut finalement conquise par les Aragonais *(p. 36).* À l'époque carthaginoise, l'endroit était connu pour abriter la colonie de Feronia (déesse des Sources et des Bois).

Le village a gardé son caractère médiéval, avec ses ruelles tortueuses, ses escaliers escarpés, ses arcades et ses petites places. Les maisons en pierre grise sont bien conservées, et le château a été rénové. Un escalier en bois permet d'accéder au sommet de sa tour carrée, qui offre une vue panoramique de la mer, de l'embouchure de la Posada et de la plaine environnante.

AUX ENVIRONS : À 9 km à l'ouest de Posada s'étend le lac artificiel de Posada.

Lanusei ⑫

Carte routière D4. 🚶 6 387. 🚃 🚌
🚌 🎪 *22 juil. : Santa Maria Maddalena.*

Ce gros bourg d'aspect austère, agrippé à flanc de montagne à 600 m d'altitude, domine la plaine. Avec

Les dunes de sable blanc du Capo Comino

Le village de Posada et le Castello della Fava

son excellent climat, sa situation élevée et ses nombreux chemins de randonnée dans la forêt, Lanusei était autrefois une ville de cure. La localité, qui s'étage sur plusieurs niveaux, a conservé quelques demeures aristocratiques.

Jerzu ⑬

Carte routière D4. 🏘 *3 561.* 🚌
🎪 *13 juin : Sant'Antonio ; 25 juil. : San Giacomo ; 4 août : Sagra del Vino.*

En arrivant sur Jerzu, on voit jaillir du maquis de hauts pics de pierre étroits, particulièrement impressionnants : les *tacchi* (talons hauts). Cette ville moderne est étagée sur la colline, avec des maisons à trois niveaux ou plus dans la rue principale. Dans le quartier bas, les rues, escarpées, sont bordées de maisons anciennes pittoresques.

Étiquettes de vin de Jerzu

Autour de Jerzu, de petits vignobles s'accrochent aux versants. La région produit environ 10 000 t. de raisin, que les coopératives locales transforment en vin rouge de qualité, le Cannonau DOC, l'un des plus réputés de Sardaigne. Le 13 juin, où l'on célèbre saint Antoine de Padoue (Sant'Antonio da Padova), est l'occasion d'une grande fête. L'une des églises de la ville lui est d'ailleurs dédiée.

AUX ENVIRONS : À Ulassai, à 7 km au nord-ouest de Jerzu,

se trouve la **Grotta Su Màrmuri**. Bien que l'italien *marmo* signifie « marbre », elle est en fait en calcaire. En descendant quelques marches, vous découvrirez un ensemble extraordinaire de bassins et de stalagmites.

🏛 Grotta Su Màrmuri
ℹ *Via Dante 69 (0782-798 05).*

Gairo ⑭

Carte routière D4. 🏘 *1 902.* 🚌 🚌
🎪 *3ᵉ dim. de sept. : Nostra Signora del Buoncamino.*

Gairo Sant'Elena est enclavé dans la vallée de la Pardu, un profond ravin creusé par la rivière entre des parois de calcaire. Le village actuel a été construit après 1951, quand Gairo Vecchio fut évacué en raison des glissements de terrain dus aux pluies diluviennes automnales. Du village abandonné, il ne reste que des maisons vides, sans portes ni fenêtres. Toute la région offre des paysages spectaculaires.

AUX ENVIRONS : La baie de Gairo est protégée par un cap couvert de maquis. De là, vous pourrez rejoindre Coccorocci, l'unique plage de sable noir de Sardaigne. La route côtière longe un littoral festonné de criques sablonneuses et de falaises de roche rose.

Barì Sardo ⑮

Carte routière D4. 🏘 *4 054.* 🚌
🎪 *29 août : San Giovanni Battista ; 8 sept. : Nostra Signora di Monserrato.*

Ce centre agricole est au cœur d'une région fertile riche en vignobles et en vergers. Son nom vient du sarde *abbari*, qui signifie marécages. Dans la partie la plus ancienne, autour du quartier San Leonardo, au sud-ouest, on voit toujours des maisons de pierre d'origine. C'est là que se trouve l'église paroissiale **Beata Vergine del Monserrato**, dont le clocher rococo date de 1813. Barì Sardo est aussi connu pour ses textiles : tapisseries, tapis, coussins et couvre-lits en lin.

AUX ENVIRONS : Sur la côte, à l'est de Barì Sardo, **Torre di Barì** est une station balnéaire agréable, avec une plage de sable et une petite pinède, qui s'est développée autour de la tour espagnole du XVIIᵉ siècle. Lors de Su Nenneri, les fêtes célébrées pour San Giovanni Battista, des semis de céréales et de légumes sont jetés dans la mer pour assurer une bonne récolte.

Les vignobles de Jerzu donnent le Cannonau, le plus connu des vins sardes

Le promontoire en basalte du Capo Ferrato, au sud de Muravera

Muravera ⑯

Carte routière D5. 🏘 4 478.
ℹ️ Via Europa 22 (070-993 07 60).
🎎 14-15 août : Assunta.

Muravera s'est développée à l'embouchure de la Flumendosa, au cœur d'une région de vergers. C'est une localité touristique moderne, entourée de complexes hôteliers. Dans l'Antiquité, la ville phénicienne de Sarcapos occupait ce site. Aujourd'hui, le seul bâtiment présentant un intérêt historique est l'église **San Nicola**, à l'écart de la rue principale, qui possède une chapelle du XVᵉ siècle.

Aux environs : Muravera est un point de départ idéal pour découvrir la côte et les vallées de l'arrière-pays. À l'est, aux environs de **Porto Corallo**, s'étire une longue plage de sable, entrecoupée de petits caps rocheux. Près du port se dresse une **tour espagnole** qui servit de bastion en 1812, lors de l'une des rares victoires sardes sur les pirates musulmans.

Plus au nord, à 11 km sur l'Orientale Sarda, la N125 (p. 80), s'étendent les vestiges du **Castello di Quirra** et la petite église romane **San Nicola**, le seul sanctuaire sarde construit en briques.

Au sud, la côte des environs du **Capo Ferrato** est aussi très belle, avec ses rochers de basalte, ses petites criques de sable blanc et ses pins. Au-delà du Capo Ferrato se déroule la **Costa Rei**, une étendue de côte toute droite avec des plages et des villages de vacances. Dans la baie de **Cala Sinzias**, plus au sud, le fond de la mer est tapissé de blocs de pierre et l'eau est d'une transparence inouïe. À l'intérieur des terres,

l'itinéraire rejoignant Cagliari, sur la N125, et l'excursion dans la vallée de la Flumendosa, au-delà de San Vito, vous feront traverser des paysages spectaculaires.

Au-delà de la Costa Rei, vous atteindrez **Castiadas**, un hameau qui s'est constitué autour d'une prison du XIXᵉ siècle, parmi les vignobles et les plantations d'agrumes. Entre la fin du XIXᵉ siècle et les années 50, les terres de la région étaient travaillées par les détenus.

Villasimius ⑰

Carte routière D6. 🏘 2 710. 🚌 �ℹ️
Via Marconi 12 (070-79 15 46 14).
🎎 juil. : Madonna del Naufrago.

Avec ses hôtels et ses résidences secondaires, cette ville moderne est la grande station balnéaire de la côte sud-est. Villasimius est situé à la bordure nord d'une avancée dans la mer qui se termine au **Capo Carbonara**. Au milieu s'étendent les **marécages de Notteri**, séparés de la mer par la longue plage de sable de Simìus. En hiver, ils constituent une halte appréciée des flamants qui migrent. Au sommet du cap, le phare offre une vue panoramique de la côte et des îlots de **Serpentara** et **Cavoli**, au loin. Beaucoup de naufrages se sont produits dans les eaux peu profondes séparant les deux îles. Au large de Cavoli,

---

LA PATRIE DES *LAUNEDDAS*

Au nord-est de Muravera s'étend San Vito, une petit ville agricole qui a prospéré grâce aux mines d'argent du Monte Narba. Au centre, l'église paroissiale, avec sa façade surmontée de clochers jumeaux, mérite une visite. San Vito est connu pour ses traditions artisanales, et notamment la fabrication des *launeddas*, un instrument proche de la flûte dont jouent les bergers (p. 25). Luigi Lai, le plus célèbre interprète de cet instrument ancestral, vit d'ailleurs à San Vito et fabrique lui-même des *launeddas*. La broderie et la vannerie en genévrier sont deux autres formes d'artisanat réputées de la localité.

Luigi Lai, l'un des plus célèbres joueurs de *launeddas* de Sardaigne

La longue plage séparant la mer du marécage de Notteri, au sud de Villasimius

à 10 m de fond, est immergée la statue de la Madonna dei Fondali (Notre-Dame du fond de la mer), œuvre du sculpteur sarde Pinuccio Sciola. Des excursions en bateaux à fond vitré partent du quai de Porto Giunco pour aller admirer la statue sous-marine. Ce port est gardé par la **Fortezza Vecchia**, une forteresse du XVIIe siècle en forme d'étoile. La mer baignant le promontoire abrite une faune et une flore très riches, à la plus grande joie des plongeurs.

Orroli ⑱

Carte routière C4. 🏠 3 300. 🚌
🛈 Largo Aldo Moro (0782-84 70 06).
🎎 30 juin : Santa Caterina.

O rroli est niché dans un creux du plateau aride de Pranemuru, en bordure de la vallée de la Flumendosa. La région est émaillée d'une foule de sites archéologiques, comme la nécropole de **Su Motti**, avec ses *domus de janas* taillées dans la pierre.

Parmi les autres sites archéologiques de la région, citons les ruines du **nuraghe Arrubiu**, à 5 km au sud-est d'Orroli. Cet ensemble penta-gonal est plus étendu que celui de Su Nuraxi *(p. 64-65)*. Construit en pierre rouge, il s'organise autour d'une tour centrale du XIe ou du Xe siècle av. J.-C. qui aurait mesuré 27 m de haut. Cinq tours, datant certainement du VIIe siècle et reliées par de hauts bastions, ont été élevées tout autour ; des murailles défensives extérieures ont été ajoutées au VIe siècle. Les ruines d'un village nuragique, composé d'habitations rondes et rectangulaires, s'étendent autour du nuraghe.

Non loin, le **nuraghe Su Putzu** compte un grand nombre d'habitations en excellent état.

🛖 **Su Motti.** 🛈
4 km S.E. d'Orroli. 📞 0782-84 71 46.
⭕ entrée libre.
🛖 **Nuraghe Arrubiu**
📞 0782-84 77 83. ⭕ de 8 h 30
à 13 h et de 15 h à 20 h 30
(d'oct. à avril : de 9 h 30 à 17 h).

Le nuraghe Arrubiu, près d'Orroli

Perdasdefogu ⑲

Carte routière D4 & D5. 🏠 2 470. 🚌
🎎 12 sept. : San Salvatore.

V illage montagnard isolé de l'Ogliastra, Perdasdefogu est perdu au pied des *tacchi*, ces impressionnantes parois verticales de calcaire surplom-bant le maquis *(p. 89)*. La route qui serpente au nord-est en direction de Jerzu est l'une des plus pittoresques de Sardaigne. Elle longe un plateau à la base des murailles dolomitiques, d'où le regard porte loin vers la mer et les sommets de Perda Liana. En chemin, on décou-vre l'église **Sant'Antonio** au milieu d'une prairie, au pied de la Punta Coróngiu, l'un des *tacchi* les plus saisissants.

Vue du Capo Carbonara, au sud de Villasimius

Voyage à bord du Trenino Verde ⑳

Le Trenino Verde (petit train vert), un train à voie
étroite, met presque cinq heures pour parcourir
160 km, mais s'embarquer à son bord est l'occasion
d'un véritable voyage dans le temps au milieu de
paysages totalement sauvages. L'itinéraire sillonne les
collines arrondies de Trexenta, où poussent amandiers
et oliviers, pour rejoindre les montagnes de la
Barbagia di Seui. Le train passe alors au pied d'un
magnifique *tònnero*, offrant une belle vue sur ses
parois de calcaire. Il suit les contours escarpés de la
montagne et les virages sont si nombreux que les
voyageurs perdent rapidement le sens de l'orientation.
Le Trenino franchit un versant abrupt en empruntant
deux virages en épingle à cheveux dans le bourg de
Lanusei. Seul inconvénient : les horaires, qui ne
permettent pas de faire l'aller-retour dans la journée.

**Le Lago Alto di Flumendosa,
au sud du Gennargentu**

Flumendosa

Villanovatulo ⑥
Ce village de bergers isolé
offre une vue sur la vallée
de la Flumendosa. Les murs
des maisons sont décorés de
peintures de Pinuccio Sciola.

Le Trenino Verde
*Ce train pittoresque sillonne les versants des
montagnes, traversant des paysages intacts,
loin des routes. Les voyageurs apprécieront
aussi son atmosphère d'un autre temps.*

*Lago di
Flumendosa*

N198

MODE D'EMPLOI

🛈 *Mandas (070-58 00 75),*
Horaire des trains *de mi-avril à
mi-juin : d'Arbatax, 14 h 30 t.l.j. ;
de Mandas, 8 h 27 t.l.j. ; – de mi-
juin à mi-oct. : d'Arbatax, 7 h 50,
14 h 30 t.l.j. ; de Mandas, 8 h 27,
15 h 15 t.l.j. ; – du 7 juil. au
30 août : d'Arbatax à Sadali,
9 h 10, retour, 17 h 30 ; de
Mandas à Sadali, 8 h 30, retour
19 h ; – de mi-oct. à mi-avril :
location à la demande.*

Mandas ⑧
Situé à 69 km de Cagliari,
Mandas est la principale
ville agricole de la
région. L'église San
Giacomo mérite une
visite, entre autres pour
ses statues de San
Gioacchino et Sant'Anna.

Orroli ⑦
Entouré de forêts de
chênes, Orroli est installé
sur un plateau de basalte
traversé par la Flumendosa.
Ne manquez pas le
nuraghe Arrubiu.

Forêt de Montarbu ③

C'est l'une des mieux préservées de l'île. Plantée de frênes, de chênes verts et d'ifs, elle est le refuge du mouflon. On y voit aussi des *tònneri* – imposantes parois de calcaire.

Lanusei ②

Ce village est blotti sur un versant offrant une magnifique vue sur la mer *(p. 88)*.

Tortolì ①

La capitale de l'Ogliastra est située à 3 km de la mer, en bordure d'un vaste marécage qui, en hiver, attire des milliers d'oiseaux migrateurs. Un détour par les ruines du Castello di Medusa s'impose.

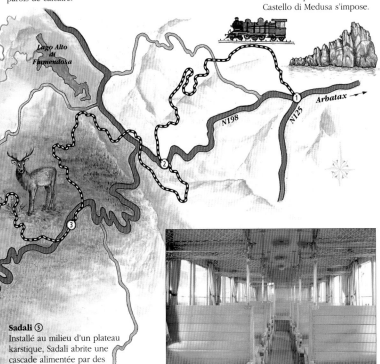

À bord du Trenino Verde

Sadali ⑤

Installé au milieu d'un plateau karstique, Sadali abrite une cascade alimentée par des sources, qui plonge de 7 m de haut dans un gouffre souterrain. Les grottes sont nombreuses aux alentours, comme Is Janas, de 205 m de long, avec un lac souterrain et d'impressionnantes stalagmites et stalactites.

Seui ④

Seui, dans une vallée abrupte, a conservé quelques maisons de pierre traditionnelles. La prison espagnole du XVIIᵉ siècle abrite le musée de la Culture rurale. Outre des outils de ferme traditionnels, on peut y voir la reconstitution d'une cuisine et d'une chambre du XVIIIᵉ siècle.

0   4 km

LÉGENDE

━━ Itinéraire du train

▬▬ Route principale

═══ Route secondaire

── Cours d'eau

Le train au passage d'Orroli

CARNET DE ROUTE

Comme on ne sert pas de rafraîchissements à bord du train et que les rares gares ne proposent pas de restauration, il est recommandé aux voyageurs de se munir de provisions. En allant vers Mandas, installez-vous du côté gauche pour bénéficier des plus belles vues. Le train « normal », le TL, est plus moderne que l'AT (locomotive à un seul groupe diesel), plus bruyant et moins confortable.

LE CENTRE ET LA BARBAGIA

L e Centre est la région où le passé ancestral de l'île est le plus manifeste. Les montagnes abruptes sont sillonnées de pistes de bergers, et les villages sont perchés sur les hauteurs, dominant des vallées. Les fiers habitants de ces terres isolées et rudes ont gardé en grande partie leur mode de vie traditionnel.

Le nom de Barbagia vient du latin *barbària*, terme qu'utilisaient les Romains pour désigner les régions inaccessibles de l'arrière-pays, peuplées par les «barbares». Habité depuis l'époque préhistorique et riche en sites archéologiques, comme par exemple le village nuragique de Tiscali *(p. 104-105)*, le cœur de la Sardaigne a résisté aux invasions romaines durant plusieurs siècles, préservant ses rites religieux nuragiques jusqu'à la christianisation.

Pour découvrir ces terres accidentées, le visiteur devra y mettre du sien : les routes sont sinueuses et donc les trajets longs, les panneaux indicateurs sont parfois inexistants et beaucoup de sites ne sont desservis que par des pistes cahoteuses. Toutefois, l'accueil y est souvent très chaleureux et les traditions sont vivaces. Les églises et les villages s'animent à l'occasion de fêtes populaires hautes en couleurs ; ainsi lorsque l'on célèbre les saints patrons locaux ou lors de cérémonies religieuses. À Mamoiada, les *Mamuthones*, affublés de masques menaçants, de cloches de vaches et de peaux de moutons *(p. 102)*, mènent la procession du mardi gras.

Le centre de l'île est marqué par des paysages montagneux. Les randonneurs apprécieront les excursions qui partent des rochers du Supramonte di Oliena pour rejoindre les forêts touffues de chênes verts sur les versants du Monte Novo San Giovanni *(p. 107)* et les forêts de châtaigniers, le long de l'ancienne voie ferrée, près de Belvì *(p. 109)*.

La cuisine locale est relevée par les herbes du maquis, comme le romarin et le thym, et l'artisanat s'inspire de la vie des bergers. Au Museo Etnografico *(p. 99)* de Nuoro sont exposés des tapis tissés, des paniers et des poteries ornés de motifs traditionnels.

Berger et son troupeau sur les pâturages d'été de Pietrino

◁ Chêne-liège battu par le vent, un spectacle fréquent dans la Barbagia

À la découverte du Centre et de la Barbagia

Nuoro est la capitale de la Sardaigne intérieure. À l'est s'étend le massif du Supramonte avec, au pied, Oliena, Orgòsolo et Dorgali. À l'ouest, les vallées déclinent vers les lacs Omodeo et Macomer. Cette contrée montagneuse et aux parois de calcaire abruptes (les *tònneri*) accueille certaines des plus grandes villes de la région : Mamoiada, Bitti et Sarule. Au sud se déploie le massif boisé du Gennargentu. Des villages montagnards typiques, comme Gavoi et Fonni, sont agrippés à ses versants. En direction du nord-est, la route longe les pentes du Monte Ortobene, qui domine Nuoro, et descend entre les amandiers et les vignobles vers la Baronia.

Sommets cailouteux dans le massif du Gennargentu

LA RÉGION D'UN COUP D'ŒIL

Peintures ornant des rochers près d'Orgòsolo

*MASSIF DU
GOCEANO*

3 BONO

BURGOS 4

OTTANA

*Lago
Omodeo*

BUSACHI

Oristano

Tirso

Habitation du village nuragique de Tiscali

CIRCULER

Dans l'arrière-pays, les transports en commun, quand ils existent, sont lents et peu fiables. Ce n'est donc pas le meilleur moyen d'explorer la région. Si vous avez une voiture, les routes principales sont la N131, de Siniscola à Nuoro jusqu'au lac Omodeo, la N125 – l'Orientale Sarda –, qui longe le Supramonte et relie Orosei à Arbatax, et la N389, qui rejoint également Arbatax, depuis Nuoro, en traversant le Gennargentu à l'est. Pour visiter des sites tels que Tiscali et la Punta La Marmora, il faut emprunter des sentiers assez abrupts.

Le petit train à voie étroite de la ligne Cagliari-Sòrgono *(p. 109)* constitue un mode de transport fort divertissant.

VOIR AUSSI

- *Hébergement* p. 175
- *Restaurants et cafés* p. 185

LÉGENDE

▨	Voie express
▨	Route principale
▨	Route secondaire
▨	Parcours pittoresque
—	Cours d'eau

0   80 km

Nuoro ❶

Costume traditionnel

Nùgoro, comme disent ses habitants, est l'une des principales agglomérations de Sardaigne. La ville commença à s'étendre au XIVe siècle puis, au XVIIIe siècle, des émeutes éclatèrent suite à des troubles sociaux. En 1746, le préfet piémontais, De Viry, qualifiait la ville de « repaire de bandits et d'assassins ». Un décret adopté en 1868, qui mettait un terme à l'exploitation commune des terres agricoles, provoqua une rébellion populaire appelée *Su Connottu*. Au début du XXe siècle, Nuoro, patrie d'écrivains politiques comme Grazia Deledda, devint la capitale culturelle de l'île. La ville fut élevée au rang de chef-lieu de province en 1926. Aujourd'hui, elle est le cœur commercial de la Barbagia.

Santa Maria della Neve

La Piazza Sebastiano Satta est hérissée de blocs de granit

À la découverte de Nuoro

La ville s'est développée sur un site spectaculaire : un plateau granitique dominé par le Monte Ortobene. Cet emplacement isolé et l'essor relativement tardif du tourisme ont permis d'y préserver la culture, les traditions et les costumes locaux.

Ville moderne, Nuoro a cependant conservé un vieux centre aux rues et aux bâtiments pittoresques. Le Corso Garibaldi, autrefois appelé Bia Maiore, monte vers le quartier San Pietro et vers la cathédrale néo-classique, **Santa Maria della Neve** (1836). Près du Corso Garibaldi, la Piazza Sebastiano Satta est particulièrement étonnante, avec les gros blocs de granit qui y ont été érigés en 1976.

Nuoro est la ville natale de plusieurs grands écrivains qui insufflèrent une vie nouvelle à la culture insulaire à la fin du XIXe siècle. Outre Grazia Deledda, citons Attilio Deffenu (1893-1918), homme politique et essayiste, et le poète Sebastiano Satta (1868-1914).

🏛 Civico Museo Speleo-Archeologico

Via Leonardo da Vinci. 📞 0784-300 83. ⬤ *pour travaux.*

Ce musée renferme à la fois la collection de fossiles du Gruppo Speleologico Nuorese et des objets trouvés lors de fouilles entreprises depuis plusieurs années dans les environs. Les pièces exposées, qui vont du néolithique au Moyen Âge, comprennent notamment le squelette d'un *Prolagus sardus*, l'ancêtre du lièvre, et d'une *Lontra gigante*, une loutre géante. Les menhirs sculptés de Làconi datant de l'âge du bronze et les statuettes nuragiques en bronze ne manquent pas d'intérêt, tout comme les boucles de ceinture et autres objets du quotidien de l'époque romaine.

🏛 Museo Deleddiano

Via Grazia Deledda 28. 📞 *0784-345 71.* ⬤ *de 9 h à 13 h et de 15 h à 19 h (d'oct. à mars : 18 h), du lun. au dim.* ⬤ *dim. a.-m.* 📷

La maison natale de Grazia Deledda a conservé l'atmosphère des demeures sardes du milieu du XIXe siècle. Elle a été aménagée selon la description qu'en fait l'auteur dans son roman *Cosima*, avec des objets marquants des différentes étapes de sa vie. La cour mène à l'ancien potager (qui accueille des manifestations culturelles). Aux étages sont présentés des couvertures des ouvrages de l'écrivain, des programmes de ses pièces de théâtre et une copie de son prix Nobel.

GRAZIA DELEDDA (1871-1936)

Lauréate du prix Nobel de littérature en 1926 pour son œuvre dans laquelle elle a brossé un portrait de la vie et de l'âme sardes, Grazia Deledda est née à Nuoro en 1871. Elle devint l'ambassadrice de la culture sarde et le symbole de la riche production artistique de l'île. Elle a dépeint les années difficiles et mouvementées du début de sa carrière dans *Cosima* (1937). L'univers de ses fictions gravite autour de la Barbagia, avec ses mystères et sa forte identité. *Elias Portolu* (1900), *Cenere* (1903) et *Canne al Vento* (1913) sont au nombre de ses romans les plus connus. Elle est décédée à Rome en 1936.

L'écrivain Grazia Deledda

Le bâtiment blanchi à la chaux du Museo Etnografico de Nuoro

MODE D'EMPLOI

Carte routière D3. 🗺 *37 929.*
🛈 *Ente Provinciale per il Turismo,
Piazza Italia 19 (0784-300 83).* 🎏
*19 mars : San Giuseppe ; 6 août :
San Salvatore ; dernier dim. d'août :
Procession del Redentore.*

solennelle – la Procession del Redentore – rejoint l'église. Des représentants de quasiment toutes les localités sardes y participent *(p. 28)*.

**Costume traditionnel de Dèsulo,
Museo delle Tradizioni Sarde**

🏛 Museo Etnografico

Via Antonio Mereu 56. 📞 *0784-24 29
00.* 🕐 *de 9 h à 13 h et de 15 h à 19 h
(d'avril à sept. : 18 h) du mar. au dim.* ●
dim. a.-m. 📷

Le Museo Etnografico est un musée de la vie sarde et des traditions populaires. Le bâtiment qui l'abrite a été conçu dans les années 60 par l'architecte Antonio Simon Mossa. Son objectif était de recréer un village sarde typique, avec ses cours, ses ruelles et ses escaliers, dans lequel placer objets et costumes illustrant la vie quotidienne sarde.

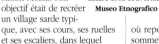

**Coffre et sa couverture,
Museo Etnografico**

Dans ce musée ethnographique populaire sont présentés des meubles traditionnels, comme un coffre du XIXe siècle couvert d'une riche étoffe, et des bijoux en argent qui étaient utilisés pour orner tabliers et foulards. On y voit également des costumes traditionnels portés par les femmes au quotidien, d'autres pour les grandes occasions, ainsi que des moules à pain, des métiers à tisser et des tapis. Une pièce est dédiée aux masques et aux costumes de carnaval.

Le musée possède aussi une bibliothèque d'anthropologie, un auditorium et un centre d'expositions. Un an sur deux, un festival de films anthropologiques et ethnographiques s'y tient en octobre.

AUX ENVIRONS :

🏔 Monte Ortobene

E. de Nuoro.

Nuoro a été fondé sur les versants granitiques de cette montagne, qui a toujours été chère au cœur de ses habitants. Pour atteindre la forêt, prenez la route d'Orosei, la N129, vers l'est en sortant de la ville. Elle passe par l'église **Nostra Signora della Solitudine**, où repose Grazia Deledda. Au sommet, une statue du *Redentore* (Christ Rédempteur) semble protéger la ville. À côté se trouve l'église **Nostra Signora di Montenero**. Le dernier dimanche d'août, une procession

⛪ Necropoli di Sas Concas

N128. 📞 *0784-24 29 00.* 🕐 *entrée
libre.*

Prenez la N131 sur 15 km vers l'ouest à la sortie de Nuoro, puis la N128 vers le sud, sur 3 km, en direction d'Oniferi. La nécropole est composée d'un ensemble de *domus de janas*, dont certaines sont décorées de bas-reliefs. C'est le cas de la Tomba dell'Emiciclos (tombe de l'Hémicycle). Une lampe électrique est utile pour la visite.

La procession de la Sagra del Redentore sur le Monte Ortobene

Le temple Su Tempiesu, près de Bitti

Bitti ❷

Carte routière D3. 🏔 3 786. ℹ️
mairie (0784-41 51 24). 📅 23 avril :
San Giorgio.

Ce village de bergers est connu depuis que les Tenores de Bitti, qui interprètent des chants sardes traditionnels, font parler d'eux dans toute l'Europe (p. 24-25). Selon les linguistes, le dialecte local serait celui qui, dans l'île, s'approcherait le plus du latin.

L'église **San Giorgio Martire** a été édifiée au XIXe siècle sur la place centrale, la Piazza Giorgio Asproni. Le presbytère, voisin, abrite une petite collection de vestiges archéologiques trouvés dans la région.

AUX ENVIRONS : Non loin de Bitti, sur la route d'Orune (faites attention, les indications ne sont pas toujours très visibles), se trouve le temple **Su Tempiesu**. Composé de plusieurs pièces et construit en grands blocs de basalte, il possède un puits sacré dont l'eau était utilisée

dans les rituels nuragiques. Un peu plus à l'est de Bitti, vous découvrirez cinq églises : Santo Stefano, Santa Maria, Santa Lucia, San Giorgio et Babbu Mannu (Saint-Esprit). Elles s'animent pour les fêtes religieuses.

Bono ❸

Carte routière C3. 🏔 4 045. ℹ️
mairie (079-79 02 19). 📅 31 août :
San Raimondo Nonnato.

Situé au pied du massif du Gocèano, Bono est un point de départ idéal pour les forêts du Monte Rasu et la Foresta di Burgos. L'église paroissiale **San Michele Arcangelo**, au centre, a été reconstruite à plusieurs reprises. À l'intérieur, vous pourrez voir une curieuse horloge actionnée par le poids de quatre boulets de canon tirés sur la ville durant le siège de 1796, alors que les habitants de Bono avaient chassé les troupes gouvernementales. Une reconstitution de cet événement a lieu tous les ans, lors de la fête traditionnelle du 31 août. Ce jour-là, le plus gros potiron des potagers du village est offert au dernier arrivé à une course de chevaux, clin d'œil à la « bravoure » de l'armée en déroute. Récemment encore, on faisait rouler le potiron vers la vallée, du haut de la

montagne, pour symboliser les soldats fuyant devant la population locale.

Début septembre, Bono accueille la *Fiera dei Prodotti Tipici Artigiani del Gocèano*, une foire haute en couleurs où se donnent rendez-vous des artisans proposant des produits typiques de la région.

AUX ENVIRONS : Du col d'Uccaidu, au nord-ouest de Bono, vous pourrez escalader les pentes jusqu'au sommet du Monte Rasu, qui culmine à 1 258 m d'altitude. De là, le regard porte sur la Foresta di Burgos, les montagnes environnantes et sur quasiment toute la Sardaigne : époustouflant !

La campagne entre Bono et Burgos

Burgos ❹

Carte routière C3. 🏔 1 094.

Les petites maisons du village de Burgos se pressent à l'abri d'un pic conique : le Gocèano. La localité, fondée en 1353 par Mariano d'Arborea, est dominée par les ruines du

Le village de Burgos est dominé par un château du XIIe siècle

Les chevaux nains de Giara dans la Foresta di Burgos

château de Burgos, construit en 1127. Au Moyen Âge, il fut le théâtre de nombreuses batailles entre les principautés sardes et des colons venus du continent. C'est de ce château qu'en 1478, les soldats d'Artaldo di Alagon se rendirent à la bataille de Macomer, qui marqua la fin de l'indépendance sarde et le début de la domination aragonaise. À l'intérieur de la première enceinte, des fortifications ceignent une tour restaurée. On accédait autrefois à cette dernière par un escalier en bois, que l'on pouvait remonter en cas de siège.

San Nicola, près d'Ottana

Aux environs : La **Foresta di Burgos**, à 5 km au nord-ouest de Burgos, est une zone boisée bien préservée, avec des chênes verts, des chênes-lièges, des cèdres, des conifères et quelques châtaigniers. Les chevaux nains de Giara, qui ont contribué à la notoriété de la région, y paissent dans des prés clôturés.

Ottana ❺

Carte routière C3. 🏛 2 609. 🛈 mairie (0784-758 30). 🎭 carnaval.

O ttana est un village de la vallée du Tirso, non loin de la Barbagia di Ollolai. Au Moyen Âge, le bourg était un important centre religieux. Au sud d'Ottana, ce qui est aujourd'hui l'église **San Nicola** était jadis la cathédrale du diocèse. Elle fut construite en 1150 dans un style roman austère, révélant une forte influence pisane. L'intérieur abrite un polyptyque du XIVe siècle représentant la Vierge entourée de l'évêque d'Ottana et de Mariano d'Arborea, comte de Gocèano. Ne manquez pas non plus le crucifix en bois du XVIe siècle dans l'abside. Presque abandonnée au XVIe siècle en raison d'une épidémie de malaria, Ottana a été choisie dans les années 70 pour devenir une zone de développement industriel, sous la houlette de l'ENI, la société nationale des pétroles. Toute-

fois, les usines implantées n'ont pas encore apporté les bénéfices escomptés, et de graves problèmes écologiques risquent de faire échouer le projet.

Le carnaval est une fête très populaire à Ottana : les habitants, vêtus de peaux de moutons, portent des cloches et des masques de taureaux *(p. 29)*.

Ollolai ❻

Carte routière C3. 🏛 1 760. 🛈 mairie (0784-514 99). 🎭 24 août : San Bartolomeo.

Habitants d'Ottana déguisés à l'occasion du carnaval

L'asphodèle est utilisé dans la vannerie traditionnelle à Ollolai

A u Moyen Âge, ce village était le centre administratif de la Barbagia di Ollolai, une région qui couvrait le nord de la Barbagia. Le déclin de la localité commença en 1490, après un terrible incendie qui la détruisit pratiquement dans sa totalité. Aujourd'hui, elle est redevenue un petit village.

Quelques maisons anciennes, aux encadrements de pierre sombre typiques, sont visibles dans le vieux centre et le village compte encore des artisans qui confectionnent dans leurs cours les paniers traditionnels en asphodèle.

Aux environs : À l'ouest d'Ollolai, non loin, l'église **San Basilio** accueille une fête religieuse rurale traditionnelle le 1er septembre. Une route difficile grimpe jusqu'au sommet de S'Asisorgiu (1 127 m). De là, la vue sur les montagnes est superbe. Le sommet de ce massif est surnommé la « fenêtre de la Sardaigne ».

Sarule, au milieu des montagnes

Sarule ❼

Carte routière C3. 👥 *2 017.* ℹ️
mairie (0784-760 17). 🗓 *8 sept. :*
Madonna di Gonare.

Sarule est un village
d'origine médiévale, riche
d'une longue tradition de
fabrication de tapis. Dans la
rue principale, on peut voir
les ateliers où ces étoffes
colorées aux motifs stylisés
sont tissées sur d'anciens
métiers verticaux avant d'être
vendues.

Perché sur un éperon au-
dessus du village, **Nostra
Signora di Gonare** est l'un
des sanctuaires les plus sacrés
de Sardaigne. L'église fut
construite au XIIIe siècle pour
le souverain de la principauté,
Gonario II di Torres. Au
XVIe siècle, elle était déjà un
lieu de pèlerinage célèbre.
Le sanctuaire a été agrandi
au XVIIe siècle ; on lui a alors
adjoint des contreforts
austères en pierre sombre.

La route difficile qui rejoint
Nostra Signora di Gonare part
vers l'est de Sarule et grimpe
sur les versants du Monte
Gonare pendant 4 km.
Quantité d'oiseaux vivent là,
notamment des perdrix, des
tourterelles, des pics, des
pies-grièches et divers
oiseaux de proie. La forêt est
constituée de chênes verts et
d'érables. Au printemps, le
sous-bois se couvre de
cyclamens, de pivoines et de
belles-de-jour aux couleurs
chatoyantes. La route s'arrête
à une clairière avec des
maisons de pèlerins
(cumbessias) d'où part un
sentier. Il serpente vers les
hauteurs, traversant la forêt
de chênes verts pour arriver
au sanctuaire. De là, la vue
sur le Monte Ortobene qui
veille sur Nuoro, sur le Monte
Corrasi, près d'Oliena, et sur
le massif du Gennargentu, au
loin, est magnifique.

Du 5 au 8 septembre, des
fêtes transforment Nostra
Signora di Gonare en un lieu
très animé, où des pèlerins
affluent à pied depuis les
villages environnants. Outre
les célébrations religieuses,
on y assiste à une course
de chevaux, et la place
résonne des lectures de
poèmes et des chants sacrés
en dialecte local.

**Nostra Signora di Gonare,
à Sarule**

Mamoiada ❽

Carte routière D3. 👥 *2 618.* ℹ️
mairie (0784-566 25). 🗓 *17 janv.,*
dim. de carnaval et mardi gras :
procession des Mamuthones.

Entre les bâtiments modernes
de la rue principale, on
aperçoit quelques constructions
anciennes, peut-être d'origine
aragonaise. En 1770, le bourg
fut cité par le vice-roi de Savoie
comme un endroit digne
d'intérêt, comprenant quantité
de vignobles et un nombre
exceptionnel de moutons.
Aujourd'hui encore, lors de la
transhumance d'été, les troupeaux partent sur les versants

FÊTES TRADITIONNELLES DE LA BARBAGIA

S'Incontru, la procession qui traverse les rues d'Oliena
le jour de Pâques, commémore la résurrection
du Christ et sa rencontre avec Marie de
Magdala. À cette occasion, et lors des
festivités en l'honneur de San
Lussorio, le 21 août, vous
pourrez admirer les costumes traditionnels colorés et
voir une impressionnante
troupe de cavaliers traverser
les rues.
À Mamoiada, les célébra-
tions animées de la nuit de
Sant'Antonio Abate
(17 janvier), de Mardi gras et
de la dernière nuit du

La procession de *S'Incontru*

carnaval se déroulent autour des personnages des *Issohadores*
et des *Mamuthones*. Ces derniers portent des masques à
l'expression tragique et des costumes de berger. Des
cloches de vache sont attachées sur leur dos. Elles sonnent au rythme
de leurs pas, à mesure qu'ils traversent le village pour
rejoindre la place
principale, où l'on
joue de la musique et
danse toute la nuit.
Les *Issohadores*, avec
leurs gilets rouges,
sont plus hauts en
couleurs : ils
« capturent » des
spectateurs pour les
entraîner dans le
cercle des rondes
traditionnelles
(p. 25).

***Mamuthones* au carnaval de Mamoiada**

Rue typique d'Oliena

de la Barbagia di Ollolai. Reste que Mamoiada est plus connue pour les masques sombres et menaçants des *Mamuthones*, portés pour la fête de Sant'Antonio Abate (17 janvier), le dimanche de carnaval et, surtout, le jour de Mardi gras, pendant le carnaval le plus réputé de la Barbagia *(p. 29)*.

AUX ENVIRONS : Le **Santuario di San Cosimo** se trouve à environ 5 km au sud-ouest de Mamoiada, sur une route secondaire menant à Gavoi. Cette église rurale typique est entourée de *cumbessias*, ces hébergements pour les pèlerins. L'église actuelle, du XVIIᵉ siècle, est à nef unique. À l'extrémité de celle-ci, des travaux de restauration ont récemment permis de mettre au jour une niche aragonaise avec des colonnes et une architrave en pierre volcanique.

À 6 km plus au sud se trouve le **Santuario della Madonna d'Itria**, une église imposante avec des *cumbessias*, autour de laquelle se tient, le dernier dimanche de juillet, une course de chevaux appelée *Sa Carrela*.

Oliena ❾

Carte routière D3. 🚌 *7 732.* ℹ️ *mairie (0784-28 75 23).* 🎭 *matin de Pâques : S'incontru ; 21 août : San Lussorio.*

L'arrivée de nuit à Oliena, par la route nord depuis Nuoro, est un spectacle inoubliable. Les lumières de la ville scintillent au pied de la masse blanche abrupte du Supramonte, qui

s'étend à l'est vers le Golfo di Orosei. Les environs sont plantés de vignobles qui donnent le Cannonau, célèbre vin sarde.

Dans les ruelles, on découvre quelques maisons anciennes aménagées autour de cours, avec des escaliers extérieurs, des pergolas et des intérieurs colorés. La ville compte aussi plusieurs édifices religieux, tels que l'église **Santa Croce**, qui serait la plus ancienne d'Oliena. Reconstruite au XVIIᵉ siècle, elle présente un clocher décoré d'un étonnant motif de trident.

Le **collège jésuite**, sur le Corso Vittorio Emanuele II, est un témoignage de l'arrivée de l'ordre religieux à Oliena. À compter du XVIIᵉ siècle, les jésuites contribuèrent au développement économique de la ville, encourageant la viticulture et l'élevage de vers à soie. L'église **Sant'Ignazio di Loyola**, qui jouxte le collège, recèle des statues en bois de saint Ignace (Sant'Ignazio) et de saint François Saverio (San Francesco Saverio), ainsi qu'un retable représentant saint

Christophe (San Cristoforo). Si Oliena est connue pour son vin de qualité, elle l'est aussi pour ses bijoux, ses gâteaux et les costumes traditionnels des femmes, comportant un châle noir tissé d'or et d'argent, et un corsage bleu clair.

Deux fêtes importantes, s'achevant par des processions spectaculaires, se tiennent à Oliena : San Lussorio en août et *S'Incontru* le matin de Pâques.

AUX ENVIRONS : Au sud d'Oliena, plusieurs randonnées sont proposées sur les rochers escarpés du **Supramonte di Oliena**. En partant du refuge du Monte Maccione, vous pourrez traverser la chaîne montagneuse et descendre dans la vallée de la Lanaittu.

Les sources de **Su Gologone** jaillissent à 8 km à l'est d'Oliena. L'eau, qui s'est frayé un chemin dans la roche, est délicieusement fraîche en été ; elle se transforme en torrent glacial et rugissant en hiver. Su Gologone est la plus grande source de Sardaigne, avec un débit moyen de 300 litres à la seconde. Dans le cadre boisé enchanteur tout autour, des emplacement ombragés réjouiront les amateurs de pique-niques.

Depuis des années, les spéléologues explorent la **Grotta Sa Oche**, une grotte souterraine des monts Supramonte. Tous les ans, des plongeurs progressent plus profondément dans le massif du Supramonte pour tenter de comprendre ce phénomène naturel.

Les sources de Su Gologone, au pied du Supramonte

Tiscali ❿

Voici un peu plus d'un siècle, des bûcherons qui traversaient le massif montagneux dominant la vallée de la Lanaittu découvrirent un peuplement nuragique caché dans les profondeurs d'un gigantesque gouffre du Monte Tiscali. Le village de Tiscali, qui fut habité jusqu'à l'invasion romaine, est constitué d'habitations rondes en pierre, avec des portes et des toits en bois de genévrier. Resté à l'abandon durant des siècles, le site est très endommagé, mais il n'en reste pas moins l'un des témoignages les plus passionnants de la culture nuragiques de Sardaigne, notamment grâce à son emplacement exceptionnel. L'ascension jusqu'à Tiscali est certes fatigante, mais elle n'est pas difficile.

Le sentier menant au village
Il est balisé par des marquages rouges et blancs sur les rochers.

Le gouffre étant privé de source, les habitants du village recueillaient l'eau coulant sur les parois.

Les habitations
Parmi les rochers éboulés et les ruines, on distingue encore des habitations nuragiques circulaires.

Maquette de bronz
Le Museo Archeologico de Cagliari (p. 58) *possède une maquette des habitations.*

Vue du Monte Tiscali
*Le village nuragique de Tiscali, caché à l'intérieur de la
montagne de même nom, culminant à 518 m d'altitude,
a été découvert au XIXᵉ siècle. Les fouilles
archéologiques n'ont commencé que bien
des années après.*

MODE D'EMPLOI

Carte routière D3. ☐ *de 9 h à
19 h (d'oct. à mai : 17 h).* 🏛 📷
ℹ️ *mairie de Dorgali (0764-961 13)
ou Pro Loco, Dorgali (0784-962 43).
Le refuge de Monte Maccione, à
Oliena, organise des excursions et
des randonnées.* 📞 *0784-28 83 63.*

L'entrée du gouffre
*Le terrain accidenté et les parois abruptes du site
constituaient une excellente protection.*

Les toits étaient
en bois de
genévrier.

COMMENT Y ALLER

*D'Oliena, prenez la route vers
l'est, direction Dorgali. Après
environ 5 km, tournez à droite
vers Su Gologone. Juste avant
l'hôtel du même nom (p. 175),
prenez la piste à gauche, vers la
plaine de la Lanaittu. Continuez
dans le fond de la vallée (sur la
gauche), jusqu'à ce que la route
devienne impraticable en voiture.
Des marquages rouges et blancs
sur les rochers et sur les arbres
balisent le chemin de randonnée
jusqu'au gouffre de Tiscali.
Comptez environ une heure
de marche.*

*Pour les autres excursions dans
la région, il est préférable d'être
accompagné d'un guide. C'est le
cas pour le gigantesque ravin de
Gole di Su Gorroppu, les grottes
de Su Bentu, Sa Oche et S'Elicas
Artas, ou la descente dans la
vallée de Codula di Luna (p. 85).*

Les murs étaient
formés de blocs de
calcaire.

LE VILLAGE NURAGIQUE DE TISCALI
*Cette reconstitution montre ce à quoi devait ressembler le village.
Une ouverture en cratère dispensait la lumière naturelle et les
marches descendant depuis l'entrée permettaient un accès facile.*

PEINTURES MURALES DE SARDAIGNE

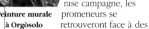

Les peintures murales ont fait leur apparition à Orgòsolo dans les années 60, ornant rapidement quantité de bourgs et de villages sardes. Les plus célèbres se trouvent à San Sperate *(p. 62)*, où vit l'artiste Pinuccio Sciola. Les thèmes de ce genre artistique sont d'inspiration satirique, politique ou sociale. Le style des peintures varie considérablement, mais elles affichent toujours des couleurs vives. Même en rase campagne, les

Peinture murale à San Sperate

Peinture murale à Orgòsolo

promeneurs se retrouveront face à des visages, des silhouettes, des mains et des regards pénétrants peints sur les pierres, les rocs et les parois rocheuses. L'Associazione Italiana Paesi Dipinti (Association italienne des contrées peintes) protège les localités ainsi décorées, assure leur promotion et encourage les échanges culturels entres régions.

Rocher peint près d'Orgòsolo

Orgòsolo ⓫

Carte routière D3. 🏠 *4 741.* 🚌
mairie (0784-40 21 26). 🗓 *1er dim.
de juil. : Sant'Anania ; 15 août :
Assomption (Festa dell'Assunta)*

Ce village typique de l'arrière-pays a souvent été comparé à un nid d'aigle ou à une forteresse. Les villageois ont la réputation d'être des bergers rudes et robustes, fiers de leur mode de vie et de leurs traditions. Dans son film *Bandits à Orgòsolo*, Vittorio De Seta a dépeint, dans les années 60, la vie âpre de ces hommes et leur défiance vis-à-vis de l'État. Le grand intérêt manifesté par les Sardes pour les questions sociales et politiques transparaît également à travers les centaines de peintures ornant les murs et les rochers des environs d'Orgòsolo. Ces œuvres ont pour sujet la vie difficile des bergers, leur lutte pour conserver leurs terres, les traditions sardes et les injustices commises dans d'autres régions du monde.

Des maisons de pierre, simples et basses, bordent les rues étroites et escarpées, et quelques rares bâtiments ont gardé des éléments architecturaux anciens. Dans le Corso Repubblica, l'église **San Pietro** a conservé son

clocher du XVe siècle. Certaines femmes portent toujours le costume traditionnel, composé d'un tablier de couleur brodé de motifs géométriques et d'un foulard jaune safran.

En été, deux fêtes locales attirent beaucoup de visiteurs. Il s'agit de la fête de l'Assomption, le 15 août, et de la fête de Sant'Anania, le premier dimanche de juin.

AUX ENVIRONS : L'église **Sant'Anania**, du XVIIe siècle, est située juste à la sortie d'Orgòsolo. Elle a été construite à l'emplacement où les reliques du saint auraient été découvertes. Orgòsolo est un point de départ idéal pour des excursions dans le massif du Supramonte, avec ses pâturages entrecoupés de forêts de chênes. Une route mène à la **Funtana Bona**, à 18 km au sud d'Orgòsolo. Cette source jaillit à 1 082 m d'altitude, au pied du sommet de calcaire du **Monte Novo San Giovanni**, qui culmine à 1 316 m. De là, il est possible de rejoindre la **Foresta di Montes**, une forêt de chênes verts qui s'étend vers le sud.

Tête d'ange sculptée, San Gavino, Gavoi

Gavoi ⓬

Carte routière C3. 🏠 *3 050.* 🚌
mairie (0784-531 20). 🗓 *dernier
dim. de juil. : festival rural à la
Madona d'Itria ; 2e dim. après
Pâques : Sant'Antioco.*

Durant des siècles, ce village a été renommé pour ses harnais et ses brides. Aujourd'hui, il est plus connu pour son fromage, notamment le *pecorino fiore sardo*, au lait de brebis *(p. 181)*. Le centre est dominé par la façade rose de l'église **San Gavino**, du XIVe siècle, qui borde la place du même nom. De là partent les rues les plus anciennes et les plus typiques. Une promenade permet de découvrir des constructions historiques aux façades de pierre sombre et aux balcons fleuris, comme le bâtiment à deux étages de la Via San Gavino.

La petite église **Sant'Antioco**, dans le haut du bourg, recèle des dizaines d'ex-voto en filigrane d'or et d'argent accrochés aux murs ainsi qu'une belle statue du saint, dont la fête est célébrée le deuxième dimanche après Pâques.

Le Lago di Gusana vu de Gavoi

Fonni ⑬

Carte routière D3. 🚶 *4 543.* 🏛
mairie (0784-570 22). 📅 *1ers dim.*
et lun. de juin : Madonna dei Martiri.

Situé à 1 000 m d'altitude,
Fonni est l'une des localités
les plus élevées de Sardaigne.
Son économie repose sur le
tourisme et sur les produits
traditionnels, comme les
confiseries, les tissus et les
tapis, réputés pour leur
qualité. Bien que les
constructions récentes aient
légèrement altéré le charme
du bourg, il continue à
donner l'impression de jaillir
véritablement de la montagne.
   Le couvent franciscain de la
Madonna dei Martiri, qui
date du XVIIe siècle, se trouve
à la limite du village. À
l'intérieur, allez voir la
curieuse statue de la Vierge,
réalisée avec des morceaux
de sculptures romaines.
   La principale fête de Fonni
se tient à la mi-juin ; elle
célèbre le retour des bergers
et de leurs troupeaux des
pâturages d'hiver.
   À 4 km à l'ouest du bourg,
la route en direction de Gavoi
longe le **Lago di Gusana**, un
grand lac artificiel. Ses rives
paisibles, bordées de chênes
verts, en font un agréable lieu
de promenade.

Teti ⑭

Carte routière C4. 🚶 *872.* 🏛
mairie (0784-680 23). 📅 *3e dim. de*
sept. : San Sebastiano.

Cramponné aux montagnes
qui dominent le Lago di
Cucchinadorza, le village se
distingue par son petit musée,
le **Museo Archeologico
Comprensoriale**. Géré par
une équipe jeune et dynami-
que, il propose une présentation claire et détaillée de
l'histoire des peuplements
nuragiques de la région
(en particulier du village de
S'Urbale et de l'enceinte
sacrée d'Abini). Les vitrines
renferment des trouvailles
mises au jour lors des fouilles,
et notamment des objets du
quotidien. Une salle contient
une reconstitution d'une
habitation ronde d'environ
1000 av. J.-C., avec à
l'intérieur des
outils pour filer,

**Statuettes en bronze
découvertes à Teti, Cagliari,
Museo Archeologico**

des récipients, des hachettes
et des meules en granit. Au
centre de la maison, on voit
la partie qui était utilisée
comme foyer.
   L'étage inférieur accueille
des expositions temporaires
sur la culture et les traditions
locales, comme les costumes
et l'artisanat.

AUX ENVIRONS : À 1 km
environ au sud-ouest de Teti
se trouve l'entrée du site
archéologique nuragique de
S'Urbale. Il reste de ce village,
qui fut habité de 1200 à 900
av. J.-C., les ruines d'une
trentaine d'habitations. Abini,
autre village nuragique, se
situe à 10 km au nord de Teti.

🏛 **Museo Archeologico
Comprensoriale**
📞 *0784-681 20.* 🕐 *de 9 h à 13 h*
et de 15 h à 18 h du mar. au dim. ♿

FORESTA DI MONTES

Au pied du Monte Novo
San Giovanni et du Monte
Fumai s'étend la plus
grande forêt de chênes
verts d'Europe. Si, dans le
passé, beaucoup d'arbres
ont été détruits par des
incendies (souvent allumés
par des bergers pour créer
des pâturages), la refo-
restation permet désormais
à la forêt de gagner à

Le Monte Novo San Giovanni

nouveau en superficie. Elle
attire des visiteurs de toute
l'île. Même dans la chaleur de l'été, une promenade dans la
région et sur le plateau autour du cours de l'Olai, à l'ombre
des arbres, est très agréable. Les promeneurs y verront peut-
être des moutons et des cochons sauvages, ainsi que des
asphodèles en fleurs. Autour du centre forestier de la Funtana
Bona, de nombreux sentiers de randonnée permettent de
faire de la marche et du VTT.

Le sanctuaire rural de San Mauro, près de Sòrgono

Sòrgono ⓯

Carte routière C4. 🚗 2 082.
🅘 mairie (0784-601 17).
🎏 26 mai : San Mauro.

Fontaine pisane de Sòrgono

Centre administratif de la région de Mandrolisai, Sòrgono est une localité importante depuis l'époque romaine. Les terres aux alentours font l'objet d'une culture intensive. Les vergers y sont nombreux et c'est là que se trouvent les vignobles fournissant le célèbre Cannonau (*p. 182*).

Dans le village, deux monuments, quoique plutôt décrépits, méritent une visite : la **Casa Carta**, du XVIIe siècle, avec sa fenêtre aragonaise typique, et la fontaine médiévale d'origine pisane.

À l'ouest du bourg se trouve le plus vieux sanctuaire rural de Sardaigne, qui est aussi le plus intéressant : le **Santuario di San Mauro**. L'église imposante est entourée des *cumbessias* traditionnelles, ces maisons où logeaient les pèlerins. L'édifice mêle éléments architecturaux locaux et de style gothico-aragonais. Un bel escalier gardé par deux lions de pierre mène à l'entrée, au milieu de la façade de trachyte grise, où s'ouvre une belle rose gothique. Nombreuses sont les pierres de l'église marquées d'une inscription. Certaines ont plusieurs siècles, d'autres sont plus récentes.

L'intérieur de San Mauro, voûté, est interrompu uniquement par l'arc triomphal, qui sépare la nef du chœur, où se trouvent un autel baroque et plusieurs statues.

Divers bâtiments sont venus s'ajouter à l'église d'origine. Ils étaient destinés à l'hébergement et à la restauration des pèlerins, notamment pour la fête de San Mauro. Ce jour-là se tenait autrefois l'une des plus grandes foires au bétail et aux chevaux de Sardaigne, sur le domaine du Santuario.

Non loin de l'église, la **Tomba dei Giganti di Funtana Morta** (tombe des Géants) et, sur une colline dominant l'église, le **nuraghe Talei**, construit avec de grands blocs de granit et en partie intégré à la roche, valent tous les deux le détour.

Làconi ⓰

Carte routière C4. 🚗 2 426.
🅘 mairie (0782-86 90 20).

Làconi s'est construit autour d'un éperon rocheux du massif de Sarcidano, offrant une vue panoramique de la campagne environnante. Les ruines du **Castello Aymerich**, dans le parc dominant le bourg, sont un autre trait frappant du paysage. De la forteresse d'origine, construite en 1053, seule une tour a été conservée. Le reste du château est composé d'ajouts ultérieurs : le hall date du XVe siècle et le portique du XVIIe. Le parc, magnifique, comprend un jardin botanique et une cascade. C'est une destination très appréciée pour les promenades et les pique-niques.

À Làconi, où résidaient les suzerains locaux, se trouve un bâtiment néo-classique construit durant la première moitié du XIXe siècle par l'architecte Gaetano Cima de Cagliari : le **Palazzo Aymerich**. Près de l'église paroissiale du XVIe siècle, le petit musée **Sant'Ignazio da Làconi**, installé dans la maison où le saint vécut durant la seconde moitié du XVIIIe siècle, vous ouvre ses portes. La place est également ornée d'un monument qui lui est dédié.

AUX ENVIRONS : La région compte beaucoup de vestiges préhistoriques, comme les menhirs anthropomorphes, ces blocs de pierre sculptés de traits humains. Vous pourrez en voir à Perda Iddocca et à Genna 'e Aidu ; il est conseillé de se faire accompagner d'un guide.

Ruines du Castello Aymerich, à Làconi

La voie ferrée Cagliari-Sòrgono ⓱

L e trajet en train entre Cagliari et Sòrgono permet d'aborder paisiblement les contreforts du massif du Gennargentu (le trajet prend quatre heures et demie, contre deux en voiture). Ce train à voie étroite, qui parcourt un itinéraire pittoresque dans les montagnes, est également l'occasion d'un voyage dans le temps. L'écrivain anglais D. H. Lawrence décrit ce périple dans son livre *La Mer et la Sardaigne* (1921). Sur le premier tronçon, jusqu'à Mandas, le train traverse les collines de Trexenta. Il grimpe ensuite jusqu'au relais d'Ortuabis, une région à la végétation dense sur un arrière-plan de montagnes, et poursuit au-delà de Belvì dans une forêt de bruyères arbustives.

Une végétation luxuriante et des cascades jalonnent le tronçon Làconi-Meana.

Autour du village de Meana Sardo, aux maisons de pierre, une végétation touffue tapisse les vallées. L'église paroissiale, San Bartolomeo, possède une façade Renaissance. Dans les environs se trouvent plusieurs nuraghi.

Des forêts de châtaigniers et de coudriers couvrent les contreforts du Gennargentu. Près de la gare de Belvì, vous pourrez visiter le Museo di Scienze Naturali (p. 110).

Làconi est une destination touristique très appréciée du Sarcidano.

La cathédrale San Pantaleo de Dolianova est un bâtiment roman construit par les Pisans. À l'intérieur, les fonts baptismaux, du Ve ou du VIe siècle, sont des vestiges d'une basilique paléochrétienne.

0   10 km

CARNET DE ROUTE

ℹ Ufficio Orari e Concessioni (070-58 00 75). ⬜ de 8 h à 14 h du lun. au sam. **Horaires des trains :** de sept. à avril, de Cagliari, 6 h 40, 8 h (dim. et jours fériés) ; de Sòrgono, 15 h 55 ; – de mai à août, de Cagliari, 5 h 49, 6 h 49, 13 h 52 ; de Sòrgono, 5 h 01, 17 h 05. 🈂

LÉGENDE

▬▬ Itinéraire du train
▬▬ Voie express
▬▬ Route principale
▭▭ Route secondaire
— Cours d'eau

Sòrgono
Belvì
Aritzo
Meana Sardo
Làconi
Nurallao
Ìsili
Màndas
Lago Mulargia
Senorbì
Dolianova
Cagliari

N128 N295 N198 N547 N387 N541 N131 N466 N130

Canoë sur la Flumendosa, près d'Aritzo

Aritzo ⑱

Carte routière C4. 🏠 *1 633.* 🚩 *Pro Loco (0784-62 98 08).* 🎭 *2ᵉ dim. d'août : Sant'Isidoro.*

Le petit village d'Aritzo était connu autrefois pour sa neige qu'on vendait en été à prix d'or, emballée dans des caisses entourées de paille et transportée aux quatre coins de l'île. Sous la domination aragonaise, Aritzo eut le privilège d'être gouverné par ses habitants.

Il reste un grand nombre de vestiges de la vieille ville. Certaines maisons ont conservé leur façade de pierre typique et leur long balcon en bois. La **Casa degli Arangino**, de style néo-gothique, tout comme l'impressionnante **prison d'Aritzo**, du XVIIᵉ siècle, dans la Via Maggiore, valent le coup d'œil.

Si le commerce de la neige ne se pratique plus, la fabrication traditionnelle de meubles en bois, comme les coffres de mariage sculptés à la main, qui sont vendus dans les ateliers des artisans, a perduré.

Avec son climat de qualité, son altitude élevée et son panorama sur les montagnes environnantes, Aritzo est une destination touristique très appréciée en été. Les rodéos qui se tiennent hors de la ville attirent beaucoup de visiteurs, et des randonnées à pied et à cheval sont proposées dans le massif du Gennargentu et dans la vallée de la Flumendosa. Il est aussi possible de découvrir la rivière en canoë.

Coffre de mariage, artisanat d'Aritzo

AUX ENVIRONS : Au nord d'Aritzo jaillit le **Tacco di Texile**, un pic vertical en calcaire de 975 m de haut, en forme de champignon. De là, la vue sur les montagnes de la Barbagia est splendide.

Au Moyen Âge, saint Efisio vécut dans la région. Durant de nombreuses années, il y prêcha et il finit par convertir les habitants au christianisme.

Belvì ⑲

Carte routière C4. 🏠 *802.* 🚩 *Pro Loco (0784-62 92 16).* 🎭 *28 août : Sant'Agostino.*

Ce village installé sur les hauteurs domine la vallée de l'Iscra qui regorge de noisetiers et de vergers.

Par le passé, il fut certainement un important centre de négoce, dans la mesure où la région environnante, la Barbagia di Belvì, a adopté son nom.

Le train à voie étroite qui relie Cagliari à Sòrgono longe la route, près du village (*p. 109*).

Celui-ci compte encore quelques maisons anciennes. L'une d'elles, dans la rue principale, la Via Roma, abrite le **Museo di Scienze Naturali e Archeologiche** (musée de sciences naturelles). Fondé dans les années 80 par une poignée de passionnés (dont un naturaliste allemand qui vécut presque dix ans à Belvì), ce musée possède un passionnant département de paléontologie et de minéralogie.

Il organise des expositions temporaires lors desquelles on peut voir sa collection d'insectes et d'animaux sardes.

🏛 **Museo di Scienze Naturali e Archeologiche**
Via Roma 17. 📞 *0784-62 92 16.* 🕐 *de 8 h à 11 h et de 15 h à 17 h t.l.j.* 🦽

Des rodéos ont lieu près d'Aritzo

Vue de Dèsulo

Dèsulo ⑳

Carte routière C4. 🏠 *3 153.* 🛈 *Pro Loco (0784-61 98 87).* 🎭 *2ᵉ dim. de Pentecôte : Corpus Domini.*

Perché à 895 m sur les versants du massif du Gennargentu, le village ne fut ni christianisé ni gouverné par des étrangers avant le VIIᵉ siècle. Malheureusement, un urbanisme anarchique a eu raison de quasiment toutes les anciennes maisons en schiste. En revanche, on voit encore des villageois portant le costume traditionnel.

L'économie locale repose sur l'élevage des moutons et sur une vieille coutume : la culture des châtaignes. Récemment encore, les villageois, versés dans le travail du bois, faisaient les marchés et les foires de toute l'île pour y vendre leurs cuillères, leurs planches à découper et d'autres objets faits à la main, ainsi que des châtaignes.

Sant'Antonio Abate, l'église paroissiale, ainsi que la **Madonna del Carmelo** et **San Sebastiano** méritent la visite. Elles sont ornées de statues en bois polychromes sculptées datant du milieu du XVIIᵉ siècle. Toutefois, le principal attrait du village réside dans son cadre enchanteur et dans les vues imprenables du plus haut sommet de l'île. La région pourrait prochainement être classée parc national, pour être rattachée à celui du

Gennargentu. Dèsulo est une destination bien connue des randonneurs courageux souhaitant s'attaquer au Gennargentu et à la Punta La Marmora *(p. 82)*. Les randonneurs et les alpinistes se faisant de plus en plus nombreux, plusieurs hôtels et auberges destinés plus particulièrement à ce nouveau type de visiteurs ont vu le jour.

Tonara ㉑

Carte routière C4. 🏠 *2 538.* 🛈 *mairie (0784-638 23).* 🎭 *2ᵉ dim. d'août : Sagral del Torrone.*

Dans le passé, l'économie de Tonara reposait essentiellement sur ses châtaignes, sur ses noisettes et sur d'autres produits caractéristiques des régions montagneuses. Depuis que les touristes ont découvert ce côté de la montagne, le village est renommé pour sa production de cloches de vaches, de *torrone* (nougat) et de tapis tissés à la main. Lors des fêtes célébrées sur la place du village, des forgerons

Marrons

réalisent les célèbres cloches de Tonara en martelant le métal sur des pierres. Les habitants se feront un plaisir de vous indiquer où voir des artisans à l'ouvrage et où acheter des tapis traditionnels. Dans les maisons de bergers, inchangées depuis plus d'un siècle, règne encore l'atmosphère typique des villages de montagne.

Tonara est un bon point de départ pour les excursions dans le Gennargentu. L'une des plus intéressantes est la randonnée de la **Punta Mungianeddu** (1 467 m), dans les forêts de chênes verts et de châtaigniers, qui rejoint le sommet.

Pierre utilisée pour façonner les cloches de vaches à Tonara

LE NOUGAT SARDE

Le nougat (*torrone* en italien) est l'une des confiseries traditionnelles les plus répandues dans le centre de la Sardaigne. Pas de foire ou de fête locale qui n'aient des stands proposant le délicieux nougat dur fabriqué à Tonara, à Dèsulo ou dans un autre village montagnard. Les principaux ingrédients du nougat sont les amandes, les noix, les noisettes, différentes qualités de miel et le blanc d'œuf (on utilise parfois aussi le jaune). La cuisson, pendant laquelle le mélange doit être remué en permanence, dure plus de cinq heures. La différence entre les nougats provient du type de miel utilisé, du parfum des noix ou du nombre d'œufs. Il existe une foule de fabricants de nougats et, quelle que soit la taille des ateliers, les visiteurs sont toujours les bienvenus pour assister à sa préparation et pour choisir celui qu'ils préfèrent. On vous en découpera un morceau sous vos yeux. La Signora Anna Peddes, au nº 6 de la Via Roma, à Tonara, propose des nougats particulièrement délicieux et parfumés.

Fête du nougat à Tonara

LA CÔTE OUEST

Tous les ans, des milliers de flamants viennent passer l'hiver dans les marécages et les étangs de l'ouest de la Sardaigne, formant de véritables nuages roses qui se détachent sur le vert du maquis. Année après année, sur la côte battue par le mistral, les vents puissants ont façonné d'imposantes dunes.

Des millénaires durant, les abris naturels et les terres fertiles de la région ont attiré les bateaux étrangers. Les Phéniciens utilisèrent les ports de Sulki et Tharros, et exploitèrent l'obsidienne du Monte Arci. Les Romains et les Espagnols laissèrent leur empreinte à Bosa, ces derniers transformant Alghero en une véritable ville catalane.

La région d'Oristano est l'un des plus grands marais d'Europe. Le flux des eaux du Tirso et l'action du mistral sont responsables de cet écosystème particulier. Au cours des siècles, poussé par les vents d'ouest, le sable s'est accumulé à l'embouchure du fleuve, formant des dunes et bloquant l'écoulement de l'eau vers la mer. Au début du siècle, ces marécages étaient infestés de moustiques véhiculant le paludisme. Grâce au programme d'assainissement des terres entrepris dans les années 30 et à la campagne antimalaria financée par la fondation Rockefeller, ces terres peuvent aujourd'hui être cultivées sans risque. C'est désormais l'une des régions les plus fertiles de Sardaigne, qui produit des légumes de primeur vendus dans toute la péninsule italienne, des olives et des agrumes. Les environs d'Oristano et les bords de mer de la région de Sinis sont riches en vignobles donnant du vin blanc, le Vernaccia. La côte est très belle – de petites plages et des stations balnéaires sont blotties contre les dunes de sable, à l'ombre d'épaisses pinèdes. Plusieurs plages sont parsemées de lis sauvages. Certaines falaises du littoral, escarpées et rocheuses, ne peuvent être atteintes qu'en bateau, ou au prix de longues randonnées.

La ville historique de Bosa, vue du Temo

◁ **Dériveur au large de la côte de Stintino**

À la découverte de la côte ouest

La côte occidentale permet une foule d'activités, depuis les visites touristiques jusqu'au farniente sur les plages d'Is Arenas, Is Arutas ou Bosa Marina. On y trouve de vastes réserves naturelles peuplées d'animaux sauvages, et des villes fortifiées avec des édifices romans. Le Vernaccia, célèbre vin sarde, est issu des cépages des vignobles du nord d'Oristano. À Tharros s'étendent les ruines d'une ville côtière phénicienne, fondée au VIIIe siècle av. J.-C. Les sites étant peu éloignés les uns des autres et la contrée peu vallonnée, surtout aux environs de Sinis et de Campidano di Oristano, la région se prête particulièrement aux excursions en vélo. Les marcheurs y trouveront des chemins de randonnée et les amateurs d'équitation emprunteront les pistes cavalières qui convergent vers le centre hippique d'Ala Birdi. Au Capo Caccia, les visiteurs découvriront des grottes qui s'enfoncent pour certaines pendant des kilomètres sous la roche.

Les rochers de calcaire du Capo Caccia et l'île de Foradada

VOIR AUSSI

- *Hébergement* p. 175-176
- *Restaurants et cafés* p. 185-186

Les vestiges de l'ancienne ville phénicienne à Tharros

BOS

SAN SALVATORE

16

Stagno di Cabras

17 *SAN GIOVANNI DI SINIS*

18

THARROS

15 *CABRAS*

GOLFO DI ORISTANO

19 *ORISTANO*

20 *SANTA GIUSTA*

FORDONGIAN

21 *ARBOREA*

ÀLES **24**

Sanluri

Vue de Stintino

LA RÉGION D'UN COUP D'ŒIL

Maison traditionnelle de pêcheur, à San Giovanni di Sinis

CIRCULER

Bien qu'en bon état, la route côtière n'est pas particulièrement rapide, à l'instar des voies reliant les villages et des routes utilisées pour les excursions en montagne. La SS131, appelée route Carlo Felice, relie Oristano à Sassari. D'Oristano, les liaisons ferroviaires vers Cagliari, Olbia et Porto Torres, les principaux ports de ferries, sont bonnes.

LÉGENDE

▬ Voie express

▬ Route principale

▬ Route secondaire

▬ Parcours pittoresque

— Cours d'eau

0   10 km

Alghero pas à pas ❶

Numéro ancien

Au début du XIIᵉ siècle, les Doria, une famille de l'aristocratie génoise, décidèrent d'établir deux places fortes en Sardaigne : Castelgenovese (l'actuel Castelsardo) et Alghero. Cette dernière fut nommée Alquerium (s'Alighera en sarde et l'Alquer en catalan) en raison des grandes quantités d'algues qui poussent au large des côtes. Après une très brève période de domination pisane, Alghero fut conquis par les Aragonais en 1353 et resta toujours la ville la plus espagnole de l'île. Son centre historique est formé par le vieux quartier fortifié. L'économie locale repose sur le tourisme et l'artisanat – bijoux et autres objets en corail.

★ San Francesco
Certaines parties de ce joyau de l'architecture catalane datent de la première moitié du XIVᵉ siècle. En été, le très beau cloître accueille des concerts de plein air

Plaque en catalan
À Alghero, les plaques de rue sont toujours écrites en catalan.

Tour de la Maddalena et remparts

Porta a Terra

PIAZZA CIVICA

MAGELLANO

VIA ROMA

Lungomare
Chaque rue du front de mer (lungomare) porte le nom d'un grand explorateur. Les bâtiments sont peints de couleurs éclatantes.

LUNGOMARE

★ Portail du Duomo
Avec le clocher, le portail sculpté au milieu du XVIᵉ siècle est la partie la plus ancienne de la cathédrale d'Alghero.

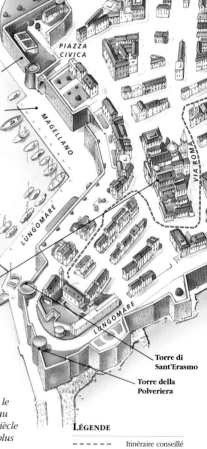

Torre di Sant'Erasmo

Torre della Polveriera

LÉGENDE

- - - - - Itinéraire conseillé

San Michele
*Cette église
baroque recèle
deux autels ornés
de stuc, datant de
la seconde moitié
du XVIIe siècle.*

**Torre
di San
Giovanni**

MODE D'EMPLOI

Carte routière B2. 41 148.
Alghero Fertilia, 24 km N.
079-97 90 54.

Torre dell'Esperò Real
*C'est l'une des tours des remparts.
Elle domine la Piazza Sulis, où bat
le pouls de la ville.*

**Chiesa della
Misericordia**

C. ALBERTO

VIA DELLA MISERICORDIA

COLOMBO

LUNGOMARE

VIA CAVOUR

POLO

Le restaurant *Al Tuguri*
*C'est l'une des meilleures tables de
Sardaigne. Al Tuguri est spécialisé
dans les plats de poisson
accommodés d'après d'anciennes
recettes catalanes.*

**Torre di
San
Giacomo**

La Via Carlo Alberto est
la rue la plus élégante de
la ville. En été, des artisans
y proposent leurs bijoux en
corail aux visiteurs.

**Chiesa del
Carmelo**

0   50 m

★ Remparts
*Ils se déroulent entre la vieille ville et la
mer, et font le bonheur des flâneurs,
surtout le soir.*

À NE PAS MANQUER

★ San Francesco

★ Le portail du Duomo

★ Les remparts

À la découverte d'Alghero

Malgré les importants dommages provoqués par les bombardements alliés lors de la Seconde Guerre mondiale, le cœur de la vieille ville est en grande partie resté intact. Il se découvre aisément à pied. Les routes principales venant de Bosa (au sud) et de Sassari (au nord-ouest) mènent jusqu'à l'enceinte de la ville. Il est conseillé de laisser sa voiture à l'extérieur des remparts pour se promener dans la vieille ville. Fortement influencé par la culture hispanique, Alghero est la plus espagnole des villes sardes. Son dialecte est très proche du catalan : depuis 1970, les plaques des rues sont en italien et en catalan et vous entendrez certainement parler dans les deux langues.

♛ Porta a Terra
Piazza Porta a Terra.
Cette porte du XIVᵉ siècle a désormais l'air bien isolée, car les fortifications qui l'entouraient ont été en grande partie détruites lors du percement de la Via Sassari. Elle était autrefois appelée Torre degli Ebrei (dels Hebreus en catalan), ou tour des Juifs, en raison de l'aide apportée par la communauté hébraïque au roi catalan Pietro III lors de la conquête de la ville. Il s'agissait à l'origine de l'une des deux portes de la ville.

Fenêtre du Palazzo d'Albis

Un pont-levis reliait la Porta a Terra à un grand arc gothique, qui est désormais un monument aux morts. Le rez-de-chaussée abrite un petit centre des expositions.

♛ Torre dell'Esperò Real
Piazza Sulis.
Face à la Piazza Sulis, qui est le cœur de la ville, se dresse l'impressionnante Torre dell'Esperò Real (tour de l'Éperon royal). Elle prit sa forme actuelle au cours de la première moitié du XVIᵉ siècle, pour remplacer d'anciens bâtiments militaires. Cette tour de 23 m de haut comprend plusieurs salles superposées reliées par un escalier en colimaçon.

♛ Lungomare et Forte de la Magdalena
Au couchant, citadins et touristes flânent en bord de mer. En partant du sud, le Lungomare Dante est suivi par le Lungomare Cristoforo Colombo et le Lungomare Marco Polo, avec ses remparts ponctués de tours (la Torre di San Giacomo, le rempart Mirador, la Torre della Polveriera, la Torre de Castilla), qui aboutit au port. Non loin des marches reliant le bord de mer à la Porta a Mare se trouve le Forte de la Magdalena, la principale forteresse espagnole de la ville. Sur les murs, une plaque rappelle le débarquement de Giuseppe Garibaldi à cet endroit, le 14 août 1855.

♛ Palazzo d'Albis
Piazza Civica (Plaça de la Dressana).
Ce palais du XVIᵉ siècle doté de baies géminées en plein cintre est aussi appelé Palazzo de Ferrera. Cet exemple rare d'architecture civile catalane accueillit l'empereur Charles Quint en octobre 1541, alors

La vieille ville d'Alghero

qu'il était en route pour Alger. Le souverain ne tarit pas d'éloges sur la ville. La tradition veut qu'il se soit adressé à la population depuis le balcon du Palazzo d'Albis, pour louer la ville en ces termes : *Bonita, por mi fé, y bien assentada* (« Belle, par ma foi, et bien solide »). Il aurait encore dit aux habitants : *Estade todos caballeros* (« Vous êtes tous des gentilshommes »). Le séjour du monarque s'acheva par une réquisition massive de bétail pour les soldats espagnols. Les bêtes furent abattues après une course de taureaux impromptue qui se déroula sur la Piazza Civica, près du Palazzo.

🔒 Cattedrale di Santa Maria
Piazza Duomo. ☎ 070-97 92 22.
🕐 de 6 h 30 à midi et de 17 h à 20 h.
Le portail de la cathédrale donne sur la petite Piazzetta Duomo. Dédié à Santa Maria, l'édifice fut construit au XIVᵉ siècle. Au XVIᵉ siècle, le bâtiment fut remanié en style gothique tardif d'inspiration catalane. Le clocher octogonal date de cette époque.

L'imposante Torre dell'Esperò Real

Vue du port et du bord de mer d'Alghero

À l'intérieur, la différence entre la partie centrale, à l'architecture fin Renaissance, et le chœur gothique, du XVIe siècle, est frappante. Des objets précieux d'orfèvrerie catalane sont exposés dans la sacristie.

Marchand de bijoux en corail

🏛 Via Principe Umberto

Cette rue étroite qui part de la cathédrale fut l'une des principales artères de la vieille ville. Ne manquez pas de jeter un coup d'œil à la Casa Doria (XVIe siècle), au Palazzo della Curia et, sur la Piazza Vittorio Emanuele II, au Teatro Civico des Savoie, du XIXe siècle.

🏛 San Francesco et son cloître

Via Carlo Alberto. 📞 070-98 03 30. 🕐 de 6 h 30 à midi et de 17 h à 20 h. San Francesco est peut-être le monument catalan le plus important de toute la Sardaigne. Bâtie à la fin du XIVe siècle puis reconstruite après son effondrement partiel, l'église affiche

clairement différentes influences stylistiques. Le clocher est gothique, avec un corps hexagonal édifié sur une base carrée. Le dôme, couvert de tuiles multicolores, est devenu le symbole d'Alghero. L'intérieur en grès blanc abrite des autels baroques en bois sculpté. Sous la voûte étoilée du chœur se trouve un autel du XVIIIe siècle. Parmi les sculptures figurent un *Christ mort* et un *Christ à la colonne*.

La visite se poursuit par le cloître, accessible depuis la sacristie. Cette construction éclectique en grès date de différentes époques. La partie basse est du XIVe siècle, tandis que la partie supérieure a été ajoutée au XVIIIe siècle. Les 22 colonnes sont dotées de bases rondes ou polygonales et de chapiteaux sculptés. Pendant la saison musicale estivale, l'Estate Musicale Internazionale di Alghero, des concerts et d'autres manifestations culturelles se tiennent dans ce cadre superbe. Le reste de l'année, les manifestations et les expositions d'art ont lieu dans l'ancien réfectoire.

Les plages

Le port d'Alghero n'a jamais été un grand centre de négoce, notamment en raison de son emplacement et de la nature de la côte. En l'absence d'industrie lourde, la mer n'est pas polluée. Non loin de la vieille ville, des stations balnéaires ont vu le jour. La plage la plus connue est celle

Boucles d'oreilles en corail

des Bombarde, une bande de sable blanc immaculé baignée d'une eau cristalline, à 8 km au nord-ouest de la ville. Une autre plage agréable est le Lazzaretto, qui doit son nom à l'hôpital pour les pauvres installé ici pendant l'épidémie de peste noire. Par beau temps, l'impressionnante silhouette du Capo Caccia se détache à l'horizon.

AUX ENVIRONS : Au nord, **Fertilia** est un petit port de plaisance construit à l'époque fasciste, au centre de la zone d'assainissement des terres. Un peu plus au nord, dans l'embouchure de la lagune de Calich, on élève des anguilles, des dorades royales et des rougets-barbets. Non loin, on voit encore les 13 arches du pont romain de la ville antique de Carbia, qui reliait la cité au Portus Nympharum, l'actuelle baie de Porto Conte. À quelques minutes se trouve le **nuraghe Palmavera**.

Entrée du site préhistorique du nuraghe Palmavera

Porto Torres ❷

Carte routière B2. 🎒 *21 326.*
ℹ️ *079-51 50 00.*

Le principal port du nord de la Sardaigne est situé dans le Golfo dell'Asinara. La localité, qui fut une colonie prospère, était appelée Turris Libisonis par les Romains. Les échanges avec Kàralis (l'actuelle Cagliari) se faisaient par la route principale de l'île. Les mosaïques antiques du Foro delle Corporazioni d'Ostia Antica attestent les relations étroites entretenues avec Rome.

Après une longue période de déclin entamée au Moyen Âge, Porto Torres se rétablit au XIXe siècle en devenant le port de Sassari. Son essor se poursuivit au XXe siècle avec le développement des industries locales.

La basilique **San Gavino**, construite en 1111 en style pisan, est l'une des principales églises romanes de Sardaigne. Le portail du côté nord est orné d'un bas-relief du XVe siècle ; l'autre portail gothique trahit des influences catalanes.

À l'intérieur, la crypte donne accès à des ruines paléochrétiennes. On peut aussi y voir des statues du XVIIIe siècle représentant les martyrs Gavino, Proto et Gianuario, et une inscription médiévale en l'honneur de l'empereur Constantin.

La zone archéologique des **Terme Centrali** permet de se faire une assez bonne idée de l'allure du quartier romain. L'**Antiquarium Turritano** présente des trouvailles mises au jour lors de fouilles réalisées ici même. À quelques pas, le **Ponte Romano** (pont romain), long de 135 m et à sept arches, enjambe la Mannu.

Aux environs : Non loin s'étend l'un des sites les plus intéressants de Sardaigne, le **Santuario di Monte d'Accoddi**, qui est antérieur

San Gavino, à Porto Torres

au peuplement nuragique. De Porto Torres, partez en direction de Sassari sur la route principale SS131. Peu après la bifurcation de Platamona (à la borne kilométrique 222.3), un sentier mène au site archéologique. Ce sanctuaire de l'âge du cuivre (2450-1850 av. J.-C.) présente le seul exemple d'autel mégalithique de toute la Méditerranée occidentale. En forme de pyramide tronquée, avec une base trapézoïdale, il est soutenu par des blocs de pierre. Sur le côté sud, une rampe mène au sommet, à 10 m de haut environ. La base mesure à peu près 30 m sur 38. Autour de l'autel, les fondations de maisons, de tables de pierre sacrificielles, et des menhirs renversés sont toujours visibles. Ce complexe comprenait autrefois un ensemble de *domus de janas* (tombes taillées dans la pierre). Les objets exhumés à cet

Bracelet en or découvert à Porto Torres

endroit, notamment des céramiques, sont exposés au Museo Nazionale de Sassari (*p. 163*).

🏛️ **Antiquarium Turritano**
📞 *079-51 44 33.* ⏰ *de 9 h à 13 h 30 du mar. au sam., de 9 h à 13 h dim.* 🚫
⛪ **Santuario di Monte d'Accoddi**
🅾️ *entrée libre.*

Stintino ❸

Carte routière B2. 🎒 *1 192.*
ℹ️ *Pro Loco (079-52 30 53).*

La route pour le Capo Falcone, la pointe nord-ouest de l'île, longe les grandes éoliennes de la centrale d'Alta Nurra. Au-delà se trouve le pittoresque village de pêcheurs de Stintino (du sarde *s'isthintinu*, boyau ou passage étroit, le nom traditionnel donné à la crique du village). Aujourd'hui lieu de villégiature, Stintino était autrefois renommé pour les eaux au large d'Asinara où les thons abondaient. En été, une exposition consacrée à la tradition sarde de la pêche au thon se tient dans le vieux port. Les deux ports, Portu Mannu et Portu Minori, ont été pourvus d'installations permettant la pratique de divers sports nautiques.

Au nord de Stintino, la route du bord de mer va jusqu'au **Capo Falcone**. L'endroit est toujours gardé par une tour qui se dresse sur son point culminant, et par les deux forteresses espagnoles de Pelosa et Isola Piana, dans la crique de Fornelli, en face d'Asinara.

Portu Mannu, l'un des deux ports de Stintino

Falaises abruptes de l'île d'Asinara

Asinara ❹

Carte routière B1.

Cette île rocheuse est
interdite aux visiteurs, car
elle abrite le centre
pénitentiaire de haute sécurité
de Fornelli. Elle est ainsi gérée
par le ministère italien de la
Justice. Asinara, qui mesure
moins de 18 km de long et
6 km de large, s'achève au
cap de Scomunica. Son
écosystème est unique dans
toute la Méditerranée
occidentale. L'île, qui abrite
des espèces animales rares ou
en voie d'extinction, a été
rattachée au parc national du
Gennargentu *(p. 82-83)*.

La côte préservée d'Asinara
et l'absence de circulation en
font un refuge parfait pour les
rapaces, diverses espèces
d'oiseaux marins, les
mouflons et les sangliers. L'île
compte aussi une espèce
étonnante : de petits ânes
albinos
endémiques, qui
lui ont
certainement
donné son
nom (*asino*
signifie âne).
Rocheuse et
volcanique,
Asinara est
couverte par
une petite
forêt de
chênes verts
et l'habituel
maquis, dans
lequel
poussent
quantité de
plantes rares.

Âne albinos d'Asinara

Seuls les naturalistes et les
zoologistes autorisés par
l'administration pénitentiaire
à mener des recherches
peuvent se rendre à Asinara.

Argentiera ❺

Carte routière B2.

En Sardaigne, les
témoignages du passé
minier de l'île sont légion.
À Argentiera, non loin de la
ville moderne de Palmadula,
les Romains de l'Antiquité et
les Pisans du Moyen Âge se
sont consacrés à l'extraction
du précieux métal qui a
donné son nom à la région :
l'argent.

Au XIXᵉ siècle, des
complexes miniers, composés
de bâtiments en bois et en
pierre, ont vu le jour sur la
côte. Le minerai était
transporté par la mer vers
d'autres
destinations,
où il était traité
puis vendu.
Récemment,
des programmes
de restauration
et d'aména-
gement, pour
beaucoup
encore en cours,
ont modifié la
physionomie
de la ville.
Elle reste l'un
des exemples
les plus fascinants
du patrimoine industriel de
Sardaigne.

La paisible baie
d'Argentiera, baignée d'eaux
limpides, est très appréciée
des estivants.

Les anciens bâtiments miniers d'Argentiera

Capo Caccia ❻

Dominant la mer, le Capo Caccia, ponctué d'un phare à sa pointe, offre un magnifique panorama sur Alghero. Des pigeons sauvages, des martinets, des faucons pèlerins et des goélands argentés nichent dans les fissures et les anfractuosités de ses falaises abruptes. Sur le côté occidental du cap, face à la silhouette rocailleuse de l'île de Foradada, 656 marches, appelées l'Escala del Cabirol, ou escalier du Chevreuil, descendent en pente raide vers les cavités fascinantes de la Grotta di Nettuno (grotte de Neptune). On peut aussi la rejoindre en bateau, à l'issue d'une excursion de trois heures au départ d'Alghero.

Vautour griffon
Seuls quelques rares spécimens vivent en Sardaigne.

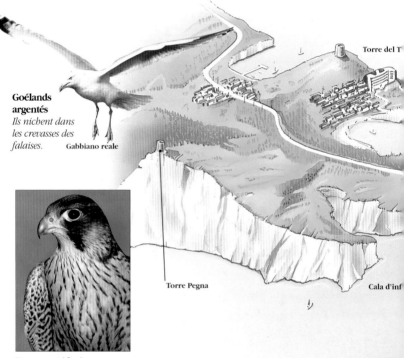

Goélands argentés
Ils nichent dans les crevasses des falaises. Gabbiano reale

Torre del T

Torre Pegna

Cala d'inf

Faucons pèlerins
Le Capo Caccia est l'un des lieux de prédilection de ces rapaces, qui apprécient les grands espaces.

Capo Caccia
Autrefois, le cap était fréquenté par des voyageurs et d'éminents naturalistes, comme Alberto La Marmora. Son nom, caccia *(chasse), vient de ce qu'on y pratiquait la chasse au pigeon sauvage.*

Grotta Verde
*Cette grande cavité doit son nom de « grotte verte »
à la couleur de la mousse et des autres végétaux
qui couvrent ses stalagmites et ses stalactites. Tout
au fond de la galerie, des inscriptions anciennes
ont été découvertes sur les bords d'un petit lac.*

MODE D'EMPLOI

Grotta di Nettuno
Alghero (079-97 90 54).
d'avril à sept. : de 9 h à 19 h t.l.j. ;
oct. : de 10 h à 17 h t.l.j. ; de nov.
à mars : de 9 h à 14 h t.l.j.

Escala del Cabirol
*De la bande de terre qui
sépare le cap de l'emplacement
du phare, les marches de
l'Escala del Cabirol
descendent jusqu'à l'entrée
de la Grotta di Nettuno.*

Punta del Quadro

Punta del bollo

Lago La Marmora

Isola Foradada

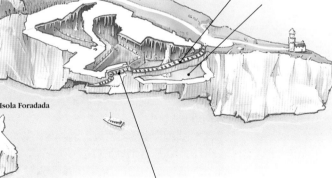

Grotta di Nettuno
*La « grotte de Neptune » est l'une des
plus belles de Sardaigne. Découverte
au XVIII⁰ siècle, elle s'étend sur 2 500 m.
La visite guidée permet d'en
découvrir environ 200 m.*

L'église romane Santo Stefano, à Monteleone Rocca Doria

Monteleone Rocca Doria ❼

Carte routière B3. 🏠 *136.*

Perché au sommet de la falaise de Su Monte, Monteleone Rocca Doria offre un beau panorama du lac Temo et de la plaine de Nurra. Les habitants de ce paisible village s'enorgueillissent d'un passé guerrier. Au XIIIᵉ siècle, la famille Doria, de Gênes, construisit une forteresse qui fut entièrement détruite en 1436 après trois ans de siège assidu par des soldats d'Aragon, de Sassari, de Bosa et d'Alghero.

Si la plupart des habitants partirent pour fonder la ville de Villanova Monteleone, quelques-uns restèrent au village. Monteleone étant exclu des programmes de développement, ils tentèrent un moment d'améliorer leur sort en mettant leur village en vente. Au centre de Monteleone, l'église paroissiale du XIIIᵉ siècle, Santo Stefano, est de style roman.

Bosa ❽

p. 126-127

Macomer ❾

Carte routière C3. 🏠 *11 480.*
🏢 *mairie (0785-79 08 00).*
🎪 *17 janv. : Sant'Antonio Abate.*

Construit sur un plateau volcanique, Macomer est l'un des principaux centres de commerce du cœur de l'île.

La ville s'est développée autour de voies de communication : la route Carlo Felice (la N131, qui traverse quasiment toute l'île) et la ligne ferroviaire. Elle a bâti sa prospérité sur l'agriculture, l'élevage, les produits laitiers et l'industrie légère, tout en conservant des vestiges de son passé. L'église paroissiale **San Pantaleo** est une illustration du classicisme espagnol du XVIIᵉ siècle.
Le soir du 17 janvier, une célébration traditionnelle, *Sa Tuva*, a lieu en l'honneur de Sant'Antonio Abate sur la grande place devant Santa Croce, et un gigantesque feu illumine tout le quartier.

San Pantaleo, à Macomer

AUX ENVIRONS : À quelques pas du centre, près de la route Carlo Felice, une brève promenade vous mènera à l'impressionnant **nuraghe Santa Barbara**. Il est environné d'un ensemble de tours et de remparts.

Sedilo ❿

Carte routière C3. 🏠 *2 609.*
🏢 *0785-590 28.* 🎪 *5-8 juil. : S'Ardia au sanctuaire de Santu Antine.*

Le plateau d'Abbasanta, très rocailleux, a fourni aux habitants de Sedilo les matériaux de construction pour leurs maisons. Il reste quelques bâtiments d'origine, rares témoignages d'un style quasiment disparu. Le principal monument de Sedilo est l'église **San Giovanni Battista**, dans le centre-ville. Toutefois, le bourg doit surtout sa renommée au **sanctuaire de Santu Antine**, aussi appelé San Costantino, ou Constantin, en hommage au premier empereur chrétien qui fait l'objet d'une fervente vénération en Sardaigne. L'église, avec ses *cumbessias* caractéristiques accueillant les pèlerins, se dresse sur une falaise dominant le lac Omodeo. Le site présente quantité de sculptures nuragiques, comme la Perda Fitta, un monolithe qui, selon la légende, serait une femme pétrifiée parce qu'elle manquait de respect au saint patron local.

Tous les ans, devant le sanctuaire, se déroule la *S'Ardia*. Cette course de chevaux clôture les festivités commémorant, en juillet, la victoire de Constantin Iᵉʳ le Grand sur Maxence lors de la bataille du pont Milvius en 312 apr. J.-C. Les murs de Santu Antine sont tapissés d'innombrables ex-voto.

***S'Ardia**, course de chevaux autour du sanctuaire de Santu Antine, à Sedilo*

Le nuraghe Losa, près d'Abbasanta

Ghilarza ⑪

Carte routière C3. 🏘 *4 616.*
ℹ *mairie (0785-540 38).*

Une tour aragonaise inachevée se dresse au centre de Ghilarza. Cependant, le bourg est connu essentiellement parce qu'Antonio Gramsci, philosophe et homme politique italien bien connu, y passa son enfance. Une petite porte sur le Corso Umberto mène à la maison où il vécut, la **Casa di Gramsci**, transformée en un centre de recherches et d'études. Elle abrite aussi une exposition sur ce célèbre dirigeant communiste, qui mourut en prison à l'époque fasciste. La petite chambre du deuxième étage fut la sienne, entre 1898 et 1908.

AUX ENVIRONS : Non loin de Ghilarza, sur la route de Nuoro, apparaît la belle église **San Pietro di Zuri**. Cet édifice fut déplacé, avec tout le village du même nom, après la création du lac Omodeo en 1923.

L'église d'origine date de 1291. Commandée par Mariano d'Arborea, sa conception est due à l'architecte Anselmo da Como. En grande partie romane, elle affiche quelques détails intéressants préfigurant la transition vers le gothique.

🏛 **Casa di Gramsci**
Corso Umberto 57. 📞 *0785-541 64.*
🔾 *de 10 h à midi et de 16 h à 19 h.*

Abbasanta ⑫

Carte routière C3. 🏘 *2 700.*
ℹ *mairie (0785-540 58).*

Ce village, dont le centre a conservé quelques maisons traditionnelles en basalte sombre local, s'articule autour de l'église paroissiale Santa Cristina, à l'impressionnante architecture d'inspiration Renaissance. Installée au cœur d'une région agricole très développée, Abbasanta doit son importance à son emplacement stratégique, à proximité des grandes voies de communication d'hier et d'aujourd'hui.

Non loin s'étendent deux des principaux sites archéologiques de l'île : le **nuraghe Losa** et le complexe nuragique **Santa Cristina**, près de Paulilàtino *(p. 137).*

Pour vous rendre au nuraghe Losa, prenez la route Carlo Felice en direction de Cagliari jusqu'au kilomètre 123 (indiqué sur un panneau routier). Là, une bifurcation à droite mène à l'entrée du site archéologique, qui est clôturé. Avec ceux de Barùmini *(p. 64-65)* et de Torralba *(p. 22-23)*, ce complexe nuragique est l'un des principaux vestiges antérieurs à la période punique.

Au centre du vaste site se dresse un donjon datant du IIe millénaire av. J.-C. Les remparts ont été construits quelques siècles plus tard. L'enceinte défensive extérieure date du VIIe siècle av. J.-C.

À l'intérieur du nuraghe, vous découvrirez trois pièces, avec une multitude de niches qui servaient probablement au stockage. Un escalier en colimaçon mène à l'étage supérieur, surmonté d'une terrasse.

Autour de la structure principale, on a retrouvé les fondations d'autres bâtiments dont certains plus anciens ; ils vont de l'âge du bronze au Moyen Âge.

À 100 m environ des nuraghi, un petit **Antiquarium** abrite une exposition très bien faite présentant des plans et des illustrations des constructions nuragiques de la région.

Nuraghe Losa
SS Carlo Felice 123,5 km. 📞 *0785-548 23.* 🔾 *de 9 h à 13 h et de 16 h à 19 h t.l.j.*

ANTONIO GRAMSCI

Antonio Gramsci est né à Àles en 1891, dans une famille modeste. Après avoir suivi ses études à Turin, il se consacra entièrement à la politique. Il fut l'un des fondateurs de l'hebdomadaire radical *L'Ordine Nuovo* et, en 1921, il participa à la fondation du parti communiste italien, dont il devint plus tard le secrétaire général. Il fut élu au Parlement mais, en 1926, il fut

Le jeune Antonio Gramsci

arrêté par les fascistes et condamné à 20 ans de prison. Il mourut en détention en 1937. L'édition complète de son ouvrage, *Quaderni del Carcere – Cahiers de prison* – ne fut publiée qu'en 1976. *Lettere dal Carcere – Lettres de prison* – est un témoignage émouvant des souffrances qu'il endura pendant sa détention.

Bosa

La cathédrale de Bosa possède un décor baroque

Dominées par le Castello dei Malaspina, les maisons couleur pastel de Bosa sont groupées sur la rive droite du Temo, le seul cours d'eau navigable de Sardaigne. À l'origine, la ville fut fondée par les Phéniciens sur l'autre rive. Au Moyen Âge, sous la menace constante d'incursions de pirates, les habitants de la ville cherchèrent la protection de la famille Malaspina, installée sur les versants du Serravalle. Sous la domination espagnole, Bosa obtint le statut de ville royale, conservant des relations étroites avec la péninsule Ibérique. La ville est tout simplement magnifique, avec les bâtiments du quartier de Sas Conzas qui se reflètent dans les eaux calmes de la rivière. Dans le quartier médiéval de Sa Costa, véritable dédale de ruelles et d'escaliers pavés, les femmes, installées devant leur maison, font de la dentelle. On dit qu'ici, la mer serait la plus propre d'Italie.

Bijoux de Bosa

🔒 Cathédrale

Piazza Duomo. 📞 0785-37 32 86.
🕐 de 7 h à 19 h t.l.j.
Dédiée à Marie, la cathédrale a été reconstruite au XIXᵉ siècle dans le style baroque tardif piémontais, fort majestueux. L'intérieur contient une *Vierge à l'Enfant* de l'école espagnole sculptée au XVIᵉ siècle. De l'autre côté du maître-autel, deux lions de marbre tuent des dragons. Les autels latéraux sont en marbre polychrome.

🏛 Corso Vittorio Emanuele II

La rue principale de Bosa, qui est pavée, est parallèle à la rivière. Elle est bordée de demeures aristocratiques et d'ateliers d'orfèvres fabriquant des bijoux en filigrane et en corail.

🏛 Pinacoteca Civica

Casa Deriu, Corso Vittorio Emanuele II 59.
🕐 de 10 h à 13 h et de 18 h à 21 h du lun. au sam. ; de 10 h à 13 h dim.
La Casa Deriu est un bâtiment du XIXᵉ siècle typique de Bosa utilisé comme lieu d'exposition. Le premier étage est consacré aux produits locaux – gâteaux, vin et pain. On y verra aussi des photographies anciennes en noir et blanc. Au deuxième étage, un élégant appartement a été reconstitué, avec son parquet en bois d'olivier, son plafond voûté orné de fresques, ses carreaux de majolique de Ravenne et ses rideaux en dentelle de Bosa. Quant au dernier niveau, il abrite la Pinacoteca Civica (pinacothèque municipale), qui renferme la collection de Melkiorre Melis. Cet artiste sarde a beaucoup fait pour promouvoir les arts appliqués du XXᵉ siècle dans son île. Les œuvres exposées couvrent 70 ans de création dans les arts graphiques, la peinture à l'huile, la céramique et l'affiche. Les propres œuvres de Melis y sont également exposées. Dénotant une influence arabe, elles remontent à l'époque où il dirigeait l'école musulmane des Arts et Métiers de Tripoli.

Bas-relief du portail de San Pietro

🏛 Castello Malaspina

Via Ultima Costa 14. 📞 0785-37 30 30. 🕐 de 10 h à 13 h et de 15 h à 18 h t.l.j. (de mai à sept. : de 16 h à 19 h 30).
Ce château construit en 1112 par la famille Malaspina dello Spino Secco reste impressionnant, bien que seules ses tours et ses murailles extérieures aient été préservées. Agrandi aux alentours de 1300, il occupait une superficie importante. Du château proprement dit, il ne reste que des pans de murs à l'angle nord-est, au pied de la

Bosa vue du Temo, avec ses bateaux de pêche

Vue aérienne de Bosa Marina, avec sa tour aragonaise

tour principale. Celle-ci, construite en trachyte ocre au début du XIVe siècle, est en restauration. À l'intérieur des murs, le seul bâtiment conservé est l'église **Nostra Signora di Regnos Altos**, du XIVe siècle. Des travaux de restauration effectués en 1974 et en 1975 ont mis au jour l'un des rares cycles de fresques de l'école catalane en Sardaigne. Les remparts offrent une superbe vue de l'église San Pietro, de la vallée inférieure du Temo et des toits rouges du quartier de Sa Costa. En descendant les marches qui longent les murailles défendant autrefois Bosa à l'est, on rejoint le centre-ville.

🏠 Sas Conzas
Les bâtiments de la rive gauche du Temo sont d'anciennes tanneries. Abandonnées après une crise du marché du cuir, les

constructions attendent d'être restaurées. Un petit restaurant s'y est installé. Le meilleur endroit pour admirer le quartier est la rue bordée de palmiers sur l'autre rive, le Lungotemo De Gasperi, où les pêcheurs amarrent leurs bateaux.

🔒 San Pietro
⬜ *demander la clef au gardien de la cathédrale.*
À environ 1 km à l'est de la rive gauche du Temo, l'église romane San Pietro, en trachyte rouge, est l'une des plus intéressantes de Sardaigne. Sa construction s'est échelonnée sur plusieurs époques, commençant dans la seconde moitié du XIe siècle. Le clocher, l'abside et les murs latéraux furent élevés au siècle suivant. La façade marie des éléments romans et des

traits du gothique français, apport de moines cisterciens. Sur le portail est sculptée une curieuse *Vierge à l'Enfant avec saint Pierre, saint Paul et Constantin*. Malheureusement, il est difficile de visiter l'intérieur.

Armoiries de Bosa

AUX ENVIRONS : Bosa Marina, à 2 km du centre-ville, possède une ravissante plage isolée de sable sombre. L'Isola Rossa est reliée à la Sardaigne par une longue jetée. La tour aragonaise qui s'y trouve, ouverte en juillet et en août, accueille des expositions temporaires.
Entre Bosa et Alghero, la côte est spectaculaire. Une partie de l'itinéraire du Trenino Verde *(p. 92-93)* relie Bosa Marina à Macomer, longeant la plage de Pedras Nieddas (pierres noires) avant de remonter la vallée du Rio Abba Mala vers Modolo, Tres-nuraghes et Sindia.

Le Castello Malaspina à Bosa

MODE D'EMPLOI

Carte routière B3. 🚗 *7 786.*
🚉 🚌 ℹ️ *Pro Loco (0785-37 61 07).* 📅 *semaine sainte : Settimana Santa Bosana ; 29 juin : procession de bateaux sur le fleuve ; 1er dim. d'août : Santa Stella Maris ; 2e dim. de sept. : Sagra di Nostra Signora di Regnos Altos.*

Une course de chevaux se déroule à Santu Lussurgiu pendant le carnaval

Santu Lussurgiu ⓭

Carte routière B3. 👥 *2 829.* 🚉
ℹ️ *Via Santa Maria 40.*
🎭 *carnaval : course de chevaux dans
le centre-ville ; 2-3 juin : foire aux
chevaux ; 21 août : San Lussorio.*

À 500 m d'altitude, sur le versant oriental du Monte Montiferru, Santu Lussurgiu s'étend en amphithéâtre en bordure d'un cratère volcanique. Le village est entouré d'oliveraies.

Avec ses rues étroites et escarpées et ses minuscules places bordées de hautes maisons aux couleurs vives, le centre historique est plein de charme. Certaines constructions possèdent des encadrements de porte décorés et des balcons en fer

forgé. Dans la Via Roma, un élégant édifice du XVIIIe siècle abrite le **Museo della Tecnologia Contadina** (musée de la Culture rurale), fondé par le Centro di Cultura Popolare local. La collection « Su Mastru Salis » est l'œuvre de Maestro Salis, le conservateur du musée, qui a réuni en près de 20 ans plus de 2 000 objets liés à la culture et aux traditions locales.

La visite guidée de ce musée est un véritable voyage dans le temps. On y découvre des objets de la vie quotidienne des paysans, des bergers et des marchands de charbon. Les pièces les plus intéressantes sont celles consacrées au filage et au tissage, à la cuisine et à l'artisanat. La salle expliquant la production du vin est elle

aussi passionnante. Le musée présente un moulin à foulon, qui servait à feutrer le tissu et à lui donner de la douceur. Plus de quarante moulins étaient autrefois utilisés dans la région.

Dans la partie haute de la ville, l'église **Santa Maria degli Angeli**, du XVe siècle, possède un bel autel en bois sculpté du XVIIIe siècle.

Santu Lussurgiu compte toujours des artisans spécialisés dans la fabrication de couteaux et d'accessoires pour l'équitation (brides, mors, selles et bottes de cheval en cuir).

Lors du carnaval, la rue devant le musée se transforme en champ de courses pour une cavalcade à fond de train où s'affrontent des couples de cavaliers vêtus en chevaliers.

Le musée de la Culture rurale

LES FLAMANTS DE LA RÉSERVE DE SALE PORCUS

Le marécage de Sale Porcus est l'une des plus grandes réserves de la péninsule de Sinis. Ses nombreuses dunes de sable blanc sont couvertes de maquis. En hiver et au printemps, plus de 10 000 flamants et des milliers de grues, d'oies sauvages, de cormorans et de colverts viennent s'y installer, lui donnant des allures de lac africain. En été, la sécheresse fait baisser le niveau de l'eau, transformant la zone en étendue blanche couverte d'une couche de sel. Le Centre des flamants, géré par la Lega Italiana per la Protezione degli Uccelli (LIPU), la Société italienne pour la protection des oiseaux, propose une exposition sur la vie des oiseaux. Tous les sentiers du marais de Sale Porcus partent du musée.

🦩 **Oasi LIPU Sale Porcus**
⏰ *t.l.j.* 📞 *0783-522 00.* ✅

Flamants dans la réserve de Sale Porcus

L'une des sept sources de San Leonardo de Siete Fuentes

AUX ENVIRONS : À quelques kilomètres de Santu Lussurgiu, une forêt de pins, de chênes verts et de chênes s'étend près de **San Leonardo de Siete Fuentes**, célèbre pour ses sept fontaines d'où jaillit de l'eau radioactive et diurétique, à une température constante de 11 °C. Les cours d'eau traversent une zone boisée appréciée pour les sorties en famille. Au centre de la localité se trouve la petite église San Leonardo, qui appartenait autrefois aux chevaliers de Malte. Construite au XIIᵉ siècle en trachyte sombre, elle a pris sa physionomie romano-gothique actuelle au siècle suivant. L'intérieur à nef unique est orné des armoiries de l'ordre de Malte. En face se trouve une petite bibliothèque publique.

Début juin, San Leonardo accueille une importante foire aux chevaux.

🏛 **Museo della Tecnologia Contadina**
Via T Meloni 1. 📞 0783-55 06 17.
⭕ sur r.-v. uniquement. 📷 ✔

Cuglieri ⑭

Carte routière B3. 🏘 *3 342.*
ℹ️ *Viale Regina Margherita (0785-391 55).* 🎭 *Vendredi saint : procession et 'Iscravamentu ; 5 août : Madonna della Neve.*

La ville agricole de Cuglieri se situe à 500 m d'altitude sur les versants occidentaux du Monte Montiferru, d'où le regard porte loin sur la mer. Elle est dominée par la majestueuse église **Santa Maria della Neve**, avec sa façade du XVIIIᵉ siècle et ses clochers jumeaux. La montée vers l'église est très pittoresque, empruntant

Santa Maria della Neve, à Cuglieri

des ruelles et des rues en pente sinueuses, bordées de hautes maisons de pierre.

Depuis le parvis de Santa Maria, belle vue de la ville et de la côte entre Santa Caterina di Pittinuri et Porto Alabe.

AUX ENVIRONS : Par la route principale 292, la côte n'est qu'à 15 km. **Santa Caterina di Pittinuri** est une ville du bord de mer. Elle s'est développée autour d'une crique bordée d'une falaise de calcaire et dominée par une tour espagnole, la Torre del Pozzo. Avec ses caps rocailleux et ses plages de sable blanc et de galets, cette partie de la côte est pittoresque. Le site le plus connu est **S'Archittu**, un grand pont naturel façonné par la mer. Une piste part de la route principale 292, entre Santa Caterina di Pittinuri et S'Archittu, et rejoint les ruines de la ville romano-punique de **Cornus**, le théâtre de la dernière bataille entre les Romains et les Carthaginois de Sardaigne conduits par Amsicora (215 av. J.-C.).

La ville fut abandonnée au IXᵉ siècle en raison des raids sarrasins répétés. Ses habitants fondèrent une nouvelle ville, Curulis Nova, l'actuelle Cuglieri, non loin de là, sur le flanc de la montagne. La piste s'arrête juste avant la ville paléo-chrétienne de Columbaris. L'acropole de Cornus est visible sur la colline, au sud-ouest. Bien que le site archéologique paraisse abandonné, on y voit toujours des sarcophages et les vestiges d'une basilique à trois nefs. L'ensemble daterait du VIᵉ siècle.

Le célèbre pont naturel S'Archittu di Santa Caterina à Pittinuri, près de Cuglieri

Vue aérienne des marécages de Cabras

Cabras ⑮

Carte routière B4. 🏠 *9 030*. 📷 🛈
Via Palestro 2 (0783-29 03 72).

Cette ville, non loin
d'Oristano, se caractérise
par ses maisons anciennes à un
étage. Installée en bordure des
plus grands marécages d'eau
douce de Sardaigne (2 000 ha),
elle est reliée à la mer
par un réseau de canaux.

La présence d'eau douce et
d'eau salée attire foulques,
busards des roseaux, faucons
pèlerins et gallinules pourprées.
Les eaux sont riches en rougets-
barbets et en anguilles.

Autrefois, les pêcheurs
utilisaient de longs bateaux
effilés, appelés *is fassonis*,
construits avec du jonc et
d'autres plantes des marais
séchées, suivant une technique
proche de celle utilisée par les
Phéniciens. La recette de la
marinade appelée *sa merca* est
une autre tradition d'origine
phénicienne : du poisson frais,
enroulé dans des feuilles de
plantes du lac, est mis à
tremper dans l'eau salée.

AUX ENVIRONS : À l'extrémité
nord du Golfo di Oristano, la
Laguna di Mistras est séparée
de la mer par deux barres.
Ces marécages de renommée
scientifique internationale sont
un habitat idéal pour les
flamants, les cormorans,
les hérons cendrés et les
balbuzards. Le marécage voisin
de Mar 'e Pontis présente
également un grand intérêt
ornithologique. À la Peschiera
Pontis, qui était autrefois une
pisciculture, les anciennes
écluses et grilles sont encore
visibles.

San Salvatore ⑯

Carte routière B4. 🛈 *Cabras.*
🎭 *de fin août au 1er dim. de sept. :
Corsa degli Scalzi di San Salvatore.*

Les maisons blanches typiques
réservées aux pèlerins, les
cumbessias, entourent l'église
campagnarde de San Salvatore.
Tous les ans, ces habitations
sont occupées durant neuf jours,
de fin août à début septembre,
pour la fête du Sauveur.

Dans les années 60, la place
de l'église servit de décor à des
westerns spaghettis. San
Salvatore a été construit au
XVIIe siècle à l'emplacement
d'un sanctuaire nuragique où
étaient vénérées les eaux
sacrées. Au VIe siècle, il fut
transformé en église
souterraine. Dans le bas-côté
gauche, des marches mènent à
un hypogée à six salles : deux
chambres rectangulaires
flanquent un corridor menant
à un vestibule circulaire avec
un puits, autour duquel sont
aménagées trois autres pièces.
L'hypogée a en partie été taillé
dans la pierre ; les plafonds
voûtés sont en grès et en
brique. Les murs sont ornés de
dessins d'animaux (éléphants,
panthères et paons) et de héros
et de dieux de l'Antiquité
(Hercule combattant le lion

La Corsa degli Scalzi (course pieds nus), à San Salvatore

Végétation typique des marécages de Cabras

de Némée, Mars et Vénus avec un petit Cupidon ailé). On y voit même des inscriptions arabes mentionnant Allah et Mahomet, et des représentations de moutons qui seraient des ex-voto.

Les lettres *RVF*, entrelacées en un monogramme et répétées à plusieurs reprises, viendraient du phénicien et signifieraient

« guérir, sauver, donner la santé ».

Le premier samedi de septembre, on célèbre la San Salvatore. L'événement est marqué par une course pieds nus *(scalzi)* en mémoire de jeunes qui s'enfuirent du village pour échapper aux Sarrasins, mais qui revinrent sur leurs pas pour sauver la statue du saint.

Juste à l'est du sanctuaire s'étendent les ruines des thermes romains du Domu 'e Cubas.

San Giovanni di Sinis ⑰

Carte routière B4. 🏛 37. 🛈 *Cabras.*

En bordure de la péninsule de Sinis se trouve une station balnéaire, autrefois connue pour ses cabanes de pêcheurs en bois et en roseau *(p. 115)*. Seules quelques-

unes ont été conservées. La plupart sont à l'est de la voie rapide, non loin du site archéologique de Tharros *(p. 132-133)*.

À l'entrée du petit village, l'église paléochrétienne San Giovanni est la plus ancienne de Sardaigne avec San Saturnino de Cagliari : elle date du Ve siècle. Cependant, l'église actuelle est en grande partie le résultat d'une reconstruction au IXe et au Xe siècle. À l'intérieur, la nef et les bas-côtés sont voûtés en berceau.

AUX ENVIRONS : La réserve de Torre 'e Seu, gérée par le WWF, compte quelques spécimens des derniers palmiers nains de la région. Elle est desservie par une piste partant du nord de San Giovanni di Sinis. De l'entrée, un sentier rejoint la mer et la Torre 'e Seu, une tour espagnole.

LE VERNACCIA, CÉLÈBRE VIN DE SARDAIGNE

Portail du XVIIIe siècle de la Cantina Sociale

Raisin de Vernaccia

La campagne du nord d'Oristano, où alternent vignobles, orangeraies et oliveraies, est l'une des régions les plus fertiles de Sardaigne. La culture des mandarines y est pratiquée depuis le XIVe siècle, grâce aux moines de Bonarcado. Toutefois, la viticulture y repose sur une tradition encore plus ancienne : des cruches à vin, des verres et des amphores ont été découverts à Tharros *(p. 132-133)*. Le Vernaccia d'Oristano est peut-être le plus célèbre vin blanc de Sardaigne. Il est produit à San Vero Milis, Cabras, Zeddiani, Narbolia, Riola et Baratili. Avec 15 degrés d'alcool, ce vin est assez fort et a du corps. Il reste au moins trois ans dans des fûts en chêne. Vous pourrez découvrir la région et faire une pause pour une dégustation à la Cantina Sociale della Vernaccia, dont l'entrée est marquée par un imposant portail du XVIIIe siècle.

Tonneaux de la Cantina Sociale della Vernaccia

Vignobles de Vernaccia

Tharros ⑱

**Lampe
à huile**

L a ville de Tharros a été fondée vers 730 av.
J.-C. par les Phéniciens sur le Capo San
Marco, une étroite langue de terre qui offrait
un mouillage sûr aux bateaux chargés de
marchandises venant de toute la
Méditerranée. Au VIᵉ et au Vᵉ siècle av. J.-C.,
Tharros était devenu un port florissant. Sa prospérité
persista sous les Romains, à partir de 238 av. J.-C.
Bordé par la mer sur deux côtés, c'est l'un des sites
antiques les plus fascinants de Méditerranée. Seul un
tiers a été mis au jour. La section sud comprend la ville
romaine et punique, avec ses thermes, ses maisons et
ses sanctuaires ; au nord se trouve le tophet, le village
nuragique de Murru Mannu et les murailles romaines.

Collier, VIIᵉ-VIᵉ siècles av. J.-C.
*En or et en cornaline, il a été
découvert dans la nécropole
sud.*

La nécropole, d'origine
romaine, fut utilisée
jusqu'au IIIᵉ siècle apr. J.-C.

**Tour espagnole
San Giovanni**

Capo San Marco
*Les traces d'une première présence
humaine datent du milieu du
néolithique. À l'âge du bronze, la
zone fut fortifiée par des nuraghi.*

Les murailles puniques
*Au IVᵉ siècle, des blocs de basalte
alternant avec des blocs de grès
ont été utilisés pour construire cet
ouvrage de 4 m d'épaisseur.*

Ancien four à pain
*La boulangerie qui l'abrite date de
l'époque romaine. On distingue la
meule, actionnée par des mules et des
esclaves, et les cuves en basalte où l'on
mélangeait la farine et pétrissait la pâte.*

À NE PAS MANQUER

★ **Les colonnes**

★ **La citerne**

Système d'égouts
Les canalisations, au milieu de la rue pavée, étaient reliées aux rangées de maisons de part et d'autre de la rue.

MODE D'EMPLOI

Carte routière B4. *San Giovanni di Sinis.* ⛏ *Cooperativa Penisola Sinis (0783-37 00 19).* ⬤ *de 9 h à 21 h en été, de 8 h à 13 h et de 15 h à 18 h en hiver.*

Arènes **Tophet** **Temple de Déméter**

Le Castellum Acquae était une construction carrée servant de citerne. Sa voûte était soutenue par huit piliers de brique. Il domine le Compitum, la petite place du centre de Tharros.

Déesse
Cette tête du Vᵉ siècle av. J.-C., trouvée dans la nécropole punique, est exposée au musée de Cagliari (p. 58).

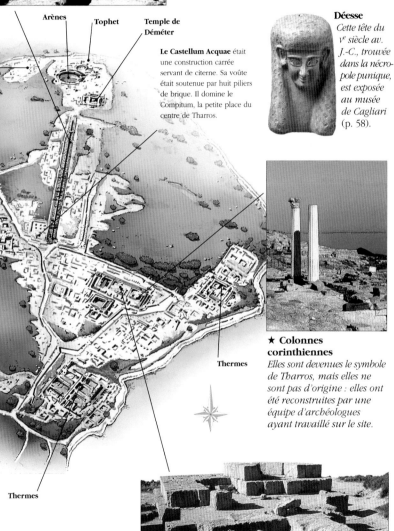

Thermes

★ **Colonnes corinthiennes**
Elles sont devenues le symbole de Tharros, mais elles ne sont pas d'origine : elles ont été reconstruites par une équipe d'archéologues ayant travaillé sur le site.

Thermes

★ **Citerne**
Faite de grands blocs en grès, elle fournissait de l'eau pour les rites sacrés pratiqués dans le temple orné de colonnes doriques engagées.

Oristano ⑲

Coupole de la cathédrale

Situé à la limite nord de la région du Campidano, entre l'embouchure du Tirso et les marécages de Santa Giusta, Oristano est la plus grande ville de l'ouest de la Sardaigne. Elle fut fondée en 1070, après l'abandon de la puissante et prospère Tharros, dont les nombreux raids de pirates eurent raison. La ville se développa entre 1100 et 1400, grâce à des personnalités éclairées comme Mariano IV d'Arborea et sa fille Eleonora, à la tête de la majeure partie de l'île. Ce n'est qu'en 1974 qu'Oristano devint chef-lieu de province. La ville se dresse au cœur d'une plaine fertile parsemée d'étangs poissonneux. Le petit centre historique, autrefois gardé par des remparts, est presque entièrement piétonnier.

La cathédrale d'Oristano, avec son clocher octogonal

🔒 Cattedrale

Piazza Mannu. 📞 0783-786 84.
🕐 de 8 h 30 à midi et de 17 h à 20 h t.l.j.

Dédiée à la Vierge, la cathédrale a été bâtie en 1228 par des architectes et des ateliers lombards pour Mariano di Torres. Elle fut entièrement reconstruite au XVIIᵉ siècle en style baroque, affichant désormais un mélange d'influences. Les éléments d'origine sont le clocher octogonal avec son dôme en bulbe et ses tuiles de majolique colorées, les portes en bronze et la Cappella del Rimedio, avec sa belle balustrade en marbre décorée d'un bas-relief pisan, *Daniel dans la fosse aux lions*. Le chœur Renaissance, derrière le maître-autel, est également remarquable. Le Tesoro del Duomo est installé dans la salle capitulaire. Sur demande, on peut y admirer de l'argenterie, des vêtements sacrés et des manuscrits enluminés. Le Palazzo Arcivescovile (palais archiépiscopal) et le Seminario Tridentino donnent également sur la Piazza del Duomo.

♜ Torre di Mariano II

Piazza Roma.

Aussi appelée Torre di San Cristoforo ou Porta Manna, cette tour en grès qui se dresse à l'extrémité nord des anciennes murailles a été construite en 1291 par Mariano II d'Arborea. Avec la tour Portixedda, elle est le seul vestige des remparts de la ville. Au sommet se trouve une grande cloche réalisée en 1430. Depuis les ouvertures de la Torre di Mariano, on a vue sur la Piazza Roma, où bat le pouls de la ville, avec ses boutiques à la mode et ses terrasses de cafés.

♜ Corso Umberto

Cette rue piétonne, aussi appelée Via Dritta, est la plus élégante d'Oristano, avec ses bâtiments majestueux comme le Palazzo Siviera, coiffé d'un dôme, et le Palazzo Falchi, construit dans les années 20.

LES CHEVALIERS DE L'ÉTOILE

La procession et le tournoi de *Sa Sartiglia*, pratiqués depuis plusieurs siècles, se déroulent le dernier dimanche du carnaval et mardi gras. Ils furent probablement introduits en 1350 par Mariano II pour célébrer son mariage. Le 2 février, on choisit le meneur de la procession, *su Componidori*. Le jour de la manifestation, il est habillé par des jeunes filles. Une chemise blanche lui est cousue à même le corps, son visage est couvert d'un masque de femme, et un voile de mariée et un chapeau noir sont placés sur sa tête. Il mène ensuite une procession de chevaliers et de joueurs de trompettes et de tambours dans la ville jusqu'au terrain du tournoi près de l'Arcivescovado et de la cathédrale. Le meneur doit planter son épée dans une étoile suspendue à un fil. S'il réussit, l'année sera prospère.

Le tournoi de *Sa Sartiglia* à Oristano

C'est ici que se trouvent les boutiques les plus chic d'Oristano. L'endroit est aussi très apprécié pour la traditionnelle promenade du soir.

▥ Piazza Eleonora d'Arborea

Cette longue place de forme irrégulière, plantée d'arbres, doit son nom à l'auteur du célèbre code législatif, la *Carta de Logu*, en 1392. Une statue d'Eleonora a été érigée au XIXe siècle au milieu de la place. Celle-ci est bordée de beaux

Eleonora d'Arborea

bâtiments comme le Palazzo Corrias et le Palazzo Comunale, la mairie, qui abritait autrefois le monastère de Scolopi. L'église San Vincenzo, octogonale, était jadis l'église conventuelle.

♦ San Francesco

Piazza Mannu. **☎** 0783-782 75. ◯ *de 7 h à 11 h 30 et de 17 h à 20 h t.l.j.*

Ce monument néo-classique a été élevé sur les vestiges d'une église gothique entièrement détruite au début du XIXe siècle. Sa façade est rythmée par six colonnes ioniques. L'intérieur

abrite l'une des statues les plus intéressantes de Sardaigne : un crucifix réalisé par un artiste catalan anonyme de la fin du XIVe siècle. Autre œuvre magnifique : *Saint François recevant les stigmates*, par Pietro Cavaro.

♦ Santa Chiara

Via Garibaldi. **☎** 0783-780 93. ◯ *de 17 h à 18 h t.l.j.*

L'église gothique Santa Chiara a été construite au XIVe siècle. Sa façade, en pierres de taille en grès, présente une rose austère et un petit clocher. L'intérieur vaut la visite pour les consoles gothiques en bois, ornées d'animaux sculptés.

▥ Antiquarium Arborense

Palazzo Parpaglia, Via Parpaglia 37. **☎** 0783-744 33. ◯ *en été : de 9 h 30 à 13 h du mar. au ven. et de 16 h 30 à 20 h 30 du mar. au dim. ; en hiver : de 9 h 30 à 13 h et de 16 h 30 à 19 h du mar. au dim.* ▨

Installé dans le Palazzo Parpaglia, de style néo-classique, ce musée contient des vestiges archéologiques venant de Tharros, une galerie d'art et un département consacré à l'Oristano médiéval.

MODE D'EMPLOI

Carte routière B4. 🏠 *31 677.* 🚍 🚻 🛈 *EPT, Via Cagliari 278, (0783-741 91).*
Antiquarium Arborense ▨ *le billet donne aussi droit à une visite guidée du centre historique.*

Dans la galerie, vous pourrez voir plusieurs retables de style catalan : le *Retablo di San Martino* (XVe siècle), attribué à l'atelier du Catalan Ramon de Mur ; le *Retablo di Cristo* (1533), dû à des disciples de Pietro Cavaro, dont il ne reste que neuf panneaux, et le *Retablo della Madonna dei Consiglieri* (1565), d'Antioco Mainas, un artiste de Cagliari. La Collezione Archeologica Efisio Pischedda réunit plus de 2 000 grattoirs du néolithique en obsidienne, des barrettes à cheveux en os, de petites amphores grecques et étrusques, ainsi que des lampes à huile et des verreries romaines. Parmi les pièces majeures de la collection, on compte un masque en terre cuite qui servait à chasser les mauvais esprits, des scarabées en jaspe vert et des pierres précieuses sculptées à l'époque romaine.

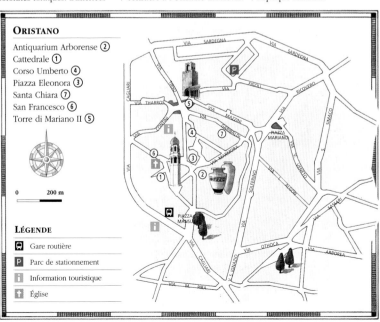

ORISTANO

0   200 m

LÉGENDE

🚍 Gare routière

🅿 Parc de stationnement

🛈 Information touristique

♦ Église

Pêcheurs à bord de bateaux traditionnels en laîche, les *fassonis*, sur le lac de Santa Giusta

Santa Giusta 🔟

Carte routière B4. 🏠 *4 116.*
ℹ️ *Via Amsicora 17 (0783-35 96 14).*
🎏 *14 mai : Sagra di Santa Giusta.*

Cette ville agricole a été construite au bord des marais de Santa Giusta sur les ruines de la ville romaine d'Ottona. La cathédrale **Santa Giusta**, joyau de l'architecture pisane romane quoique intégrant des éléments arabes et lombards, se dresse à l'entrée de la ville. Elle a été bâtie dans la première moitié du XIIe siècle et présente une façade étroite. À l'intérieur, les colonnes sont des remplois provenant de villes romaines des environs, comme Neapolis, Tharros et Othoca. Le lac, proche, est l'une des meilleures zones de pêche de l'île. On y voit toujours évoluer les longs *is fassonis*, ces embarcations en laîche d'origine phénicienne. Le jour de la fête de Santa Giusta, le lac accueille une régate animée. La spécialité gastronomique locale est la *bottarga* (œufs de rouget-barbet salés).

Scarabée en stéatite découvert à Santa Giusta

🏠 **Santa Giusta**
Via Manzoni. 📞 *0783-35 92 05.*
🕐 *de 9 h à 13 h et de 14 h à 16 h 20 t.l.j.*

Arborea 🔟

Carte routière B4. 🏠 *3 828.*
ℹ️ *Via Roma (0783-80 13 07).*
🎏 *ven. saint : reconstitution de la Passion du Christ.*

Fondée en 1930 à l'époque fasciste, Arborea s'appelait à l'origine Mussolinia.

La ville fut aménagée selon un plan quadrillé caractéristique des villes modernes. Tous les bâtiments publics (école, église paroissiale, hôtel et mairie) s'articulent autour de la Piazza Maria Ausiliatrice, d'où rayonnent les rues principales. Les avenues sont bordées d'arbres et les bâtiments néo-gothiques sont entourés de jardins. Le **Palazzo del Comune** (mairie) abrite une petite collection de trouvailles archéologiques de la région, notamment de la nécropole romaine de S'Ungroni, au nord d'Arborea, découverte à l'occasion de travaux d'assainissement des terres.

À environ 9 km au sud-ouest se trouve un joli village de pêcheurs, Marceddi, en bordure du marécage du même nom, gardé par la Torrevecchia, une tour du XVIe siècle.

🏛️ **Palazzo del Comune**
Piazza Maria Ausiliatrice. 📞 *0783-803 31.* 🕐 *de 10 h à 13 h du lun. au ven.*

Fordongianus 🔟

Carte routière C4. 🏠 *1 168.* ℹ️ *Via Traiano 7 (0783-601 23).* 🎏 *21 avril et 20 août : Festa di San Lusorio*

L'ancien Forum Traiani fut autrefois la principale ville romaine de l'intérieur des terres. Implantée dans la vallée du Tirso, elle fut fortifiée pour se protéger des habitants de la Barbagia. Aujourd'hui, le centre se caractérise par ses

La cathédrale de Santa Giusta, chef-d'œuvre de l'art roman

maisons de pierre rouge et grise. L'une des mieux conservées est la Casa Madeddu, une ancienne « maison aragonaise » du début du XVIIᵉ siècle de style catalan. Dans la même rue se trouve l'église paroissiale du XVIᵉ siècle, San Pietro Apostolo, en trachyte rouge, presque entièrement reconstruite. Les **thermes romains**, en cours de restauration, jouxtent la rivière. Un bassin rectangulaire contient toujours de l'eau provenant des sources chaudes, que les femmes du quartier utilisent pour faire leur lessive. Le portique et les salles agrémentées de mosaïques sont actuellement fermés au public.

Au sud, la petite église rurale San Lussorio a été construite vers 1100 par des moines de Saint-Victor, sur une crypte paléochrétienne.

Bijoux trouvés à Fordongianus

Paulilàtino ㉓

Carte routière C4. 🚶 2 961. ℹ️ *Via Pia 4 (0785-556 23).* 📅 *2ᵉ dim. de mai : Sagra di Santa Cristina.*

Ce village rural, en bordure du plateau basaltique d'Abbasanta, est entouré d'oliviers et de chênes-lièges. Ses maisons en pierre sombre sont dotées de portes aragonaises et de petits balcons en fer forgé. La même pierre sombre a servi à bâtir San Teodoro, au XVIIᵉ siècle. L'édifice gothique aragonais est ouvert d'une rose et possède un clocher coiffé d'un dôme en bulbe. Le **Palazzo Atzori** abrite un musée de la culture populaire, avec des objets de la vie quotidienne.

🏛 Palazzo Atzori
Via Nazionale 127. 📞 *0785-554 38.* 🕐 *de 9 h à 13 h et de 17 h à 20 h du mar. au dim.*

AUX ENVIRONS : À 4 km environ du bourg, une bifurcation sur la nationale 131 mène au village nuragique de **Santa Cristina**. Un mur de pierre entoure le site archéologique, où on voit un temple à puits dédié à la déesse mère locale, du Iᵉʳ millénaire av. J.-C. Un large escalier descend vers une salle voûtée. Non loin se trouve l'endroit qui accueillait certainement les assemblées générales. Le caractère sacré du lieu a été préservé au fil des siècles, puisqu'une église dédiée à Santa Cristina y a été construite. Les fidèles se rendent nombreux dans cette église entourée d'un village de *muristenes*, maisons accueillant les visiteurs venus pour la neuvaine de la fête du saint.

À droite de l'église, entre les oliviers, une autre zone archéologique comprend un nuraghe bien conservé et deux maisons de pierre rectangulaires de l'époque nuragique. La mieux conservée mesure 14 m de long sur 2 m de haut.

⛪ Santa Cristina
Km 114,300, SS131 Cagliari–Sassari. ℹ️ *Cooperativa Archeotur (0336-81 17 56).* 📷

Marches menant au temple de Santa Cristina à Paulilàtino

Vue panoramique d'Àles au pied du Monte Arci

Àles ㉔

Carte routière C4. 🚶 1 633. 📅 *1ᵉʳ dim. d'août : Santa Madonna della Neve.*

Àles, le village principal de la région de Marmilla, se trouve sur le versant oriental du Monte Arci. Dans la partie haute, la cathédrale San Pietro a été bâtie en 1686 par l'architecte génois Domenico Spotorno, qui utilisa comme matériaux de construction les ruines d'une église du XIIᵉ siècle.

Des clochers jumeaux avec des dômes de céramique encadrent l'élégante façade. Dans l'intérieur baroque, la sacristie renferme de beaux meubles sculptés et un crucifix du XIVᵉ siècle. Dans l'Archivio Capitolare sont conservés d'élégants bijoux en or.

Sur la même place se dressent le Palazzo Vescovile ainsi que le séminaire et l'oratoire de la Madonna del Rosario.

Àles est aussi la ville natale d'Antonio Gramsci (1891-1937, *p. 125*).

AUX ENVIRONS : D'Àles, il est facile de partir vers les sommets du Trebina Longa et du Trebina Lada, les plus hauts pics du **Monte Arci**, restes d'un ancien cratère. En chemin, vous verrez des morceaux d'obsidienne, une pierre volcanique dure et noire qui était découpée en tranches fines pour fabriquer des pointes de flèches, des lances et des grattoirs. Au IVᵉ et au IIIᵉ millénaire av. J.-C., l'obsidienne du Monte Arci, très prisée, était utilisée dans toute la Méditerranée.

LE NORD ET LA COSTA SMERALDA

L e nord-est de la Sardaigne, qui évoque immanquablement des côtes rocheuses, de jolies criques, des eaux turquoise et des plages de sable blanc éclatant, est fidèle à son image. Quant aux îles qui s'égrènent dans les Bouches de Bonifacio, à quelques encablures de la Corse, elles feront le bonheur des amateurs de solitude.

La partie la plus connue du Nord-Est est la célèbre Costa Smeralda, fondée en 1962 par un consortium financier dirigé par l'Aga Khan. Rares sont les régions de Sardaigne ayant subi une telle métamorphose en 35 ans : partout, villas et hôtels ont jailli de terre, et les petits ports se sont transformés en marinas. Les environs sont magnifiques, avec des paysages spectaculaires, en particulier au Capo d'Orso et au Capo Testa, et les senteurs du maquis méditerranéen parviennent jusqu'aux plages de sable blanc. Il reste néanmoins des endroits intacts, épargnés par l'invasion des résidences secondaires. Le tourisme a apporté son lot de problèmes et un contrôle plus sévère de l'urbanisme s'est avéré indispensable pour éviter que le flot de visiteurs n'entraîne des dommages irréversibles pour l'environnement.

À l'intérieur des terres, la Gallura présente une physionomie assez différente du littoral, avec ses grandes forêts de chênes-lièges et ses étendues rocailleuses. Des formations rocheuses en granit hérissent des paysages enchanteurs ; c'est le cas notamment dans la Valle della Luna près d'Aggius *(p. 152)*. La région se caractérise aussi par sa cuisine saine, son artisanat traditionnel et ses nombreux monuments. Outre des nuraghi préhistoriques, on trouve aux environs de Logudoro *(p. 156-157)* un ensemble exceptionnel d'églises romanes, dont la plus remarquable est certainement la Santissima Trinità di Saccargia *(p. 158-159)*, en pierres noires et blanches.

L'île de Caprera, paradis pour les amateurs de bains de soleil et de baignade

◁ **Deux criques de l'île de Mortorio, séparées par une étroite bande de terre**

À la découverte du Nord et de la Costa Smeralda

La plupart des visiteurs souhaitant rejoindre la Costa Smeralda, mais aussi le reste de la Sardaigne, arrivent par le port ou l'aéroport d'Olbia. Le charme du Nord réside dans son littoral, bordé de plages et de falaises sculptées par le vent. D'Olbia, la route serpente au nord vers Santa Teresa di Gallura, puis part à l'ouest en direction du cap de Castelsardo, jusqu'à Porto Torres. À l'intérieur des terres, Tempio Pausania, la capitale de la Gallura, est un excellent lieu de séjour depuis lequel partir en excursion dans la région.

Le rocher en forme d'ours du Capo d'Orso

LA RÉGION D'UN COUP D'ŒIL

24 ISOLA

23 CASTELSARDO

N200

N134

N127

GOLFO DELL'ASINARA

Porto Torres

EXCURSION DANS LE LOGUDORO **20**

22 SASSARI

21 SANTISSIMA TRINITÀ DI SACCARGIA

N597

PLOAGHE

MORES

OZIERI

Le littoral du Capo Testa

Macomer

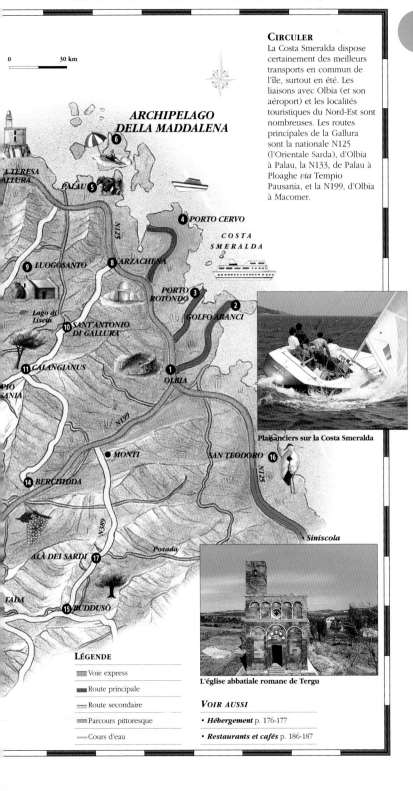

0   30 km

*ARCHIPELAGO
DELLA MADDALENA*

A TERESA
ALLURA

PALAU **5**

6

CIRCULER

La Costa Smeralda dispose
certainement des meilleurs
transports en commun de
l'île, surtout en été. Les
liaisons avec Olbia (et son
aéroport) et les localités
touristiques du Nord-Est sont
nombreuses. Les routes
principales de la Gallura
sont la nationale N125
(l'Orientale Sarda), d'Olbia
à Palau, la N133, de Palau à
Ploaghe *via* Tempio
Pausania, et la N199, d'Olbia
à Macomer.

4 *PORTO CERVO*

*COSTA
SMERALDA*

9 *LUOGOSANTO*   **8** *ARZACHENA*

PORTO **3**
ROTONDO

2

GOLFO ARANCI

*Lago di
Liscia*
10 *SANT'ANTONIO
DI GALLURA*

1

OLBIA

11 *CALANGIANUS*

PIO
ANIA

N199

Plaisanciers sur la Costa Smeralda

● *MONTI*   *SAN TEODORO* **16**

14 *BERCHIDDA*

N125

Siniscola

N389

ALÀ DEI SARDI **17**   *Posada*

TADA

15 *BUDDUSÒ*

L'église abbatiale romane de Tergu

VOIR AUSSI

• *Hébergement* p. 176-177

• *Restaurants et cafés* p. 186-187

LÉGENDE

▬ Voie express

▬ Route principale

▬ Route secondaire

▬ Parcours pittoresque

▬ Cours d'eau

Les ruines de Cabu Abbas

Olbia ❶

Carte routière D1 & 2. 🏘 *42 707.*
🚢 🛈 *Azienda Autonoma Soggiorno*
(0789-214 53).

Située à 200 km seulement du port de Civitavecchia sur le continent italien, Olbia a toujours été le principal point d'accès de l'île, avant Cagliari, la capitale. La construction de l'aéroport destiné à desservir la Costa Smeralda a conforté son rôle comme porte d'entrée de la Sardaigne.

Cette ville moderne n'est généralement qu'une étape pour les visiteurs à destination de la côte. Parmi ses points d'intérêt figurent pourtant une citerne antique sur la Piazza Margherita qui témoigne de l'occupation romaine, et une église romane, **San Simplicio**. La construction de cette dernière commença au XIe siècle ; elle fut ensuite agrandie au XIIIe siècle.

Aux environs : On y trouve deux sites préhistoriques qui valent le détour : le complexe nuragique **Cabu Abbas** (à 4 km au nord-est) et le puits sacré **Sa Testa**.

Pour rejoindre Cabu Abbas depuis le vieux port d'Olbia, prenez le Corso Umberto puis la Via d'Annunzio. Après avoir passé la voie ferrée, vous verrez l'église rurale Santa Maria Cabu Abbas. De là, un sentier serpente vers le sommet de la montagne, que l'on rejoint en 15 minutes à pied. La vue sur l'île de Tavolara est magnifique. Il reste sur le site, qui occupe une zone de près de 200 m de long, un puits et une tour. Des traces de sacrifices – os calcinés et morceaux de terres cuites – y ont été découvertes en 1937.

Pour rejoindre le puits sacré de Sa Testa, prenez la route SP82 en direction de Golfo Aranci jusqu'à l'hôtel *Pozzo Sacro*. L'ensemble comprend une vaste cour pavée, d'où 17 marches couvertes descendent vers la salle du puits.

Golfo Aranci ❷

Carte routière D1. 🏘 *2 048.*
🛈 *mairie (0789-216 72).*

Bien qu'*aranci* signifie oranges, on ne trouve pas d'orangeraies ici. Golfo Aranci doit son nom à une déformation de l'appellation locale *di li ranci*, qui veut dire « des crabes ». Autrefois

partie intégrante d'Olbia, le village de Golfo Aranci devint une localité indépendante en 1979. Depuis 1982, les ferries venant du continent sont de plus en plus nombreux à arriver à Golfo Aranci. C'est aussi là qu'accostent les ferries des Ferrovie dello Stato (chemins de fer d'État italiens).

Le Yacht Club de Porto Rotondo

Porto Rotondo ❸

Carte routière D1.
🛈 *Azienda Autonoma di Soggiorno di Arzachena (0789-826 24).*

Porto Rotondo tient moins du bourg que du grand village touristique soigneusement planifié, jailli de terre lors de l'essor de la Costa Smeralda. Les bâtiments, agencés autour de l'incontournable marina, ont été conçus pour s'intégrer à l'environnement. Le résultat est réussi, et malgré son air légèrement artificiel, Porto Rotondo est un lieu de villégiature qui rencontre un grand succès.

Parc à moules au couchant dans la baie d'Olbia

Vue aérienne de Porto Rotondo

Le quai de Porto Rotondo et la Piazzetta San Marco sont bordés de boutiques de stylistes connus et tout l'été, cafés et restaurants ne désemplissent pas. Les clients viennent y déjeuner, dîner, boire un verre, écouter de la musique ou regarder les gens passer. Hors saison, Porto Rotondo est calme, voire parfois désertique.

L'église San Lorenzo, conçue par Andrea Cascella, contient des statues de bois de Mario Ceroli représentant des personnages bibliques.

À la sortie de Porto Rotondo, la Punta della Volpe sépare le Golfo di Marinella du Golfo du Cugnana.

L'architecture de la Costa Smeralda

Plus de 30 ans se sont écoulés depuis qu'une partie de la côte du nord-est de la Sardaigne est devenue la station balnéaire la plus huppée de Méditerranée : la Costa Smeralda, ou côte d'Émeraude. En 1962, les plages étaient fréquentées uniquement par les troupeaux qui hivernaient sur les îles de Mortorio, Soffi et Li Milani. Le Consorzio Costa Smeralda s'est constitué pour transformer la région. Regroupant initialement des propriétaires terriens, il s'élargit aux propriétaires immobiliers. Des règlements d'urbanisme furent institués, et un comité architectural fut créé pour superviser les nouvelles constructions sur le site. De grands architectes, comme Luigi Vietti, Jacques Couelle, Giancarlo et Michele Busiri Vici, Antonio Simon, Raimond Martin et Leopoldo Mastrella furent chargés des travaux. Aujourd'hui, des palaces, de somptueuses villas et de grands villages de vacances ont vu le jour, de même que des installations sportives, telles que le célèbre Yacht Club ou l'un des plus beaux golfs de Méditerranée.

Le style des nouveaux bâtiments marie divers éléments fréquemment rencontrés dans l'architecture méditerranéenne.

Lors de la conception de Porto Rotondo, les architectes décidèrent de ne recourir qu'à des végétaux indigènes, bannissant les arbres comme les pins, les peupliers et les eucalyptus, qui auraient choqué au milieu des arbousiers, myrtes, lentisques, lauriers-roses et autres mimosas.

Les matériaux utilisés sont traditionnels : pierre locale, galets, tuiles romaines et briques.

Vue aérienne de Porto Cervo

Porto Cervo ❹

Carte routière D1. **ⓘ** *Azienda Autonoma Soggiorno di Arzachena (0789-826 24).*

Rendez-vous de la jet set, Porto Cervo, au cœur de la Costa Smeralda, s'articule autour de deux ports de plaisance où mouillent des yachts privés fort luxueux. En été, de grandes manifestations sportives s'y tiennent, notamment des régates et des tournois de golf. La traditionnelle promenade du soir sur les quais, entre les boutiques des grands stylistes d'un côté et les yachts de luxe de l'autre, est un must. L'église Stella Maris contient une toile attribuée au Greco.

AUX ENVIRONS : Les alentours de Porto Cervo comptent quantité de belles plages, comme Liscia Ruja au sud, qui borde la Cala di Volpe, abritée.

Palau ❺

Carte routière D1. **⚐** *3 238.* **ⓘ** *Azienda Autonoma Soggiorno (0789-70 95 70).*

Point de départ idéal pour une excursion dans l'archipel de la Maddalena, Palau doit également son succès au charme de la ligne de chemin de fer Sassari-Tempio-Palau. Dans cette localité plutôt animée en été, la vie se concentre autour du quai des ferries et du port de plaisance. De Palau, on rejoint aisément quelques-uns des endroits les plus fascinants et

les plus connus de la côte. C'est le cas, par exemple, du Capo d'Orso (cap de l'Ours) déchiqueté et ponctué par un grand rocher en forme d'ours, façonné par le vent.

Pour rejoindre la Punta Sardegna, prenez la route qui monte au Monte Altura, avant de descendre vers la plage de Cala Trana, à l'extrémité du cap. La vue sur la côte et sur les îles est superbe, surtout au petit matin et au couchant, malgré les constructions récentes qui altèrent lentement mais sûrement les paysages.

Arcipelago della Maddalena ❻

p. 146-149

Santa Teresa di Gallura ❼

Carte routière C1. **⚐** *4 127.* **ⓘ** *Azienda Autonoma Soggiorno (0789-75 41 27).*

Déjà habités à l'époque romaine, les environs de Santa Teresa jouèrent un rôle important également au Moyen Âge, où les Pisans utilisèrent le granit local dans l'architecture. La ville fut entièrement reconstruite sous les Savoie, acquérant sa physionomie actuelle. Elle présente un plan

Palau, port d'embarquement pour l'archipel de la Maddalena

L'AGA KHAN ET LA COSTA SMERALDA

Le groupe d'investisseurs étrangers du Consorzio Costa Smeralda fut constitué en 1962, avec à sa tête Karim Aga Khan IV. Ce prince richissime et charismatique, diplômé de l'université de Harvard, avait alors une vingtaine d'années. Il aurait dépensé plus d'un milliard de dollars pour créer ce paradis de la jet set, avec ses marinas, ses palaces, ses villas et ses restaurants luxueux jalonnant la côte de la Gallura, tous conçus pour se fondre dans le paysage rocheux de la Sardaigne. L'entreprise a été couronnée de succès : Porto Cervo et les villages voisins sont rapidement devenus des lieux de villégiature très prisés, surtout par les vacanciers riches et célèbres que l'on voit, en été, sur les quais de Porto Cervo.

Karim Aga Khan

Vue de Santa Teresa di Gallura

rectiligne, avec des rues se coupant à angle droit, et avec au centre une petite place et l'église San Vittorio. L'économie locale repose sur la pêche (y compris la pêche au corail) et sur le tourisme.

Sur le cap rocheux se dresse la Torre Longosardo, une tour construite au XVIe siècle, pendant la période aragonaise. Elle offre une belle vue de la baie de Porto Longone et, au loin, des falaises blanches entourant Bonifacio (la Corse n'est qu'à 12 km).

Au sud, la côte décline vers la plage de Rena Bianca, qui s'achève non loin de l'Isola Monica, un îlot avec les vestiges d'une carrière abandonnée.

Le phare du Capo Testa

AUX ENVIRONS : À 5 km environ se trouve le **Capo Testa**, un cap rocheux relié à l'île par une étroite bande de sable. On y accède par un très joli itinéraire qui passe par les baies de Colba et de Santa Reparata. Une promenade à travers les carrières modernes et antiques – les Romains s'y procurèrent le granit des colonnes du Panthéon – vous mènera au phare du Capo Testa, accompagné des douces senteurs du maquis.

Arzachena ❽

Carte routière D1. 🏠 9 963.
🛈 *Azienda Autonoma Soggiorno (0789-826 24).*

Voici trente ans, Arzachena était un paisible village de bergers de l'arrière-pays. Aujourd'hui, la ville, métamorphosée, est au cœur de l'un des plus célèbres centres touristiques du monde, la Costa Smeralda. Un étrange rocher façonné par l'érosion due au vent domine les maisons : c'est le Fungo (champignon). À proximité, on a retrouvé un grand nombre de traces de peuplements préhistoriques. Parmi les sites les plus intéressants à visiter lors d'une excursion figurent le **nuraghe Albucciu**, la **Tomba dei Giganti Coddu Vecchiu** et la **nécropole de Li Muri**.

⋂ Nuraghe Albucciu
⬭ *entrée libre.*
D'Arzachena, prenez la route pour Olbia. Après 600 m, prenez l'embranchement, puis empruntez le chemin sur la

droite. Arrivé au nuraghe, montez l'échelle menant au niveau supérieur pour visiter la partie latérale.

Les consoles de pierre qui soutenaient autrefois la structure d'origine en bois sont intactes.

⋂ Tomba dei Giganti Coddu Vecchiu
⬭ *entrée libre.*
Pour rejoindre la tombe des Géants, prenez la nationale N427, direction Calangianus ; 3 km plus loin, tournez à droite, en suivant les indications Luogosanto. Après 1 800 m, vous rejoindrez la route de Capichera. Au bout de 500 m, vous verrez un chemin menant à la tombe, qui est située sur la droite. Au milieu du monument funéraire se trouve une stèle de 4 m de haut, entourée d'un mur en demi-cercle constitué de blocs de pierre fichés en terre.

⋂ Nécropole de Li Muri
⬭ *entrée libre.*
En sortant d'Arzachena, suivez les indications vers Calangianus (SS427) puis la route qui part à droite vers Luogosanto. Continuez sur environ 4,5 km et tournez à nouveau à droite, sur une piste qui mène à la nécropole de Li Muri.

L'ensemble comprend plusieurs tombes anciennes qui sont des chambres funéraires entourées par pas moins de cinq cercles de pierre concentriques. Ceux-ci forment le plus important complexe monumental de l'époque dite de la culture d'Arzachena par les archéologues.

Le mistral fouettant les vagues au Capo Testa

Arcipelago della Maddalena ❻

Fauvettes

L'archipel de la Maddalena regroupe sept îles : la Maddalena, Caprera et Santo Stefano au sud-est, Spargi, Budelli, Razzoli et Santa Maria au nord-ouest. Au-delà s'étendent les Bouches de Bonifacio, classées réserve marine internationale au début de l'année 1997. Des côtes rocheuses et déchiquetées, des rochers sculptés par le vent et l'eau et le maquis caractérisent ces îles, appelées les Cuniculariae, ou « îles du Lapin » à l'époque romaine. Au XVIIIᵉ siècle, la Maddalena, située à un emplacement stratégique, servit de base militaire. Lors d'une excursion dans l'archipel, on ne manquera pas de visiter Caprera, pour découvrir l'endroit où vécut Giuseppe Garibaldi, le héros de l'indépendance italienne, et celui où il repose désormais.

CARTE DE SITUATION

RAZZOLI   SANTA MARIA

BUDELLI

SPARGI

LA MADDALENA

Spargi
Inhabitée comme Budelli, Razzoli et Santa Maria, l'île possède des eaux cristallines et des plages isolées, ce qui en fait un paradis pour les nageurs et les plongeurs.

Une route pittoresque d'un peu plus de 20 km fait le tour de Spargi, offrant des vues magnifiques de l'archipel, de la Corse et des quatre îles de Lavezzi qui en dépendent.

Les oiseaux
Les nombreuses formations rocheuses de l'archipel abritent des oiseaux marins tels que des cormorans, à la plus grande joie des ornithologues amateurs.

★ La Maddalena
C'est la principale localité de l'archipel. Elle s'organise autour de la Piazza Umberto I et de la Piazza Garibaldi. Du port, des bateaux partent pour des excursions dans les îles voisines.

Régates
Le vent d'ouest, qui souffle quasiment en permanence dans l'archipel, en fait un endroit de choix pour les courses de voiliers.

La Guardia Vecchia est le plus haut sommet de l'île. Les souverains de la maison de Savoie y firent construire le fort de San Vittorio, qui abrite aujourd'hui un phare.

Le Monte Teialone est le point culminant de Caprera.

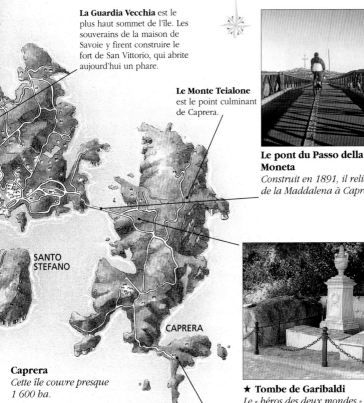

SANTO STEFANO

CAPRERA

Caprera
Cette île couvre presque 1 600 ha.

Le pont du Passo della Moneta
Construit en 1891, il relie l'île de la Maddalena à Caprera.

★ Tombe de Garibaldi
Le « héros des deux mondes » fut enterré ici le 2 juin 1882.

À NE PAS MANQUER

★ La Maddalena

★ La tombe de Garibaldi

À la découverte de l'Arcipelago della Maddalena

Ce petit archipel est particulièrement apprécié des passionnés de voile et de pêche sous-marine ainsi que des amateurs de calme et de nature sauvage. À l'exception des deux plus grandes îles, l'archipel est inhabité. Avec les autres îlots de l'archipel, il se prête admirablement bien aux excursions en bateau.

Quartier général de la marine régionale de Sardaigne, à La Maddalena

La Maddalena

Carte routière D1. 🏛 *11 235.*
ℹ️ *Azienda Autonoma Soggiorno,
Via XX Settembre 24 (0789-73 63
21).* 🚢 *de Palau.* 🎉 *20-22 juil :
Santa Maria Maddalena.*

La ville qui est désormais la capitale de l'île a été fondée en 1770, remplaçant un petit village construit en bordure de la Cala Gavetta. Après l'échec de l'invasion française, en 1793, l'amiral britannique Horatio Nelson s'arrêta à La Maddalena en 1804. En 1887, l'archipel tout entier fut transformé en base navale par les souverains de la maison de Savoie. Sur la Via Amendola, qui longe le bord de mer, un ensemble de bâtiments du XIXᵉ siècle témoigne du développement rapide de la ville à cette époque. Le Municipio (mairie), sur la Piazza Garibaldi, conserve une bombe française datant de la tentative de conquête de la Sardaigne en 1793.

Le soir, surtout en été, la Via Garibaldi est le lieu de rendez-vous des promeneurs. Non loin se dresse l'église Santa Maria Maddalena. Vous pourrez y voir deux beaux candélabres et une croix en argent donnée aux habitants de l'île par l'amiral Nelson. La Maddalena est toujours le quartier général de la marine régionale de Sardaigne.

🎣 La route pittoresque

Elle se déroule sur environ 20 km, longeant la Cala Spalmatore et les baies de Stagno Torto et de Baia Trìnita.

En quittant La Maddalena, vous passerez par l'église de la Trinità, puis par l'embranchement pour le Monte Guardia Vecchia, avec le fort de San Vittorio édifié sous les Savoie, et, enfin, vous atteindrez l'île de Giardinelli, reliée à La Maddalena par une

étroite bande de terre. Plus au nord se trouvent Porto Massimo, les criques d'Abbatoggia et la Cala d'Inferno, ainsi que l'autre grande fortification de l'île, le Forte dei Colmi. La première partie de l'itinéraire comprend également le **Museo Archeologico Navale « Nino Lamboglia »**, le musée maritime, qui présente des vestiges de la cargaison du « bateau de Spargi », une embarcation romaine découverte dans les années 50.

🏛 Museo Archeologico Navale « Nino Lamboglia »

Località Mongiardino. ⭕ *de 8 h à 13 h 30 du mar. au dim* 📞 *0789-79 06 60.* ♿

Caprera

Carte routière D1. ℹ️ *Azienda Autonoma Soggiorno della Maddalena (0789-73 63 21).*

Cet îlot, avec ses 34 km de littoral, est relié à l'île de la Maddalena par un pont de 600 m de long, le Passo della Moneta. Ceux qui en ont le courage monteront les marches jusqu'au sommet du Monte Teialone (212 m).

Caprera devint la propriété de Giuseppe Garibaldi en 1856. Son domaine fait désormais partie du **Compendio Garibaldino**, un vaste musée. La visite comprend la découverte des écuries, où est remisée une machine à vapeur qui servait au battage, des mouillages et de la Casa Bianca, où sont réunis des témoignages de la vie aventureuse du héros : armes, drapeaux, portraits, vêtements (y compris sa célèbre chemise

---

GARIBALDI ET CAPRERA

Giuseppe Garibaldi, légendaire héros et révolutionnaire italien, se réfugia à Caprera en 1849, après la chute de la république romaine. Il y revint en 1855, après la mort de sa femme Anita, et décida d'acheter la majeure partie de l'île. Par la suite, des amis anglais lui firent don des terres restantes. Garibaldi, qui joua un rôle clef dans l'unification de l'Italie, s'installa définitivement à Caprera en 1857. Il y mourut en 1882.

**Giuseppe Garibaldi portant
la fameuse chemise rouge**

La célèbre plage de sable rose de Budelli

rouge) et une maquette de la bataille de Solferino.

La pièce préférée de Garibaldi était le salon, où il demanda à être porté avant de mourir. Le calendrier et les horloges de cette pièce indiquent toujours l'heure précise de son décès : 18 h 20, le 2 juin 1882.

Caprera possède une célèbre école de voile, le Centro Velico Caprera (*p. 199*).

Compendio Garibaldino
🎫 *de 9 h à 13 h du mar. au ven. ; de 9 h à 14 h sam. et dim.* ⬤ *jours fériés.* 📷

Santo Stefano
Carte routière D1.
ℹ️ *Azienda Autonoma Soggiorno La Maddalena (0789-73 63 21).*
Situé à mi-chemin entre Palau et l'île de la Maddalena, l'îlot est desservi par des bateaux qui quittent à intervalles réguliers le port de La Maddalena.

Aussi appelée fort Napoléon, la forteresse de Santo Stefano (ou San Giorgio), construite à la fin du XVIIIe siècle, domine l'île.

Sur la côte ouest, la plage de Pesce abrite un village de vacances.

Spargi
Carte routière D1. 🚤 *de La Maddalena.* ℹ️ *Azienda Autonoma Soggiorno La Maddalena (0789-73 63 21).*
Spargi, qui mesure un peu moins de 2 km de diamètre, n'est habité que par quelques bergers. La côte de cette île rocheuse est escarpée et peu accessible, mais on y trouve une jolie plage propice à la baignade, quoique dépourvue de tout équipement. Un bateau romain a été découvert au large de la Cala Corsara, sur la côte sud. Il est désormais exposé au Museo Archeologico Navale « Nino Lamboglia » à La Maddalena.

Budelli
Carte routière D1.
ℹ️ *Azienda Autonoma Soggiorno La Maddalena (0789-73 63 21).*
Cette belle île inhabitée est célèbre pour sa plage de sable rose. Bien que n'étant dotée d'aucune installation touristique, Budelli est apprécié des visiteurs pour son cadre naturel intact.

Les eaux transparentes attirent également les amateurs de plongée, qui peuvent y observer la faune et la flore ou bien pêcher.

LA VOILE DANS LE NORD DE LA SARDAIGNE

Les Bouches de Bonifacio sont émaillées d'îlots et de rochers couronnés de phares qui sont autant de balises naturelles, ce qui en fait un cadre idéal pour les courses de voiliers et de dériveurs. Le vent y souffle quasiment en permanence, le vent d'ouest atteignant facilement 40 km/h en été.

Le Costa Smeralda Yacht Club de Porto Cervo, fondé par l'Aga Khan, est le principal centre nautique de la région. Il organise plusieurs grandes courses et d'autres compétitions. Les plus célèbres sont la Sardinia Cup, une course au large qui se tient toutes les années paires, et la Settimana delle Bocche, une compétition qui oppose en été des hors-bord de toute l'Italie.

Les années impaires, le vieux port de Porto Cervo accueille une cinquantaine de vieux gréements, du *gozzo* avec sa voile latine caractéristique à la goélette de 30 m. Cette célèbre manifestation, qui se tient depuis 1982, est généralement suivie du championnat du monde des voiliers de la maxi-classe.

D'autres grands championnats, européens ou internationaux, s'y tiennent également. En 1983, le Costa Smeralda Yacht Club a représenté l'Italie dans la coupe de l'America, avec le voilier *Azzurra*. En 1987, il a organisé des régates pour sélectionner le représentant de l'Italie pour l'édition de la coupe de l'America se déroulant à Perth, en Australie.

Voiliers dans les Bouches de Bonifacio

L'ermitage de San Trano, du XIIe siècle, près de Luogosanto

Luogosanto ❾

Carte routière C1. 🏃 *1 873.* 🚏
Pro Loco (079-65 22 13). 🎒 *1er dim.
d'août : San Quirico.*

Ce village perdu dans le
maquis est connu pour
son miel amer, qui se déguste
souvent avec des *seadas
(p. 181).* Avec son décor
de verdure et de rochers
gris-rose érodés par le vent,
Luogosanto est une localité
typique de la Gallura.
Tous les sept ans, une
cérémonie solennelle et haute
en couleurs célèbre
l'ouverture de la Porta Santa
(porte sainte) de l'église
Nostra Signora di Luogosanto.
La fête de San Quirico
s'achève par un dîner
réunissant tous les villageois.
On prépare pour l'occasion le
carr'e cogghju, un plat
traditionnel à base de viande
de porc et de chou. À environ
1 km à l'est de Luogosanto,

l'ermitage **San Trano** est
perché à 410 m, dominant la
région. La petite église a été
construite au XIIe siècle en
l'honneur des saints ermites
San Nicola et San Trano qui,
selon la légende, vivaient
dans la petite grotte derrière
l'autel.
Non loin jaillit la source de
Filetta, dont l'eau est réputée
dans toute l'île. Récemment,
ses alentours ont été
aménagés : on a construit des
marches pour y accéder et
doté le site de lampadaires.

Sant'Antonio di Gallura ❿

Carte routière D1. 🏃 *1 653.* 🚏
🛈 *mairie (079-66 90 13).*
🎒 *1er dim. de sept. : Sant'Antonio.*

Le village a toujours été un
important centre agricole
et d'élevage ovin. Au milieu
du bourg, sur un éperon

rocheux, un site
archéologique a récemment
été mis au jour ; il est
renommé pour ses rochers
sculptés par le vent. L'endroit
était habité dans la préhistoire.
La première semaine de
septembre, les fêtes de
Sant'Antonio, San Michele et
Sant'Isidoro sont célébrées
avec une procession. Des
tracteurs et des bœufs décorés
suivent des statues des saints
dans les rues du bourg.

AUX ENVIRONS : À 2 km de
Sant'Antonio di Gallura
s'étend le lac artificiel de
Liscia, d'une capacité de
150 millions de m³ d'eau.

Calangianus ⓫

Carte routière C2. 🏃 *4 706.* 🚉
🛈 *Pro Loco (079-66 11 48).*
🎒 *3e dim. de sept. : Sant'Isidoro.*

Dans les forêts des
alentours, les traces de la
récolte du liège sont
omniprésentes : les chênes-
lièges écorcés ont cette
couleur rouge typique qui
restera jusqu'à ce que leur
écorce repousse, et les plaques
de liège sont assemblées en
grandes piles pour le séchage.
Calangianus est le centre de
production de liège de la
Gallura, et on y trouve
quantité d'ateliers et d'usines
travaillant ce matériau. Une
grande école enseignant la
culture du chêne-liège et
l'exploitation de son écorce s'y
est également installée. Tous

Le lac artificiel de Liscia près de Calangianus

les ans, en septembre, Calangianus accueille une exposition et une foire au chêne-liège où l'on peut voir ses nombreux produits dérivés et ses applications domestiques et industrielles.

Au centre de la vieille ville, une petite place isolée est bordée d'un côté par l'église paroissiale Santa Giusta, construite au XVIIe siècle.

Objets en liège fabriqués dans la Gallura

AUX ENVIRONS : Près du village de **Luras** (au nord-ouest de Calangianus), des dolmens préhistoriques sont accessibles aux visiteurs. Pour rejoindre le site, traversez Luras, direction Luogosanto, puis tournez à droite juste avant la sortie du village. Là où la route pavée s'arrête, prenez la piste sur la droite : elle mène au **dolmen Ladas**, le plus impressionnant de tous. Agencé selon un plan rectangulaire et coiffé de deux blocs de granit, il mesure 6 m sur 2,20 m.

Tempio Pausania ⑫

Carte routière C2. 🏛 *13 961.* 🚉
🛈 *Pro Loco (079-63 12 73).*

Capitale de la Gallura, Tempio Pausania compte beaucoup de bâtiments modernes, qui ont tendance à cacher la charmante vieille ville. En cherchant, vous découvrirez malgré tout des bâtiments à deux ou trois étages faits de murs en granit sombre et de balcons typiques. À quelques pas de la Piazza Gallura, au

Bas-relief, Santa Croce

centre, sur laquelle donnent la mairie et d'autres bâtiments publics, se dresse la **cathédrale**, fondée au XVe siècle puis reconstruite au XIXe siècle. Non loin, l'Oratorio del Rosario et la petite église **Santa Croce** méritent une visite.

À la sortie de la ville jaillit la **source de Rinaggiu**, dont l'eau minérale est réputée pour ses vertus. Outre les fêtes traditionnelles, un festival international folklorique se tient ici en juillet.

AUX ENVIRONS : Non loin de la ville, en empruntant la nationale N133, vous atteindrez la bifurcation pour le **nuraghe Maiori**, l'une des

structures mégalithiques les mieux conservées de la région. En partant au sud de la ville, par la nationale 392, après 17 km, vous passerez non loin du sommet du **Monte Limbara** (1 359 m), que l'on rejoint en quelques minutes à pied depuis la route pavée.

En chemin, vous verrez le relais de Curadoreddu (à 6 km environ de Tempio Pausania) ; là, une bifurcation à gauche mène à un centre piscicole abandonné. Les bassins creusés dans la roche et les chutes d'eau sont impressionnants. L'eau coule d'une masse rocheuse à l'autre. Le spectacle est encore plus saisissant durant les mois d'hiver.

Lit d'un cours d'eau de montagne près de Curadoreddu

LE LIÈGE ET L'ARTISANAT DE GALLURA

L'écorce du chêne-liège *(Quercus suber)* a toujours joué un rôle essentiel dans l'économie de la Gallura. Ce matériau est utilisé dans la vie quotidienne et dans l'artisanat. Parmi les ustensiles de cuisine en liège, on trouve des cuillères et des louches (comme le *s'uppu*, une petite louche servant à collecter l'eau), des seaux, divers récipients pour l'eau et le vin, et de grands plats – appelés *agiones* en dialecte local – pour les rôtis et autres mets. Aujourd'hui, la région de Tempio Pausania produit 90 % des bouchons de liège utilisés en Italie, mais ce produit sert également de matériau de construction et d'isolation. Léger, ne laissant passer ni l'eau ni l'air, doté de propriétés isolantes et d'une excellente longévité, le liège est très polyvalent. Il faut attendre qu'un arbre ait 25 à 30 ans

Plaques prêtes à l'emploi

avant de procéder au premier écorçage, ou démasclage. Poreuse et élastique, la première couche est sans valeur. Ce n'est que neuf à dix ans après ce premier écorçage que l'on obtient une couche de liège exploitable. Les arbres sont ensuite écorcés tous les neuf ou dix ans, et les plaques sont soigneusement séchées avant d'être utilisées.

Chêne-liège écorcé

La Valle della Luna (vallée de la Lune), près d'Aggius

Aggius ⓭

Carte routière C1. 🏠 *1 776.* ℹ️
Pro Loco (079-62 04 88). 📅 *1er dim.
d'oct. : Santa Vittoria et Madonna del
Rosario.*

Ce village et ses environs
sont marqués par des
curiosités naturelles. Un éperon
granitique domine le paysage,
tant du côté du Parco Capitza,
qui surplombe la localité, que
du côté de l'incroyable
labyrinthe de formations
rocheuses qu'offre la Valle
della Luna, non loin.

Jadis bastion de la famille
Doria de Gênes, puis gouverné
par les Aragonais, Aggius doit
sa prospérité actuelle à
l'extraction et à l'exploitation
du granit. L'artisanat local joue
aussi un rôle important pour
l'économie – surtout la
fabrication de tapis, réalisés à
chaque étape selon des
techniques traditionnelles.

Le centre d'Aggius invite à la
promenade, avec ses maisons
anciennes en pierre
soigneusement restaurées qui
comptent parmi les plus belles
de la Gallura. Le premier
dimanche d'octobre, des fêtes
traditionnelles sont célébrées,
comme celle de *di li 'agghiani*,
pour les hommes célibataires,
auxquels on sert la *suppa
cuata*, une soupe au pain et au
fromage.

En prenant la route pour
Isola Rossa, on accède
rapidement à la **Valle della
Luna** ; ses étranges
formations rocheuses sont
le fruit de glaciations.

Dans un virage à
gauche, une piste part sur
la droite. Suivez-la quasiment
jusqu'au pont, puis continuez
sur la petite route à droite ;
vous atteindrez le **nuraghe
Izzana**, au milieu de la vallée.

Rochers au-dessus d'Aggius

Berchidda ⓮

Carte routière C2. 🏠 *3 333.* 🚉
ℹ️ *mairie (079-70 46 90).*

Installée sur les versants sud
du Monte Limbara, dans un
paysage vallonné qui s'étend
jusqu'au Monte Azzarina,
Berchidda est un grand village
dont l'économie repose sur
l'élevage de moutons, les
produits laitiers, le liège et la
viticulture. Le principal vin
régional est le Vermentino
(l'un des vins blancs sardes
les plus connus). Quant au
pecorino local, c'est un
fromage d'excellente qualité.

À 4 km environ du centre de
Berchidda, vous pourrez
rejoindre, en grimpant, les
ruines du **Castello di
Montacuto**, qui fut la
forteresse d'Adelasia di Torres
et de son époux, Ubaldo
Visconti, avant de passer entre
les mains des familles Doria et
Malaspina, venues du
continent. Le
Monte
Limbara, le
cœur
géographique
de la Gallura,
se dresse en
arrière-
plan.

**Fromage et Vermentino,
un vin blanc, produits à
Berchidda**

Buddusò ⓯

Carte routière C2 & D2. 🏠 *6 399.*
ℹ️ *mairie (0789-21 453).*

La bourgade est plutôt
prospère, grâce à l'élevage
de moutons, aux carrières de
granit et au liège.

Les rues pavées de la vieille
ville se faufilent entre des
bâtiments de pierre sombre.
À l'époque romaine, la route
principale de Kàralis (Cagliari)
à Olbia traversait la localité,

appelée alors Caput Thirsi. L'église **Santa Anastasia** et les peintures de la sacristie méritent la visite. Une excursion dans les **Monti di Alà** vous laissera également un excellent souvenir.

AUX ENVIRONS : Non loin se trouvent le **nuraghe Iselle** (vers Pattada) et le **nuraghe Loelle**, sur la route de Mamone.

Un *cuile*, une cabane de berger

San Teodoro ⑯

Carte routière D2. 🚶 2 889.
ℹ️ *Azienda Autonoma Soggiorno di Olbia (0789-21 453).*

Au sud du Capo Coda Cavallo, en face de l'île rocheuse de Tavolara, San Teodoro est un village qui s'est agrandi rapidement au cours des dernières années, en raison du développement du tourisme.

C'est un excellent point de départ pour des excursions vers la plage de Cinta, une longue bande de sable qui sépare le **Stagno di San Teodoro** de la mer. Non loin

L'ÎLE DE TAVOLARA

Cette île est le sommet d'une montagne de calcaire jaillissant de la mer, à 500 m d'altitude. Le côté oriental est une zone militaire, inaccessible, mais la partie basse et sablonneuse, appelée Spalmatore di Terra, possède plusieurs plages, un petit port, quelques restaurants et quelques maisons. Avec les îles voisines de Molara et Molarotto, où vivent quelque 150 mouflons, Tavolara devrait devenir une réserve marine. Les falaises de granit sont criblées de grottes et de crevasses. Des lis poussent dans la région de Spalmatore di Terra, et la roche est tapissée de genévriers, d'hélichrysum, de romarin et de lentisque. Selon la tradition, Carlo Alberto, roi de Piémont et de Sardaigne, vint sur l'île pour y voir les légendaires « chèvres aux dents d'or » (un phénomène dû à l'herbe qu'elles mangent). Il fut tellement fasciné par l'endroit qu'il nomma officiellement son unique habitant, Paolo Bertolini, « roi de Tavolara ». En été, l'île est régulièrement desservie par bateau depuis Olbia *(p. 142)*.

La silhouette caractéristique de l'île de Tavolara

de l'Orientale Sarda *(p. 80)*, ces 200 ha de marais sont l'un des rares vestiges des marécages côtiers qui s'étendaient autrefois au sud de la baie d'Olbia. Colverts et foulques peuplent ces eaux. Lorsque les oiseaux aperçoivent un oiseau de proie ou tout autre danger, ils se rassemblent en grands groupes et font un vacarme assourdissant. Vous pourrez également observer des hérons cendrés, des gravelots à collier interrompu et des faucons crécerelles.

Les rochers de granit permettent aux canards de se reposer

Crécerelle

L'eau calme et tranquille regorge de nourriture pour les oiseaux.

Héron cendré

Les rivages sont appréciés des créatures vivant dans la vase.

Vanneau

Le Stagno di San Teodoro

Le village d'Alà dei Sardi

Alà dei Sardi ⑰

Carte routière D2. 🏘 *1 981.*
ℹ *mairie de Buddusò*
(079-71 40 03). 🎉 *4 oct. : fête*
champêtre pour la San Francesco.

Le paysage d'Alà dei Sardi et de son plateau, dernière étendue de l'arrière-pays rocheux dominant la baie d'Olbia, est marqué par la rocaille, le maquis et des forêts d'immenses chênes-lièges, affichant les marques de l'écorçage.

La rue principale du village est bordée de petites maisons de granit typiques de la région.

AUX ENVIRONS : Peu après la sortie du village, à quelques pas de la route menant à Buddusò, se trouvent le **nuraghe Ruju** et les vestiges d'un village préhistorique enfoui dans les broussailles. En suivant le panneau qui indique la direction de Monti, l'itinéraire traverse un grand plateau émaillé d'étonnantes formations rocheuses très variées. À un embranchement, la route part vers le sanctuaire San Pietro l'Eremita. Les paysages sont étonnants : de loin en loin, on aperçoit la mer et la silhouette caractéristique de l'île de Tavolara (*p. 153*). L'église romane San Pietro l'Eremita a été restaurée récemment. Tous les ans, en août, pour Ferragosto (Assomption), elle accueille une foule de pèlerins venus des villages voisins.

Pattada ⑱

Carte routière C2. 🏘 *3 724.*
ℹ *mairie de Buddusò (079-71 40 03).*
🎉 *29 août : Santa Sabina.*

Installée au cœur d'une zone riche en nuraghi préhistoriques et autres témoignages du passé, Pattada est célèbre pour sa production de couteaux en acier, qui vit le jour ici en raison de la présence d'un important gisement de fer, exploité depuis des siècles. Les forgerons du village perpétuent la tradition des lames en acier et des manches en corne.

La forêt de Sa Fraigada, près de Pattada

LES COUTEAUX DE PATTADA

Étui

Le plus connu des couteaux de berger est la *resolza* (le mot vient du latin *rasoria*, ou rasoir), fabriquée à Pattada. Il s'agit d'un couteau de poche avec une lame en acier pouvant atteindre 14 cm de long. Les forgerons de Pattada ne travaillent que des matériaux traditionnels. L'acier est martelé dans une forge, sur une enclume. Le manche est en bois ou en corne de mouflon, de bélier ou de cerf. La production de couteaux de Pattada remonte au milieu du XIXᵉ siècle, et les meilleurs instruments sont toujours fabriqués à la main, par des artisans chevronnés. Parmi les maîtres contemporains, certains, comme Salvatore Giagu et Maria Rosaria Deroma, s'inspirent des plus anciens modèles de couteaux de Pattada, telle la *corrina*, à lame fixe, qui date du XVIIIᵉ siècle. Il n'est pas facile de trouver ces objets à la vente et il faut se méfier des imitations. La production est longue et complexe, mais vous pourrez faire faire un couteau sur commande. Le délai est d'environ un an.

Le manche est en bois ou en corne.

La lame en acier est travaillée à la main.

Couteaux de Pattada

Le lac artificiel formé par le Rio Mannu, à Pattada

Partout en Italie, on trouve par dizaines des imitations de ces couteaux sardes réputés.

Non loin de Pattada, allez voir les **Fiorentini**, une étendue de verdure qui est le résultat de la reforestation, et les ruines du château médiéval d'Olomene.

Terre cuite découverte dans la Grotta di San Michele

Ozieri ⑲

Carte routière C2. 🏛 *11 782.* 🚉
ℹ Pro Loco (079-77 00 77) ou Comunità Montana del Monte Acuto (079-78 61 13). 🎉 2ᵉ dim. de mai : Sant'Antioco di Bisarcio.

Ozieri est installé dans une cuvette naturelle de toute beauté. Cette ville aux traditions vivaces s'enorgueillit d'une histoire fascinante, riche de plusieurs millénaires, qui a permis d'approfondir les connaissances sur les cultures pré-nuragiques.

L'architecture de la ville, assez variée, s'intègre parfaitement au paysage, se fondant dans les versants de la colline. À l'occasion, on aperçoit, sur les toits des maisons, des terrasses regorgeant de fleurs.

Une promenade dans la vieille ville vous mènera vers la **Piazza Carlo Alberto** et la **Piazza Fonte Grixoni**, avec en son centre une ancienne fontaine. En bordure du quartier historique se dresse la **cathédrale** néo-classique. Elle abrite un splendide polyptyque sarde du XVIᵉ siècle, dû à un artiste anonyme : le Maestro di Ozieri (le Maître d'Ozieri).

L'œuvre, qui représente le célèbre miracle du sanctuaire de Notre-Dame de Lorette, révèle des influences espagnoles et des traits de maniérisme flamand. Le monastère San Francesco, du XVIIᵉ siècle, abrite le **Museo Archeologico**, où sont réunies des trouvailles archéologiques de la région. La plupart des objets appartiennent à la culture d'Ozieri, qui prédomina ici de 3500 à 2700 av. J.-C. Elle est aussi appelée culture de San Michele,

du nom de la grotte abritant les vestiges les plus nombreux.

Sites et ruines archéologiques et historiques, comme les *domus de janas* de Butule, la nécropole de San Pantaleo et le dolmen de Montiju Coronas sont nombreux dans les environs.

La **Grotta di San Michele** est située derrière l'hôpital d'Ozieri, près du stade d'athlétisme (une partie de la grotte a d'ailleurs été détruite lors de sa construction). Une moisson de céramiques décorées a été découverte ici, ainsi que des ossements humains, une statuette d'une déesse mère et des morceaux d'obsidienne du Monte Arci.

Toutes ces trouvailles attestent la théorie selon laquelle la culture de Bonu Ighinu, plus ancienne, aurait perduré un temps à l'époque de la culture d'Ozieri.

🏛 **Museo Archeologico di Ozieri**
Piazza Canonico Spano.
📞 079-78 76 38. 🕐 de 9 h à 13 h et de 16 h à 19 h du mar. au sam. ; de 9 h 30 à 12 h 30 dim.
Grotta di San Michele, hôpital d'Ozieri.
🎫 billet valable pour les deux visites.

Maisons s'étageant à flanc de colline, à Ozieri

Excursion dans le Logudoro ⑳

**Relief,
Sant'Antioco
di Bisarcio**

A près la chute de l'Empire romain, la
Sardaigne ne retrouva son rôle central
en Méditerranée qu'en l'an 1000, quand
des marchands, des soldats et des
religieux pisans et génois arrivèrent dans
l'île, entrant en contact avec ses
différentes cultures régionales. Les églises
romanes du nord de la Sardaigne sont le
fruit de cette rencontre. Il est difficile d'évaluer avec
précision, pour chaque monument, l'apport respectif
des artistes et artisans locaux d'une part, des Pisans et
des Génois de l'autre. Quoi qu'il en soit, on trouve à
l'est de Sassari un ensemble d'églises romanes qui
n'ont rien à envier à celles de la péninsule.

Nostra Signora di Tergu ⑦
Elle a été bâtie sur les ruines
d'un monastère fondé par
des moines du Mont-Cassin,
en Toscane.

**Santissima Trinità di
Saccargia** ①
Construite dans un
appareil alternant pierres
noires et blanches, elle est
le fleuron de l'architecture
romane du nord de l'île.
L'abside est ornée de
fresques représentant un
Christ en majesté, plusieurs
saints et des scènes de la
vie du Christ. L'église a été
restaurée au début
siècle (p. 158-159).

**San Michele di Salvènero
(Ploaghe)** ②
Au XIIᵉ siècle, les moines de
Vallombrosa édifièrent cette
église près du village de
Salvènero, qui a disparu depuis.
Elle se dresse désormais, isolée,
à un carrefour. Restauré au
XIIIᵉ siècle puis à nouveau en
1912, ce monument superbe
mériterait davantage d'attention
et d'entretien.

Castelsardo

N200

N134

N131

N13

**Nuraghe di
Cannarzu**

N672

● *Ploaghe*

N597

**Santa Maria del
Regno (Ardara)** ③
Santa Maria, consacrée
en 1107, diffère des autres
églises pisanes romanes.
Sa façade est tournée vers
le sud, peut-être pour
que la lumière atténue
l'austérité de la pierre
sombre et le caractère
ramassé du clocher.

San Pietro di Simbranos (ou delle Immagini) ⑥

Son nom traditionnel vient du bas-relief de la façade représentant un abbé et deux moines (le terme *immagini*, ou « images », désignait à l'époque des sculptures). San Pietro, non loin de Bulzi, a été construit en 1113. De nouveaux travaux entrepris un siècle plus tard lui ont donné sa forme actuelle. Ce bâtiment exerce une fascination particulière, par son cadre isolé et paisible.

MODE D'EMPLOI

Carte routière C2.
Santissima Trinità di Saccargia et Sant'Antioco di Bisarcio
◯ *aux horaires habituels :* **San Michele di Salvènero** ⬤ **Nostra Signora di Castro** ◯ *horaires variables*
Santa Maria del Regno di Ardara, *se renseigner au presbytère ;* **Nostra Signora di Tergu** ⬤ *sauf exception, l'intérieur ne se visite pas ;* **San Pietro di Simbranos** ◯ *horaires habituels, ou sur demande auprès du prêtre de la paroisse de Bulzi.*

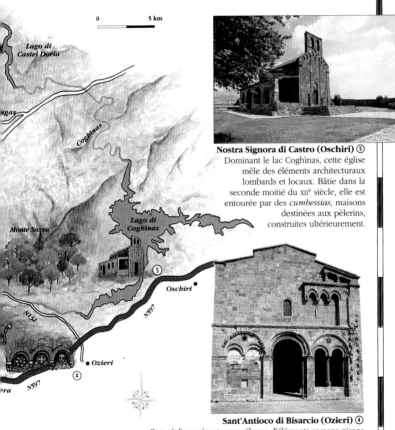

0   5 km

Lago di Castel Doria

Coghìnas

Monte Sassu

Lago di Coghìnas

⑤

Oschiri •

N597

N132

N597

• *Ozieri*

④

Nostra Signora di Castro (Oschiri) ⑤
Dominant le lac Coghìnas, cette église mêle des éléments architecturaux lombards et locaux. Bâtie dans la seconde moitié du XIIᵉ siècle, elle est entourée par des *cumbessias*, maisons destinées aux pèlerins, construites ultérieurement.

Sant'Antioco di Bisarcio (Ozieri) ④
Cette église présente un mélange d'éléments romans pisans et d'influences françaises. Construit entre la seconde moitié du XIᵉ siècle et la fin du XIIᵉ, Sant'Antioco était à l'origine la cathédrale du diocèse de Bisarcio. Le monument se distingue des autres églises par la complexité de son architecture, qui se manifeste dans le narthex, inhabituel par ses deux niveaux, ses petites baies et le décor de sa façade.

LÉGENDE

▬▬ Excursion
▬▬ Voie express
═══ Autres routes
─── Cours d'eau

Santissima Trinità di Saccargia ㉑

Détail du décor du porche

À la fois simple et majestueuse, la plus célèbre église romane de Sardaigne a été construite au milieu d'une vallée battue par le vent. Son nom vient probablement de *sa acca argia*, « la vache tachetée ». Selon la légende, cet animal venait s'agenouiller ici pour prier, ce qui explique que des vaches soient sculptées en bas relief sur les quatre faces d'un des chapiteaux du porche. On raconte également que vers 1112, Constantin, le maître de la région, fit don de la petite église aux camaldules, qui décidèrent de l'agrandir avec l'aide d'architectes, d'artisans et d'ouvriers toscans. Ils ajoutèrent d'abord l'abside et le clocher, avec sa juxtaposition de trachyte noir et de calcaire blanc. Plus tard, ils firent construire le porche, faisant de l'église un cas unique en Sardaigne. L'intérieur austère, avec sa nef haute et étroite éclairée par de petites baies ou des fentes dans les murs latéraux, est saisissant.

Frise d'animaux
L'austérité de l'extérieur de l'église est atténuée par des animaux sculptés.

★ La façade
Elle est décorée par deux rangées d'arcatures aveugles rehaussées de rosaces et de losanges multicolores. L'arcade centrale présente une ouverture cruciforme.

Le campanile,
de 41 m de haut, mesure 8 m sur 8.

★ Vaches sculptées
L'église pourrait tenir son nom des vaches sculptées sur ce chapiteau, bien que le porche soit un ajout.

MODE D'EMPLOI

Carte routière C2.
☎ 079-43 53 75.
◻ de 8 h à 20 h t.l.j. De Sassari, suivez la N131 sur 10 km, puis prenez la route 597 pour Olbia.

Fenêtres géminées
Elles datent de la fin du XIIe siècle.

L'alternance
blanc/noir trahit une influence pisane.

Ruines du monastère
De ce qui fut le premier et le principal monastère camaldule de Sardaigne, il ne reste que quelques arcades en pierres noires et blanches.

Christ en majesté
Cette fresque montre le Christ tenant d'une main un livre, bénissant de l'autre.

★ Fresques de l'abside
Les fresques romanes sont rares en Sardaigne. Celles-ci sont attribuées à des artistes pisans.

La nef, unique, a été construite après l'abside, qui date de 1116.

Chapiteaux du porche
Le porche possède des colonnes aux chapiteaux sculptés de motifs romans classiques : animaux et végétaux.

À NE PAS MANQUER

★ Les fresques de l'abside

★ La façade

★ Les vaches sculptées

Sassari ❷

Armoiries de Sassari

Deuxième ville de l'île sur le plan commercial, politique et culturel, Sassari s'est développé sur un plateau qui décline doucement vers la mer, parmi des vallées fertiles. La ville possède une longue histoire jalonnée d'invasions, de conquêtes et de raids, mais elle s'enorgueillit aussi d'une tradition de rebellions. Les Pisans, les Génois et les Aragonais ont tenté à tour de rôle de soumettre une population qui, grâce à son esprit irréductible, a toujours réussi à affirmer son indépendance. Le héros de la ville, Carlo Maria Angioj, prit en 1796 la tête d'une révolte contre le gouvernement des Savoie qui tentait d'imposer un système féodal à la ville. Deux présidents italiens, Antonio Segni et Francesco Cossiga, sont nés à Sassari, de même que le célèbre leader du parti communiste, Enrico Berlinguer.

La fête de *li Candareri* à Sassari

À la découverte de Sassari

La vieille ville, avec ses ruelles tortueuses partant des rues principales, était autrefois ceinturée de murailles qui longeaient le tracé des actuels Corso Vico, Corso Trinità, Via Brigata Sassari et Corso Margherita. Seuls quelques pans de ces remparts ont résisté au passage du temps, comme au début du Corso Trinità, mais le vieux centre, bien qu'un peu décrépi, a gardé sa disposition d'origine.

Une matinée suffit pour explorer la vieille ville à pied. Les principaux monuments sont le Duomo (cathédrale), la Fontana del Rosello, les églises Sant'Antonio, Santa Maria di Betlem, San Pietro in Silki et le musée Sanna.

🔒 Duomo

Piazza Duomo. 【 *079-23 20 67.*
⏰ *de 8 h à 12 h et de 15 h 30 à 20 h t.l.j.*

La cathédrale est dédiée à San Nicola (saint Nicolas). L'imposante façade baroque contraste avec la taille de l'édifice et la petite Piazza Duomo du XVIIIe siècle, simple et élégante, en demi-cercle. Construit à l'origine à l'emplacement d'une église romane, le Duomo est le fruit d'agrandissements et de transformations successives. Les bases de la façade et du clocher sont restées intactes.

À la fin du XVe siècle, la structure de départ subit d'importants remaniements, qui influèrent sur sa forme et la dotèrent de ses proportions inhabituelles actuelles. Les murs latéraux furent étayés par des contreforts décorés de gargouilles représentant des animaux mythiques et monstrueux, tandis que l'intérieur fut reconstruit en style gothique.

À la fin du XVIIIe siècle, la partie supérieure de la façade fut radicalement transformée, se couvrant de grandes décorations : volutes, fleurs, chérubins et figures fantastiques. Au centre, la statue de San Nicola est surmontée par les trois saints martyrs, Gavino, Proto et Gianuario, chacun dans une niche. Plus tard, un élément octogonal décoré de carreaux de majolique multicolores fut ajouté à la partie inférieure du campanile, de style lombard. Entièrement restauré, l'intérieur a conservé ses lignes gothiques épurées, malgré la présence d'autels baroques richement décorés. Le chœur, dû à des artistes sardes du XVIIIe siècle, est particulièrement saisissant.

Le Museo del Duomo, que l'on rejoint par la Cappella Aragonese (chapelle aragonaise) sur la droite, abrite un panneau peint par un artiste anonyme du XVe siècle utilisé lors des processions. Il renferme

Détail de la façade de la cathédrale de Sassari

La Fontana del Rosello, datant de la Renaissance

également une statue de San Gavino en argent repoussé, selon une technique mexicaine en vogue à la fin du XVIIᵉ siècle.

🚰 Fontana del Rosello
Via Col di Lana.

Sur la Piazza Mercato, à droite de l'église Santissima Trinità, un petit escalier de pierre, le Col di Lana, mène à la Fontana del Rosello, à l'extrémité basse de la gorge de Valverde. Malheureusement, les restes de la vallée abrupte et du bois qui entouraient autrefois ce petit joyau de l'art de la fin de la Renaissance sont bien maigres. Cela n'a toutefois entamé en rien l'affection des citadins pour leur fontaine.

L'endroit était autrefois fréquenté par la bourgeoisie éclairée. C'est là que les porteurs d'eau venaient chercher le précieux liquide jaillissant des gueules de huit lions sculptés. La fontaine est devenue l'un des symboles de la ville.

Le monument a été réalisé au début du XVIIᵉ siècle par des artistes génois, qui affichaient une nette préférence pour le style de la Renaissance.

La base est composée de deux blocs en marbre blanc et vert superposés. Aux quatre coins, des statues symbolisent les quatre saisons ; il s'agit de copies, les originaux ayant été détruits lors des soulèvements de 1795-1796.

Au centre, une divinité barbue, connue sous le nom de Giogli, est entourée de petites tours représentant la ville. La fontaine est couronnée de deux arcs protégeant la statue de San Gavino.

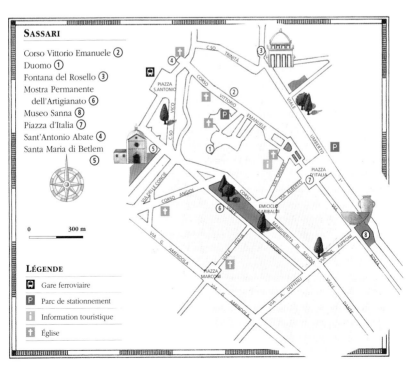

SASSARI

Corso Vittorio Emanuele ②
Duomo ①
Fontana del Rosello ③
Mostra Permanente
  dell'Artigianato ⑥
Museo Sanna ⑧
Piazza d'Italia ⑦
Sant'Antonio Abate ④
Santa Maria di Betlem
  ⑤

0   300 m

LÉGENDE

🚆 Gare ferroviaire

🅿️ Parc de stationnement

ℹ️ Information touristique

✝️ Église

⌂ Sant'Antonio Abate

Piazza Sant'Antonio. ☎ *079-26 00 24.* ◯ *de 8 h à 10 h et de 16 h 30 à 18 h t.l.j.*

L'imposante façade baroque de cette église du début du XVIIIᵉ siècle, aux lignes épurées et aux proportions harmonieuses, domine la place bordée d'arbres ponctuant le Corso Trinità.

La partie supérieure du portail porte toujours l'emblème de la confrérie qui construisit le bâtiment. L'intérieur en croix latine abrite l'un des maîtres-autels les plus élégants de Sassari, avec un retable en bois sculpté et doré. Les panneaux ont été peints à la fin du XVIIIᵉ siècle par le Génois Bartolomeo Augusto.

L'église se trouve sur la Piazza Sant'Antonio, où s'ouvrait autrefois l'ancienne porte nord du même nom, et qui fut le centre de la vie commerciale et politique de la ville. Les seuls traces du passé sont une partie de l'enceinte médiévale et une tour, à gauche de l'église.

⌂ Santa Maria di Betlem

Piazza Santa Maria. ◯ *de 7 h 30 à midi et de 17 h à 19 h t.l.j.*

L'église Santa Maria di Betlem est installée sur la place du même nom, à l'entrée nord-ouest de la ville. Construite par des moines bénédictins en 1106, elle fut ensuite donnée aux franciscains. Malheureusement, l'élégante structure d'origine a été reconstruite à maintes reprises au XVIIIᵉ et au XIXᵉ siècle, perdant ses qualités originales de légèreté et de pureté des formes. Le seul

L'église romane San Pietro in Silki, à Sassari

élément préservé de l'ancien édifice est la façade du XIIIᵉ siècle, ornée d'arcatures aveugles et percée d'une belle rose du XVᵉ siècle. L'intérieur gothique, autrefois austère, a été dénaturé par la décoration et les autels baroques très chargés. Toutefois, les chapelles latérales, d'origine, sont restées intactes. Chacune était dédiée à une corporation d'artisans. Le 14 août, le jour de la fête *De Li Candareri*, les cierges votifs donnés par différentes corporations sont portés en procession depuis la Chiesa del Rosario. Le cloître, en partie ceinturé d'un mur, se visite toujours. Il cache la fontaine de Brigliadore, en granit et datant du XIVᵉ siècle. Elle était autrefois la principale source d'eau de Sassari.

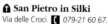

Détail d'un bâtiment Art nouveau

⌂ San Pietro in Silki

Via delle Croci. ☎ *079-21 60 67.* ◯ *de 6 h 30 à midi et de 15 h 30 à 18 h t.l.j.*

Cette église romane fait face à une ravissante place plantée d'arbres. Elle doit certainement son nom au

quartier médiéval construit ici au XIIᵉ siècle. Sa façade du XVIIᵉ siècle, très simple, possède un grand vestibule conduisant à la nef gothique, flanquée de quatre chapelles latérales. La première fut dédiée à la Madonna delle Grazie dans la seconde moitié du XVᵉ siècle. Elle doit son nom à une statue de la Vierge trouvée dans une colonne de la place, devant l'église. L'œuvre est l'un des plus beaux exemples de sculpture gothique catalane en Sardaigne.

De l'autre côté de la place, le monastère des Frati Minori fait face à San Pietro. Il abrite l'une des bibliothèques les plus riches de l'île : le fonds comprend plus de 14 000 volumes provenant de monastères franciscains.

▦ Corso Vittorio Emanuele

La rue principale traverse la vieille ville, reliant la Piazza Sant'Antonio à la Piazza Cavallino. Le Corso est bordé de maisons du XIXᵉ siècle et de bâtiments aragonais du XVIᵉ siècle. Avec un peu de chance, vous entr'apercevrez des cours et des intérieurs qui témoignent de la splendeur passée. Dans cette rue animée, vous trouverez toutes sortes de commerces, y compris des quincailleries.

🏛 Mostra Permanente dell'Artigianato

Viale Mancini. ☎ *079-23 01 01.* ◯ *de 9 h à 13 h et de 16 h 30 à 19 h 30 du lun. au sam.*

En face du jardin public Emiciclo Garibaldi, une boutique installée dans un bâtiment moderne accueille la

L'église Santa Maria di Betlem à Sassari

Mostra Permanente dell'Artigianato, c'est-à-dire l'« exposition permanente d'artisanat sarde », réunissant les créations des meilleures coopératives artisanales de l'île. Les grandes pièces donnent sur un jardin intérieur et la lumière du jour baigne des présentoirs contenant les objets les plus précieux : colliers et boucles d'oreilles en filigrane, bijoux en corail inspirés de formes anciennes, terres cuites et céramiques.

Les murs sont couverts de tapis sardes traditionnels, aux motifs géométriques. On y trouve également de belles dentelles aux fuseaux et des objets plus simples tels que des paniers en fibre de palmier nain, des pots en terre cuite et autres ustensiles quotidiens.

🏛 Museo Archeologico Nazionale « GA Sanna »

Via Roma. ☎ 0781-835 90. ⏰ de 9 h à 13 h et de 15 h 30 à 19 h t.l.j. 📷 📷 ♿

Le Museo Archeologico de Sassari a été donné à l'État italien par la famille Sanna qui fit construire ce bâtiment en 1931 pour les trouvailles réunies par Giovanni Antonio Sanna, personnage célèbre de l'île et directeur de la mine locale.

Deux niveaux sont consacrés à l'histoire de la Sardaigne, depuis le néolithique jusqu'au Moyen Âge. Pointes de flèches, statuettes nuragiques en bronze, amphores, meubles, outils, céramiques et bijoux sont présentés par

Entrée du Museo Nazionale « GA Sanna » à Sassari

ordre chronologique. Au rez-de-chaussée, des panneaux illustrent l'histoire de l'île. Dans chaque salle, des frises chronologiques permettent de se repérer.

On y trouve aussi des reconstitutions de constructions préhistoriques : habitations, *domus de janas* (tombes taillées dans la pierre) et tombes des Géants. Dans la dernière salle, entre les plans, les sarcophages et les statues, la mosaïque d'une villa patricienne romaine de Turris Libisonis (l'actuel Porto Torres) a été reconstituée. Elle montre des homards, des hippocampes et des phoques se pourchassant en cercle. La salle suivante contient une petite galerie d'art, avec des œuvres d'artistes sardes du XIVe au XXe siècle.

Quatre salles sont consacrées à l'artisanat traditionnel, avec des bijoux, des costumes, des instruments de musique et des outils d'artisans, dont la plupart sont toujours utilisés.

🎪 Piazza d'Italia

Cette grande place s'étend en bordure du quartier du XIXe siècle. Bien proportionné, l'espace, entouré d'élégants bâtiments néo-classiques et de grands palmiers, est gardé par une statue de Vittorio Emanuele II.

L'un des plus beaux édifices est le Palazzo della Provincia (bâtiment du gouvernement provincial), dans le plus pur style néo-classique. La salle du Conseil, au premier étage, est ouverte au public. Les murs sont ornés de tableaux du XIXe siècle représentant des événements importants pour la ville, comme la proclamation des statuts de Sassari, ou l'entrée de Carlo Maria Angioj dans Sassari. Les visiteurs découvriront également les appartements royaux adjacents, construits en 1884 à l'occasion de la visite du roi de Sardaigne. En été, la cour accueille des concerts et des représentations théâtrales.

Sur la face nord-ouest de la Piazza, les galeries Bargone et Crispi, du XIXe siècle, qui mènent à la Piazza Castello, abritent les plus vieux bars et *pasticcerie* (pâtisseries) de la ville.

🔒 Santa Caterina

Via Santa Caterina. ☎ 0781-23 16 92. ⏰ l'a.-m. pour la messe.

L'église construite à la fin du XVIe siècle pour les jésuites allie le style gothique sarde à des éléments Renaissance.

L'intérieur est orné de peintures de Giovanni Bilevelt.

Le Palazzo della Provincia, de style néo-classique, sur la Piazza d'Italia

Port de Castelsardo

Castelsardo ㉓

Carte routière C2. 🏘 *5 017.* ℹ
Pro Loco (079-47 15 00). 🎭 *lundi
de Pâques : procession des Lunissanti.*

Cette ville qui s'étage sur un cap volcanique a subi plusieurs changements de nom. Fondée en 1102 par une famille d'aristocrates de Gênes, les Doria, elle fut appelée à l'origine Castelgenovese, et ce jusqu'en 1448, où elle devint Castellaragonese, du nom de ses nouveaux conquérants. Son nom actuel, Castelsardo, date de 1776.

La ville est dominée par le château (**Castello**), qui abrite désormais un musée dédié à la vannerie traditionnelle. La Cattedrale di Sant'Antonio Abate donne sur la mer. Les ruelles du centre sont bordées de petites boutiques

Vannerie locale

d'artisanat local. Les amateurs de poisson apprécieront la cuisine locale, à base de produits de la mer et, notamment, de homard frais !

Selon la coutume, la procession des **Lunissanti** se déroule le lundi de Pâques. Dans les rues éclairées par des torches, les participants, encapuchonnés, forment une file qui progresse lentement. Ils entonnent trois chants : *Lu Stabat, Lu Jesu* et *Lu Miserere*. Datant de plusieurs siècles et transmis de génération en génération, ceux-ci sont probablement antérieurs à la domination catalane. La procession solennelle, l'une des célébrations de Pâques les plus connues de Sardaigne, s'achève à l'église **Santa Maria**.

🏛 Castello et Museo dell'Intreccio

Via Marconi. ⏰ *de 9 h à 13 h et de 14 h à 17 h (d'avr. à oct. : de 9 h à minuit) t.l.j.* 📷

Cette forteresse du XIIIe et du XIVe siècle accueille désormais le Museo dell'Intreccio (musée de la vannerie). Les paniers sont réalisés avec des matériaux locaux, comme le palmier, le jonc ou l'asphodèle. Les terrasses du château offrent de jolies vues du Golfo dell'Asinara et, par beau temps, on distingue même les montagnes corses.

Sant'Antonio Abate, à Castelsardo

⛪ Cattedrale di Sant'Antonio Abate

Via Seminario. ⏰ *de 8 h à 18 h t.l.j.*

Construite au XVIIe siècle sur le site d'une église romane, la cathédrale est dotée d'un clocher coiffé de tuiles de majolique. De la tour, les visiteurs ont une jolie vue sur la mer. La cathédrale abrite de beaux meubles en bois sculpté du XVIe siècle.

La ville de Castelsardo, dominée par son château

La Roccia dell'Elefante (rocher de l'Éléphant), près de Castelsardo

🏛 Santa Maria

Via Vittorio Emanuele. ⬚ *demander les clefs au prêtre.*

Au centre de la vieille ville, dans la partie haute de Castelsardo, se dresse l'église Santa Maria. L'entrée de ce bâtiment dépourvu de façade s'effectue par le portail latéral. À l'intérieur, allez jeter un coup d'œil au Cristo Nero (Christ noir), un crucifix du XIVe siècle. C'est ici que commence et s'achève la procession de Pâques des Lunissanti.

🗿 La Roccia dell'Elefante

L'impressionnante Roccia dell'Elefante (rocher de l'Éléphant) se dresse sur un côté de la route près de Multeddu, non loin de Castelsardo. Le vent a façonné cet imposant bloc de trachyte sombre pour lui imprimer la forme d'un éléphant, la trompe levée. Jadis, le rocher servait de sépulture. À la base, on voit des cavités taillées pour des *domus de janas* (tombes aménagées dans la pierre).

Isola Rossa ㉔

Carte routière C1.

Les collines de la Gallura déclinent doucement vers la mer, formant un paysage marqué par des éperons en roche rose, sculptés en formations étranges sous l'action du vent. Le petit village de pêcheurs d'Isola Rossa est installé sur un cap, au pied d'une imposante tour

du XVIe siècle. Contrairement à ce qu'on pourrait croire, Isola Rossa – l'île rouge – n'est pas une île ; son nom lui vient d'un îlot rocheux se dressant dans la baie. Une fois les pêcheurs rentrés, ils hissent leurs bateaux sur la plage, en bas du village.

De part et d'autre d'Isola Rossa, la côte mérite d'être découverte, surtout à l'est, où le Monte Tinnari domine la mer. À l'ouest, elle décline progressivement vers l'embouchure du Rio Coghina, non loin de Castelsardo.

AUX ENVIRONS : La petite ville agricole de **Trinità d'Agultu**, qui s'est développée à la fin du XIXe siècle autour de l'église du même nom, se trouve non loin d'Isola Rossa. Comme souvent en Sardaigne, une simple église rurale est devenue un lieu de pèlerinage. La ville se transforme en un centre de négoce important pendant les fêtes religieuses et les pèlerinages.

Bateaux de pêche à Isola Rossa

L'INDUSTRIE DE LA PÊCHE

Bien que les Sardes soient avant tout un peuple de bergers, la pêche est une activité importante dans l'île. Toutefois, durant des siècles, elle a été pratiquée presque exclusivement par des émigrants : des gens originaires de l'île de Ponza venus à Castelsardo, ou les Napolitains qui fondèrent le village d'Isola Rossa au début du XXe siècle. Aujourd'hui, la mytiliculture et les crustacés sont une ressource importante pour ces deux localités. La pêche au thon, autrefois très répandue au large de la côte nord-ouest, n'est plus pratiquée en Sardaigne, les petits chalutiers ne pouvant rivaliser avec la pêche en haute mer, désormais effectuée à l'échelle industrielle.

Artisan réalisant un casier à homards

LES BONNES ADRESSES

HÉBERGEMENT

L a beauté légendaire des plages de Sardaigne a entraîné une multiplication des installations touristiques. Entre les nombreux hôtels et villages de vacances, les visiteurs n'ont désormais que l'embarras du choix. Les célèbres palaces construits sur la Costa Smeralda au début des années 60 accueillent les visiteurs les plus fortunés, mais on trouve aussi des hébergements plus abordables. Les hôtels et les complexes de vacances luxueux ne manquent pas dans le Sud,

Logo de l'ESIT, l'office de tourisme sarde

tandis que la côte ouest offre des hébergements familiaux. La côte est compte des villages de vacances confortables et bien équipés, proposant également des hébergements en location. L'arrière-pays est doté d'excellents hôtels, surtout dans le Gennargentu et dans la Barbagia. Pour obtenir plus d'informations, les coordonnées et les descriptions d'hôtels, de chambres d'hôtes en milieu rural et de villages de vacances, voir page 171 et pages 174-177.

L'hôtel *Torre Moresca* à Cala Ginepro, à Orosei *(p. 175)*

CLASSEMENT DES HÔTELS

E n Sardaigne, on trouve tous les types d'hôtels, du une étoile, avec confort et services minimum, au cinq étoiles, avec des prestations de luxe.

Les quatre étoiles offrent un accueil haut de gamme, sans pratiquer les prix exorbitants des cinq étoiles. Les hôtels trois étoiles, surtout les établissements familiaux, peuvent se révéler d'un meilleur rapport qualité-prix, mais ce n'est pas toujours le cas.

Beaucoup d'hôtels ont un restaurant, généralement ouvert aussi aux non-résidents. La plupart des établissements, toutes catégories confondues, proposent de multiples prestations. Sur la côte, par exemple, les hôtels fournissent souvent des parasols et des chaises longues pour la plage.

VILLAGES DE VACANCES

L es villages de vacances sardes, installés pour la plupart sur la côte ou à proximité, couvrent une vaste gamme d'hébergements. Vous aurez le choix entre de grands complexes avec plusieurs centaines de chambres, des équipements de qualité et de bonnes prestations, et des installations plus petites, parfois élégantes et plutôt chères. Les plus grands villages de vacances proposent souvent plusieurs types de logements sur le même site. Le *Forte Village*, par exemple, regroupe six hôtels de styles très différents, du *Le Dune* de 38 chambres au *Castello* de 152 chambres. Dans certains endroits, les visiteurs ont le choix entre des appartements avec services (résidences) et un hôtel trois ou quatre étoiles traditionnel. Des villages proposent des forfaits tout compris, qui incluent même parfois les consommations au

*Logo de l'hôtel *Sporting* à Porto Rotondo*

bar. Il arrive que la demi-pension ou la pension complète soient obligatoires dans les villages touristiques et les hôtels. Dans certains complexes, les visiteurs peuvent louer un appartement ou un bungalow, les autres services et prestations, comme l'utilisation des installations sportives, les animations, la discothèque, la garderie pour les enfants en bas âge, les installations balnéaires, la piscine et les divers bars et restaurants étant en option. Beaucoup de villages offrent d'excellentes infrastructures pour la pratique des sports nautiques.

La location d'un appartement dans un village de vacances est une bonne alternative à la location d'une maison, surtout pour les séjours inférieurs à un mois. Cette formule assure une certaine indépendance, tout en donnant accès à un ensemble de services en cas de besoin.

Voir p. 171 pour la liste de ces villages.

Café sur la petite place de Porto Cervo

L'hôtel *Victoria* à Tortolì, près d'Arbatax *(p. 175)*

LES PRIX

L a législation italienne impose à tous les hôtels d'afficher le tarif sur la porte des chambres, avec les prix maximum pour l'année en cours. Ces derniers ne peuvent en aucun cas être dépassés. Les prix affichés ou indiqués par le personnel lors de la réservation comprennent généralement les taxes et le service. Toutefois, mieux vaut vérifier si le petit déjeuner est inclus, pour éviter tout malentendu.

Dans les hôtels de la côte, la demi-pension, ou la pension complète, est généralement obligatoire. En basse saison cependant, vous pourrez obtenir une chambre avec petit déjeuner seulement si vous le souhaitez. Les prix varient considérablement de l'hiver à l'été, passant parfois du simple au double. Ils culminent durant les deux semaines autour du 15 août. C'est aussi le cas dans les villages de vacances, à ceci près que les prix y sont calculés à la semaine.

L'emplacement de l'hôtel, du village ou de la pension se ressent également sur les prix, les établissements de la côte étant toujours plus chers que ceux de l'arrière-pays.

Des prix spéciaux peuvent être négociés pour les groupes et pour les longs séjours.

LES SUPPLÉMENTS

D e manière générale, les boissons accompagnant les repas, les consommations du mini-bar, le room-service et les appels téléphoniques sont facturés en sus. Attention : les communications téléphoniques sont parfois extrêmement chères.

Dans certains établissements, la climatisation peut faire l'objet d'un supplément, de même que la vue sur la mer. De manière générale, il est recommandé de s'enquérir de toute majoration lorsque vous réservez ou lorsque vous choisissez votre chambre.

BASSE SAISON

S i vous prévoyez de vous rendre en Sardaigne à une autre époque qu'en été, mieux vaut vérifier au préalable la disponibilité des héberge-ments. En effet, la plupart des hôtels fonctionnent en suivant les saisons : s'ils ouvrent autour de Pâques, ils ferment souvent en automne. En outre, la saison touristique peut s'achever plus tôt que prévu, par exemple si le temps est mauvais.

RÉSERVATIONS ET PAIEMENT

S i vous choisissez de visiter la Sardaigne en été, surtout en juillet et en août, quand les Italiens partent en vacances, et si vous souhaitez séjourner sur la côte, réservez longtemps à l'avance, l'île étant envahie par les visiteurs à cette époque. Si vous n'effectuez pas votre réservation par l'intermédiaire d'une agence de voyages, on vous demandera certainement de verser un acompte, payable par carte de crédit ou par mandat postal inter-national. À votre arrivée, vous devrez présenter votre passeport à la réception. C'est une formalité de police. De la même manière, lors de votre départ, l'hôtel est tenu de vous délivrer un reçu.

CAMPING

A vec l'*agriturismo*, ou vacances à la ferme, le camping est le mode d'hébergement le moins coûteux. La Sardaigne compte quantité de terrains de qualité, dont certains occupent des sites très agréables avec de belles vues. La plupart sont situés sur la côte, souvent au milieu de bosquets d'eucalyptus ou de pinèdes. L'arrière-pays est beaucoup moins bien équipé.

À l'instar des hôtels, les campings sont très fréquentés en été. Si vous n'avez pas réservé, mettez-vous en quête d'un terrain de camping dès midi.

Certains terrains possèdent des bungalows, avec coin cuisine et salle de bains, mais les prix peuvent être élevés.

La plupart des terrains de camping sont ouverts de Pâques au mois d'octobre. Quelques-uns ouvrent pour Noël, proposant des bunga-lows ou des camping-cars chauffés.

Le camping sauvage est strictement interdit, en particulier sur les plages. Une autorisation du propriétaire est nécessaire pour camper sur les propriétés privées et dans les forêts domaniales.

L'hôtel *Hieracon*, sur l'île de San Pietro *(p. 174)*

L'Agnata, à Tempio Pausania, pour passer des vacances à la ferme

VACANCES À LA FERME

Ce mode d'hébergement *(agriturismo)* est un excellent moyen de découvrir les us et coutumes sardes. Parmi toutes les régions d'Italie, la Sardaigne est peut-être la plus authentiquement rustique. Les chambres dotées de salles de bains particulières sont encore rares, mais beaucoup de fermes sont en cours d'aménagement. Traditionnellement, en Sardaigne, elles sont rarement isolées : plus de la moitié d'entre elles sont situées dans les villages. Les agriculteurs et les bergers vivent donc souvent dans le bourg même, à une certaine distance des champs ou des pâturages.

Les fermes proposant des chambres d'hôtes sont nombreuses dans les provinces de Sassari et d'Oristano, beaucoup plus rares aux alentours de Cagliari. Le seul inconvénient de ce mode d'hébergement, au goût de certains, réside dans son manque d'intimité : les repas sont pris en commun, les hôtes partageant la table de la famille d'accueil, ce qui représente pour d'autres l'attrait majeur de cette formule. Les plats sont cuisinés avec des produits du terroir – fromage, viande, légumes, et même miel – accommodés de manière traditionnelle. C'est un excellent moyen pour connaître les spécialités d'une région. En général, les agriculteurs proposent un hébergement à la semaine, en demi-pension ou en pension complète. Beaucoup d'entre eux organisent également des excursions à pied, à cheval, en vélo ou en canoë.

LOCATIONS DE VACANCES

La location d'une maison pour deux semaines ou pour un mois est la solution la plus économique pour tous ceux qui partent en famille ou avec un groupe d'amis, et qui souhaitent passer toutes leurs vacances en bord de mer. Cette formule est particulièrement recommandée pour les familles avec de jeunes enfants. À savoir : le prix facturé pour le ménage est souvent forfaitaire, que l'on reste une semaine ou plus longtemps.

Si vous cherchez une maison à louer, contactez les bureaux d'information locaux de Pro Loco et d'Azienda di Soggiorno (coordonnées dans ce guide, dans les renseignements sur les localités). Les offices de tourisme fournissent parfois des listes de locations avec les prix. Les agences de voyages et les voyagistes proposent aussi ce type d'hébergements.

Les locations sont généralement payables à la

Maison type à louer pour les vacances dans la région du Sulcis

semaine et une caution est souvent demandée. Lors de la conclusion d'un contrat, mieux vaut s'assurer de la superficie et du nombre de chambres. Il arrive que le salon serve également de chambre à coucher. Avant de signer un contrat, regardez si le gaz, l'eau, l'électricité et le téléphone sont inclus dans le prix, ou s'ils sont facturés en sus. Dans ce cas, relevez les chiffres inscrits aux compteurs à votre arrivée.

LÉGENDE DES TABLEAUX

Les hôtels figurant p. 174-177 sont classés par région et par prix.

🗗 climatisation
🛁 baignoire et/ou douche
📶 mini-bar
📺 télévision
🛗 ascenseur
🌳 jardin ou terrasse
🧒 équipement pour enfants
🅿 parc de stationnement
♿ accès handicapés
🍴 restaurant
🏊 piscine
💳 cartes acceptées :
AE American Express
MC MasterCard
DC Diners Club
V Visa

Catégories de prix pour une chambre double avec petit déjeuner ou, si indiqué, demi-pension ou pension complète par personne et par jour.
Ⓛ moins de L100 000
ⓁⓁ L100 000-200 000
ⓁⓁⓁ L200 000-300 000
ⓁⓁⓁⓁ L300 000-400 000
ⓁⓁⓁⓁⓁ plus de L400 000.

CARNET D'ADRESSES

OFFICE DE TOURISME

ESIT (Ente Sardo Industrie Turistiche)
Via Mameli 97, Cagliari.
070-602 31.
appel gratuit 167 131 53.

VILLAGES DE VACANCES

Club Méditerranée
Caprera,
Isola La Maddalena.
Carte routière D1.
0789-72 70 78.
FAX *0789-72 74 14.*

Club Méditerranée Santa Teresa
Località La Marmorata,
Santa Teresa di Gallura.
Carte routière C1.
0789-75 15 20.
FAX *0789-75 15 25.*

Club Vacanze Cala Moresca
Località Bellavista, Arbatax.
Carte routière D4.
0782-66 73 66.
FAX *0782-28 85 00.*

Ventaclub Capo Boi
Località Piscadeddus,
Villasimius.
Carte routière D6.
070-79 80 15.
FAX *070-79 81 16.*

Ventaclub Monte Turri
Località Bellavista, Arbatax.
Carte routière D4.
0782-66 75 50.
FAX *0782-66 78 92.*

Villaggio Valtur
Santo Stefano,
Isola La Maddalena.
Carte routière D1.
0789-70 85 74.
FAX *0789-70 85 73.*

CAMPINGS

Arcobaleno
Località Porto Pozzo,
Santa Teresa di Gallura.
Carte routière C1.
0789-75 20 40.

Baia Blu La Tortuga
Località Vignola Mare,
Aglientu (Sassari).
Carte routière C1.
079-60 20 60.

Baia Chia
Località Chia, Domus De
Maria (Cagliari).
Carte routière C6.
070-92 30 185.

Cala Fiorita
Località Agrustos,
Budoni (Nuoro).
Carte routière D2.
0784-84 62 90.

Cala Gonone
Cala Gonone,
Dorgali (Nuoro).
Carte routière D3.
0784-931 65.

Camping Garden Cala Sinzias
Castiadas,
Cala Sinzias (Cagliari).
Carte routière D6.
0781-85 21 12.

Europa
Località Torre del Pozzo,
Cuglieri (Oristano).
Carte routière B3.
0783-380 58.

Is Arenas
Is Arenas (Oristano).
Carte routière B5.
0783-522 84.

Isola dei Gabbiani
Località Porto Pollo,
Palau.
Carte routière D1.
0789-70 40 19.
FAX *0789-70 40 77.*

La Caletta
Carloforte,
Località La Caletta.
Carte routière B6.
0781-85 21 12.

L'Iseledda
Località Cannigione,
Arzachena.
Carte routière D1.
0789-881 01.
FAX *0789-881 01.*

Nurapolis
Narbolia (Oristano).
Carte routière B4.
0783-522 83.

Porto Pirastu
Località Capo Ferrato,
Muravera (Cagliari).
Carte routière D5.
070-99 14 37.

Sennisceddu
Pau (Oristano).
Carte routière C4.
0783-93 92 81.

Sos Flores
Tortolì, Arbatax (Nuoro).
Carte routière D4.
0782-66 74 85.

Spiaggia del Riso
Località Campolungo,
Villasimius.
Carte routière D6.
070-79 10 52.
FAX *010-79 71 50.*

Telis
Località Porto Frailis,
Tortolì (Nuoro).
Carte routière D4.
0782-66 71 40.

ASSOCIATIONS D'HÉBERGEMENT EN MILIEU RURAL

Agriturist
Via Bottego 7, Cagliari.
Carte routière C6.
070-66 83 30.

Coop. Agrituristica Gallurese
Tenuta Valentino,
Località Calangianus.
Carte routière C2.
0789-508 81.

Cooperativa Allevatrici Sarde
Via Duomo 17,
Oristano.
Carte routière B4.
0783-739 54 ou 41 80 66.

Terranostra
Via Roma 231, Cagliari.
Carte routière C6.
070-66 83 67.
FAX *070-66 58 41.*

Turismo Verde
Via Libeccio 31, Cagliari.
Carte routière C6.
070-37 37 33 ou 37 39 66.
FAX *070-37 20 28.*

VACANCES À LA FERME

L'Agnata
di Fabrizio De Andrè,
Valle di Baldu,
Tempio Pausania (Sassari).
Carte routière C2.
079-67 13 84.

Azienda di Gino Camboni
Località L'Annunziata,
Castiadas (Cagliari).
Carte routière D6.
070-99 49 152.

Azienda di Giovanna Maria Addis
Riu-Riu, Tergu (Sassari).
Carte routière C2.
079-47 61 24.

Azienda di Lucia Sotgiu
Via Amsicora 9,
Nurachi (Oristano).
Carte routière B4.
0783-41 02 96.

Cunzadu Mannu
Via Marconi 23,
Burgos (Nuoro).
Carte routière C3.
070-66 83 67.

La Rosa dei Venti
Località San Pietro,
Castiadas (Cagliari).
Carte routière D6.
070-66 83 67.

Fenu
Località Sa Tuerra,
Teulada (Cagliari).
Carte routière C6.
070-92 83 013.

Le Querce
Località Valli di Vatta,
Porto Cervo (Sassari).
Carte routière D1.
0789-992 48.

Sa Perda Marcada
Sa Perda Marcada,
Arbus (Cagliari).
Carte routière B5.
070-66 83 67.

Zeminariu
Zeminariu,
Atzara (Nuoro).
Carte routière C4.
070-66 83 67.

Les meilleurs hôtels de Sardaigne

La plupart des hôtels de luxe se trouvent dans la Gallura et à proximité des plages de la Costa Smeralda. Toutefois, de petits hôtels, bien meilleur marché, se multiplient dans des régions moins réputées. Tous les établissements indiqués ici sont chaudement recommandés, soit en raison de leur emplacement de choix sur la côte ou dans les montagnes, soit pour leur architecture qui se fond dans le paysage, soit encore pour la qualité de l'accueil. Si vous prévoyez d'y séjourner en haute saison, réservez longtemps à l'avance, et n'oubliez pas que beaucoup d'établissements ferment pour l'hiver.

Villa Las Tronas
Cette villa d'Alghero abrite un hôtel confortable, dont toutes les chambres donnent sur la mer. Le seul « bruit » qu'on y entend est celui des vagues (p. 175).

Le Dune
Caché parmi les dunes de Piscinas, cet hôtel est installé dans deux anciens bâtiments miniers qui ont été restaurés avec beaucoup de soin (p. 174).

Forte Village
Les bâtiments de ce village de vacances en bord de mer sont entourés par le maquis. Les installations de loisirs sont excellentes, comprenant notamment des équipements de thalassothérapie (p. 174).

Pitrizza
L'hôtel le plus luxueux de la Costa Smeralda se trouve à Liscia di Vacca. Le service et les installations sont irréprochables (p. 176).

0   20 km

**Hôtel Cala
di Volpe**
*Le premier hôtel
construit sur la
Costa Smeralda
a été conçu par
Jacques Couelle,
dans les années 60*
(p. 177).

Su Gologone
*Au pied du
Supramonte di
Oliena, dans un
cadre enchanteur, cet
établissement propose
une cuisine dans la
plus pure tradition de
la Barbagia, ainsi
que des randonnées
équestres* (p. 175).

Tanka Village
*Entouré de forêts, cet
établissement près de
Villasimius ressemble à un
village tropical. Il fera le
bonheur des amateurs de
sports nautiques* (p. 175).

CAGLIARI ET LE SUD

ARBUS – INGURTOSU

Le Dune

Carte routière B5. Località Piscinas.
📞 070-97 71 30. 📠 070-97 72 30.
Chambres : 25. 🛏 🔟 🅿 ⚙
🍽 💶 MC, V. ◯ de janv. à déc.
ⓛⓛ demi-pension.

Aménagé dans d'anciens bâtiments miniers rénovés récemment, au milieu des dunes de Piscinas.

CAGLIARI

Calamosca

Carte routière C6. Viale Calamosca 50.
📞 070-37 02 52. 📠 070-37 03 46.
Chambres : 47. 🛏 🔟 ⚙ 🅿 🍽
💶 MC, V. ◯ de janv. à déc. ⓛⓛ

Le seul hôtel de Cagliari juste à côté de la plage, à 1,5 km du centre-ville.

Hotel Mediterraneo

Carte routière C6. Lungomare Colombo 46. 📞 070-30 12 71. 📠 070-30 12 74. **Chambres :** 140. 🛏 🔟 🔟 ⚙ 🅿 ⚙ 🍽 💶 AE, DC, MC, V. ◯ de janv. à déc. ⓛⓛ

Bâtiment moderne, à quelques minutes du centre de Cagliari en voiture et des routes provinciales menant à la côte.

Regina Margherita

Carte routière C6. Viale Regina Margherita 44. 📞 070-67 03 42.
📠 070-66 83 25. **Chambres :** 100.
🛏 🔟 🔟 ⚙ 🅿 🍽 💶 AE,
DC, MC, V. ◯ de janv. à déc.
ⓛⓛⓛ

Situé au pied du Bastione San Remy et du Castello, cet hôtel conviendra à tous ceux qui souhaitent séjourner près du centre historique.

DOMUS DE MARIA

Chia Laguna

Carte routière C6. Località Chia Laguna. 📞 070-923 91. 📠 070-92 30 141. **Chambres :** 315. 🛏 🔟 🔟
🔟 🅿 ⚙ 🍽 💶 💶 AE, DC,
MC, V. ◯ de janv. à déc. ⓛⓛⓛ
demi-pension.

Un grand complexe hôtelier ressemblant à un village de vacances. Au-dessus de la baie de Chia.

ISOLA DI SAN PIETRO

Hieracon

Carte routière B6. Località Carloforte, Corso Cavour 63. 📞 0781-85 40 28. 📠 0781-85 48 93. **Chambres :** 21; **appartements :** 7.
🛏 🔟 🔟 🔟 ⚙ 🅿 🍽 💶 AE, V.
◯ de janv. à déc.
ⓛⓛ

Les chambres anciennes sont plus jolies mais plus bruyantes que celles de l'arrière.

ISOLA DI SANT'ANTIOCO

Maladroxia

Carte routière B6. Località Maladroxia.
📞 0781-81 70 12. 📠 0781-830 92.
Chambres : 21. 🛏 🅿 🍽 💶
AE, MC, V. ◯ de juin à nov.

Grande maison de bord de mer. Meubles en bois, parties communes spacieuses et accueil familial.

PORTOSCUSO

La Ghinghetta

Carte routière B6. Località Sa Caletta, Via Cavour 28. 📞 0781-50 81 43.
📠 0781-50 81 44. **Chambres :** 8.
🛏 🔟 🔟 🅿 🍽 💶
💶 AE, DC, MC, V. ◯ de mai à nov.
ⓛⓛ

Hôtel installé sur la plage avec des chambres meublées avec goût dans différents styles. Restaurant réputé, avec une étoile au Michelin.

SANTA MARGHERITA DI PULA

Flamingo & Mare Pineta

Carte routière C6. 📞 070-92 08 361. 📠 070-92 08 359. **Chambres :** 134 & 60. 🛏 🔟 🔟 🅿 ⚙
🍽 💶 💶 AE. ◯ de mai à oct.
ⓛⓛ demi-pension.

Deux établissements de trois et quatre étoiles respectivement, de style méditerranéen, qui donnent sur une jolie plage de sable.

Is Morus

Carte routière C6. 📞 070-92 11 71.
📠 070-92 15 96. **Chambres :** 85.
🛏 🔟 🔟 🅿 🍽 💶
💶 AE, DC, V. ◯ de mai à oct.
ⓛⓛⓛ demi-pension.

Un établissement de luxe installé sur la côte, donnant accès au golf 18 trous de l'hôtel *Is Molas*, non loin, dirigé par la même équipe.

Forte Village

Carte routière C6. 📞 070-921 71.
📠 070-92 12 46. **Chambres :** 719.
🛏 🔟 🔟 ⚙ 🅿 ⚙
🍽 💶 AE, DC, MC, V. ◯ de mai à oct. ⓛⓛⓛⓛ demi-pension.

Cadre hollywoodien et service haut de gamme pour les six hôtels de ce grand complexe. Pratique de nombreux sports nautiques possible et centre de remise en forme.

TEULADA

Baia delle Ginestre

Carte routière C6. Località Portu Malu. 📞 070-92 73 005. 📠 070-92 73 009. **Chambres :** 100 ; **villas :** 45.
🛏 🔟 🔟 🅿 🍽 ⚙
💶 AE, DC, MC, V.
◯ d'avril à oct. ⓛⓛⓛ

Village de vacances de style méditerranéen, avec de petites villas et des chambres donnant directement sur la plage de galets du magnifique littoral de Teulada.

LA CÔTE EST

BAUNEI

Santa Maria

Carte routière D4. Località Santa Maria Navarrese. Via Plammas 30.
📞 0782-61 53 15. 📠 0782-61 53 16. **Chambres :** 37. 🛏 🔟 🅿
🍽 ⚙ 💶 AE, DC, MC, V.
◯ d'avril à déc. ⓛⓛ

Situé en plein cœur de la ville, à cinq minutes à pied de la mer, cet hôtel est aussi un excellent point de départ pour des randonnées dans la Codula di Luna.

BARÌ SARDO

La Torre

Carte routière D4. Località Torre di Bar. 📞 0782-280 30. 📠 0782-295 77. **Chambres :** 60. 🛏 🔟 🔟
🅿 🍽 ⚙ 💶 AE, DC, MC, V.
◯ de janv. à déc. ⓛⓛ

Hôtel moderne et élégant dans un cadre magnifique, en face d'une tour du XVIe siècle, en bord de mer.

DORGALI

Costa Dorada

Carte routière D3. Località Cala Gonone, Lungomare Palmasera 45. [0784-933 33. FAX 0784-934 45. **Chambres :** 30. 🟦 🔄 📺 🏂 🅿 🍴 ☕ *AE, MC, V.* ○ *d'avril à nov.* ⓁⓁ *demi-pension.*

Un bel hôtel mêlant styles espagnol et sarde, face à la petite plage de Cala Gonone.

MURAVERA

Free Beach Club

Carte routière D5. Località Costa Rei, Via Ichnusa 25. [070-99 10 41. FAX 070-99 10 54. **Chambres :** 438. 🟦 🔄 🏂 🅿 🍴 ♨ ☕ *AE, DC, MC, V.* ○ *de juin à nov.* ⓁⓁ *pension complète.*

Le *Free Beach Club*, qui donne directement sur la plage, propose des hébergements dans de jolis bungalows en pierre. Nombreuses activités sportives et garderie. La climatisation est facturée en supplément.

OROSEI

Torre Moresca

Carte routière D3. Località Cala Ginepro. [0784-912 30. FAX 0784-912 70. **Chambres :** 180. 🟦 🔄 📺 ♨ 🏂 🅿 🍴 ♨ ☕ *AE, V.* ○ *de mai à oct.* ⓁⓁ *demi-pension.*

Cet hôtel à l'architecture méditerranéenne est perdu dans la verdure, à 100 m seulement de la mer. Il propose des activités et des programmes de loisirs analogues à ceux du Club Med.

TORTOLÌ

Victoria

Carte routière D4. Via Mons. Virgilio 72. [0782-62 34 57. FAX 0782-62 41 16. **Chambres :** 60. 🟦 🔄 🏂 🅿 🍴 ☕ *AE, DC, MC, V.* ○ *de janv. à déc.* ⓁⓁ

La rénovation récente a permis d'améliorer considérablement la qualité des prestations. Chambres spacieuses et grande terrasse agréable, d'où l'on peut admirer la vue splendide sur la côte en prenant son petit déjeuner.

VILLASIMIUS

Stella Maris

Carte routière D6. Località Campulongu. [070-79 71 00. FAX 070-79 73 67. **Chambres :** 43. 🟦 🔄 📺 ♨ 🏂 🅿 ☕ *AE, V.* ○ *de mai à oct.* ⓁⓁ *demi-pension.*

Autrefois lieu de repos pour les jésuites et situé à 50 m de la plage, le *Stella Maris* est aujourd'hui un élégant hôtel moderne.

Tanka Village

Carte routière D6. [070-79 51. FAX 070-79 70 08. **Appartements :** 968. 🟦 🏂 🅿 🍴 ♨ ☕ *AE, DC, MC, V.* ○ *de mai à oct.* ⓁⓁⓁ

Noyé dans la verdure, ce complexe met à votre disposition des installations haut de gamme. Différents types d'hébergements sont possibles : logements indépendants ou le *Domus*, avec des services comparables à un hôtel. Bonnes installations sportives.

LE CENTRE ET LA BARBAGIA

ARITZO

Sa Muvara

Carte routière C4. Via Funtana Rubia. [0784-62 93 36. FAX 0784-62 94 33. **Chambres :** 65. 🔄 📺 ♨ 🏂 🅿 🍴 ☕ *AE, MC, V.* ○ *d'avril à nov.* ⓁⓁ

C'est l'un des hôtels les plus réputés de la Barbagia, idéalement situé pour des excursions dans le Gennargentu ou des activités sportives comme le canoë-kayak. Vous y trouverez un excellent restaurant qui sert une cuisine sarde typique.

GAVOI

Gusana

Carte routière C3. Località Gusana. [0784-530 00. FAX 0784-521 78. **Chambres :** 35. 🔄 📺 ♨ 🏂 🅿 🍴 ☕ *AE, V.* ○ *de janv. à déc.* Ⓛ

Ce petit hôtel est niché dans un site magnifique : au bord du lac Gusana, entouré par les collines de la Barbagia. Vous y trouverez un accueil familial et un bon restaurant. Randonnées pédestres et équestres.

NUORO

Fratelli Sacchi

Carte routière D3. Località Monte Ortobene. [0784-312 00. FAX 0784-340 30. **Chambres :** 20. 📺 🏂 🅿 🍴 ☕ *AE, DC, MC, V.* ○ *de janv. à déc.* Ⓛ

À 7 km seulement de Nuoro, le *Fratelli Sacchi* propose un accueil familial. Le restaurant, réputé, sert une cuisine traditionnelle de la Barbagia.

OLIENA

Cooperativa Enis

Carte routière D3. Località Monte Maccione. [0784-28 83 63. FAX 0784-28 84 73. **Chambres :** 17. 🔄 🏂 🅿 ☕ 🍴 ○ *de janv. à déc.* Ⓛ

Hôtel trois étoiles, terrasses avec vue panoramique et bon restaurant proposant des plats de la Barbagia. Randonnées dans le parc national du Gennargentu.

Su Gologone

Carte routière D3. Località Su Gologone. [0784-28 75 12. FAX 0784-28 76 68. **Chambres :** 65. 🔄 📺 🏂 🅿 🍴 ☕ *AE, DC, MC, V.* ○ *de mai à oct.* ⓁⓁ

Emplacement calme, architecture typique, bonne cuisine et accueil chaleureux. Lieu de séjour idéal pour des excursions dans le Supramonte di Oliena.

LA CÔTE OUEST

ALGHERO

Porto Conte

Carte routière B2. Località Porto Conte. [079-94 20 35. FAX 079-94 20 45. **Chambres :** 148. 🟦 🔄 📺 🏂 🅿 🍴 ♨ ☕ *AE, DC, MC, V.* ○ *d'avril à nov.* ⓁⓁ *pension complète.*

Hôtel moderne et agréable donnant sur la baie. Un établissement parfait pour des vacances en bord de mer.

Villa Las Tronas

Carte routière B2. Lungomare Valencia 1. [079-98 18 18. FAX 079-98 10 44. **Chambres :** 29. 🟦 🔄 📺 ♨ 🏂 🅿 🍴 ♨ ☕ *AE, DC, MC, V.* ○ *de janv. à déc.* ⓁⓁⓁ

Légende des symboles *p. 170*

Cette villa Art nouveau de la fin du XIXe siècle, joliment restaurée, occupe un emplacement unique, dominant le Capo Caccia.

ARBOREA

Ala Birdi

Carte routière B4. Strada a Mare 24. [0783-80 10 83. FAX 0783-80 10 86. **Chambres :** 58 ; **villas :** 58. 📧 🔛 🎾 📺 ⛵ 🏊 P 🏃 🏋 🍽 ♨ 🏖 *AE, DC, MC, V.* ◯ *de janv. à déc.* ⓁⓁ

Un hôtel et 58 jolies petites villas dans une belle pinède. Apprécié des amateurs d'équitation. L'hôtel organise également des visites guidées très intéressantes.

BOSA

Turas

Carte routière B3. Località Turas. [0785-35 92 30. **Chambres :** 38. 🔛 🏋 P 🍽 ♨ ◯ *de juin à nov.* ⓁⓁ

Ce petit hôtel à l'architecture et à la décoration typique des années 70 mérite qu'on y séjourne pour sa situation, à l'extrémité de la plage de Bosa.

CUGLIERI – SANTA CATERINA

La Baja

Carte routière B3. Località Santa Caterina di Pittinuri 20. [0785-381 05. FAX 0785-381 05. **Chambres :** 24. 🔛 🏋 P 🍽 🍴 *AE.* ◯ *de janv. à déc.* ⓁⓁ

En face de la Torre Spagnola (tour espagnole). Les chambres donnent sur la baie. Randonnées équestres, pédestres et VTT.

ORISTANO

Mistral 2

Carte routière B4. Via XX Settembre. [0783-21 03 89. FAX 0783-21 10 00. **Chambres :** 132. 📧 🔛 🎾 📺 ⛵ 🏋 P 🍴 🍽 ♨ 🍴 *AE, DC, MC, V.* ◯ *de janv. à déc.* ⓁⓁ

À cinq minutes seulement en voiture de la place centrale d'Oristano, cet hôtel moderne bien équipé possède des étages réservés aux non-fumeurs. Vous trouverez aussi sur place une piscine et un restaurant.

STINTINO

Geranio Rosso

Carte routière B2. Via XXI Aprile 4. [079-52 32 92. **Chambres :** 5. 🔛 📺 🍽 🍴 *MC, V.* ◯ *de janv. à déc.* ⓁⓁ

Ce minuscule hôtel-restaurant se trouve en centre-ville, à 2 km des plages de sable blanc de Pelosa.

Rocca Ruja

Carte routière B2. Località Capo Falcone. [079-52 92 00. FAX 079-52 97 78. **Chambres :** 99. 📧 🔛 🎾 📺 ⛵ 🏋 🍽 ♨ *AE, MC, V.* ◯ *de mai à oct.* ⓁⓁⓁ *pension complète.*

Ce complexe moderne comprend un hôtel et un hôtel résidence, dans un cadre charmant en face de l'île rocailleuse d'Asinara.

TRESNURAGHES

Piccolo Hotel

Carte routière B3. Località Porto Alabe. [0785-35 90 56. FAX 0785-35 90 80. **Chambres :** 20. 🔛 🍴 P 🍽 ◯ *de janv. à déc.* ⓁⓁ

Cet hôtel familial occupe un site enchanteur sur la côte. Excellents plats de poisson.

LE NORD ET LA COSTA SMERALDA

ARZACHENA

Residenza Capriccioli

Carte routière D1. Località Capriccioli. [0789-960 16. FAX 0789-964 43. **Suites :** 34. 🔛 🏋 P ◯ *de mai à oct.* ⓁⓁ

À 100 m environ de la plage de Capriccioli, l'une des plus belles de la Costa Smeralda, le *Residenza* propose des hébergements de qualité à des prix tout à fait raisonnables pour la région.

Le Ginestre

Carte routière D1. Località Porto Cervo. [0789-920 30. FAX 0789-940 87. **Chambres :** 80. 📧 🔛 🎾 📺 🏋 P 🍽 ♨ 🍴 *AE, DC, MC, V.* ◯ *de mai à oct.* ⓁⓁⓁ *demi-pension.*

L'un des hôtels les plus réputés de la Costa Smeralda, occupant un emplacement de rêve sur le Golfo del Pevero, au milieu de collines plantées de pins. Service et accueil quatre étoiles.

Valdiola

Carte routière D1. Località Cala di Volpe. [0789-962 15. FAX 0789-966 52. **Chambres :** 33. 📧 🔛 🏋 P 🍽 🍴 *AE, DC, MC, V.* ◯ *de janv. à déc.* ⓁⓁⓁ

Le *Valdiola* est un hôtel bien équipé et agréable, d'un bon rapport qualité-prix. Vue splendide, atmosphère décontractée et bon service.

Villaggio Le Magnolie

Carte routière D1. Località Liscia di Vacca. [0789-56 94 99. FAX 0789-56 94 17. **Chambres :** 61. 🔛 📺 ⛵ 🏋 P 🍽 ♨ 🍴 *AE, DC, MC, V.* ◯ *d'avril à oct.* ⓁⓁⓁ *demi-pension.*

Le Villaggio est composé d'un hôtel et de trois hôtels résidences bien tenus, entre le maquis odorant et la mer. Installations sportives et animations pour tous, y compris pour les enfants.

La Bisaccia

Carte routière D1. Località Baia Sardinia. [0789-990 02. FAX 0789-991 62. **Chambres :** 120. 📧 🔛 🎾 📺 ⛵ 🏋 P 🍽 ♨ 🍴 *AE, DC, V.* ◯ *de mai à oct.* ⓁⓁⓁⓁ *demi-pension.*

Entouré par le maquis, face à la mer, l'établissement comprend un hôtel quatre étoiles et une annexe trois étoiles.

Pitrizza

Carte routière D1. Località Liscia di Vacca. [0789-93 01 11. FAX 0789-916 29. **Chambres :** 50. 📧 🔛 🎾 📺 🏋 P 🍽 ♨ 🍴 *AE, DC, V.* ◯ *de mai à oct.* ⓁⓁⓁⓁ *demi-pension.*

L'hôtel le plus luxueux de Sardaigne mérite sa renommée internationale. Son style, son service et son élégance sobre sont dignes d'un palace cinq étoiles.

Villaggio Forte Cappellini

Carte routière D1. Località Baia Sardinia. [0789-990 57. FAX 0789-990 57. **Chambres :** 59. 🔛 🏋 🍽 ♨ 🍴 *AE, V.* ◯ *de mai à sept.* ⓁⓁⓁ *pension complète.*

Ce village de vacances classique, à côté de la mer, propose les activités sportives et les animations habituelles. Les enfants de moins de 15 ans ne sont pas admis.

Cala di Volpe

Carte routière D1. Localitá Cala di Volpe. ☎ *0789-97 61 11.*
FAX *0789-97 61 67.* **Chambres :** *123.*
🔳 🛏 🍴 📺 🗱 🌐 🚻 Ⓟ 🍴
📶 🄴 *AE, DC, MC, V.*
◯ *d'avril à oct.* ⓁⓁⓁⓁⒶ
pension complète.

L'architecture spectaculaire de l'un des premiers hôtels de la Costa Smeralda, qui est aussi l'un des plus luxueux, est due à Jacques Couelle. Prestations de luxe.

Romazzino

Carte routière D1. Localitá Romazzino. ☎ *0789-97 71 11.* **FAX** *0789-962 58.* **Chambres :** *90.* 🔳
🛏 🍴 📺 🗱 🌐 🚻 🍴 📶
🄴 *AE, DC, MC, V.* ◯ *d'avril à oct.*
ⓁⓁⓁⓁⒶ pension complète.

L'un des plus beaux bâtiments de la Costa Smeralda, construit dans le style méditerranéen moderne, avec une vue magnifique sur les îles de Soffi et de Mortorio.

Hotel Villaggio Pedraladda

Carte routière C2. Via Zirulia 50.
☎ *079-47 03 83.* **FAX** *079-47 04 99.*
Chambres : *128.* 🛏 🗱 Ⓟ 🍴
ⓁⓁ 🄴 *AE, DC, V.* ◯ *d'avril à oct.*
ⓁⓁ pension complète.

Situés à 600 m seulement de Castelsardo, l'hôtel et l'hôtel résidence ont des terrasses avec de belles vues sur la mer, des courts de tennis et une discothèque. Leçons de plongée.

Cala Lunga

Carte routière D1. Localitá Porto Massimo. ☎ *0789-73 40 42.*
FAX *0789-73 40 33.* **Chambres :** *65.*
🔳 🛏 📺 🗱 🚻 🍴 📶
🄴 *AE, DC, MC, V.* ◯ *de mai à oct.*
ⓁⓁⓁ demi-pension.

Le Cala Lunga, niché dans une baie protégée des vents d'ouest et du mistral, possède des criques privées et un port de plaisance, à 6 km du centre de La Maddalena.

Giuseppe Garibaldi

Carte routière D1. Via Lamarmora.
☎ *0789-73 73 14.* **FAX** *0789-73 73 26.* **Chambres :** *19.* 🔳 🛏 🍴 📺
🗱 🌐 🚻 🄴 *AE, DC, MC, V.*
◯ *de janv. à déc.* ⓁⓁ

Ce petit hôtel est installé dans la partie ancienne de La Maddalena. La plage la plus proche est à 10 minutes à pied, la plus éloignée à une demi-heure de voiture.

Sporting

Carte routière D1 & D2. Localitá Porto Rotondo. ☎ *0789-340 05.*
FAX *0789-343 83.* **Chambres :** *27.*
🔳 🛏 🍴 📺 🚻 Ⓟ 🍴 📶
🄴 *AE, DC, V.* ◯ *de mai à oct.*
ⓁⓁⓁ demi-pension.

Le Sporting a toujours été très apprécié des célébrités de Porto Rotondo. Élégant mais décontracté. Toutes les chambres ont un accès à la plage.

Capo d'Orso

Carte routière D1. Localitá Cala Capra. ☎ *0789-70 20 00.*
FAX *0789-70 20 09.* **Chambres :** *60.*
🔳 🛏 🍴 📺 🚻 Ⓟ 🍴 📶
🄴 *AE, DC, MC, V.* ◯ *d'avril à oct.*
ⓁⓁⓁ demi-pension.

Plusieurs petites villas avec terrasses au cœur d'un maquis luxuriant, avec de magnifiques vues panoramiques.

Due Lune

Carte routière D2. Localitá Puntaldia. ☎ *0784-86 40 75.*
FAX *0784-86 40 17.* **Chambres :** *59.*
🔳 🛏 🍴 📺 🚻 Ⓟ 🗱 🍴 📶
🄴 *AE, DC, MC, V.* ◯ *de mai à oct.*
ⓁⓁⓁⓁ demi-pension.

Un golf de 9 trous et la proximité de l'île de Tavolara, en face. Charmant complexe composé de petites villas de granit et de pierre.

Belvedere

Carte routière C1. Piazza della Libertà 2. ☎ *0789-75 41 60.*
FAX *0789-75 49 37.* **Chambres :** *22.*
🛏 📺 🌐 🄴 *AE, MC, V, DC.*
◯ *de mars à mi-déc.* ⓁⓁ pension complète.

Ce petit hôtel occupant un site superbe, près de la tour aragonaise, offre de très belles vues. Décor simple mais élégant.

Grand Hotel Corallaro

Carte routière C1. Localitá Rena Bianca. ☎ *0789-75 54 75.*
FAX *0789-75 54 31.* **Chambres :** *81.*
🔳 🛏 🍴 📺 🗱 🌐 🚻 Ⓟ 🍴
🍴 📶 🄴 *AE, DC, MC, V.*
◯ *d'avril à oct.* ⓁⓁ demi-pension.

Un hôtel quatre étoiles parfait pour les vacances en bord de mer. La Méditerranée se déploie devant vous, avec la Corse à l'horizon.

Moresco

Carte routière C1. Via Imbriani 16.
☎ *0789-75 41 88.* **FAX** *0789-75 50 85.*
Chambres : *44.* 🛏 📺 Ⓟ 🍴 🄴
MC, V. ◯ *d'avril à oct.* ⓁⓁ demi-pension.

Le *Moresco* est un charmant trois étoiles dominant la Rena Bianca, la jolie plage de sable blanc de Santa Teresa, non loin de la place centrale.

Grazia Deledda

Carte routière B2. Viale Dante 47.
☎ *079-27 12 35.* **FAX** *079-28 08 84.*
Chambres : *127.* 🔳 🛏 🍴 📺 🗱
🍴 📶 🄴 *AE, DC, V.* ◯ *de janv. à déc.*
ⓁⓁ

En centre-ville, à quelques pas du jardin Emiciclo Garibaldi, hôtel moderne et confortable.

Leonardo da Vinci

Carte routière B2. Via Roma 79.
☎ *079-28 07 44.* **FAX** *079-28 07 44.*
Chambres : *117.* 🔳 🛏 🍴 📺 🗱
🍴 🄴 *AE, DC, MC, V.*
◯ *de janv. à déc.* ⓁⓁ

Récent. Chambres d'hôtes élégantes et spacieuses près de la Piazza Italia, dans le centre. Remises pour des séjours d'un week-end.

Petit

Carte routière C2. Piazza Alcide De Gasperi 9/11. ☎ *079-63 11 34.*
FAX *079-63 17 60.* **Chambres :** *40.*
🔳 🛏 🍴 📺 🗱 🍴 Ⓟ 🍴 🄴 *AE, DC, MC, V.* ◯ *de janv. à déc.* ⓁⓁ

Moderne et calme, avec une vue magnifique sur la place principale. Le restaurant sert une succulente cuisine typique de la Gallura.

RESTAURANTS ET CAFÉS

**Lucia Pennisi et ses pâtes
fraîches à Sant'Antioco**

Le tourisme étant relativement récent en Sardaigne, la cuisine présente des variantes régionales encore bien marquées. Les restaurants de la côte proposent des plats de poisson et des fruits de mer à foison, tandis que dans l'arrière-pays, vous trouverez plutôt de la viande et des pâtes farcies. Les restaurants n'ayant pas de plats régionaux typiques au menu sont rarissimes. Les horaires des repas sont méditer-

ranéens : le déjeuner est servi entre 13 h et 15 h, et le dîner entre 21 h et 22 h 30. Les restaurants restent ouverts tard, surtout en été. Presque tous les établissements ferment un jour par semaine et un mois par an. Assurez-vous donc que le restaurant ou la trattoria de vos rêves est ouvert avant de vous y rendre. Tous les restaurants présentés pages 184-187 ont été sélectionnés parmi les meilleurs de leur catégorie.

Le *Locanda Rosella* à Giba, dans la région de Cagliari

LES DIFFÉRENTS TYPES DE RESTAURANTS

En Sardaigne, il n'y a pas beaucoup de différence, en terme de prix, de cuisine et d'ambiance, entre un restaurant *(ristorante)* et une trattoria. Même les établissements plutôt chers sont parfois aménagés dans un style champêtre et fonctionnel, avec un mobilier simple. Les pizzerias, rarement luxueuses, présentent l'avantage d'offrir une cuisine tout à fait correcte à des prix modérés. Si possible, préférez celles avec un four chauffé au feu de bois : les plats sont de meilleure qualité. En été, on trouve sur la plage des sandwichs, des plats de poisson et des pâtes. En général, les bars ne servent ni sandwichs, ni en-cas.

LES PRIX ET L'ADDITION

Un repas comprenant trois plats coûte entre 30 000 et 50 000 lires. Dans les grands restaurants, l'addition

peut monter jusqu'à 60 000-80 000 lires, mais il est rare qu'elle dépasse 100 000 lires. Dans les pizzerias, un repas composé de deux plats, avec un verre de bière ou un demi-litre de vin, tourne autour de 20 000 à 30 000 lires. Sur l'addition, vous verrez toujours mentionnés le couvert *(coperto,* ou *pane e coperto)* et le service. Il est d'usage de laisser un pourboire équivalent à 12 à 15 % de l'addition. Les restaurants sont tenus de délivrer aux clients un reçu *(ricevuta fiscale)*, comportant le nom de l'établissement et un numéro fiscal. Tout autre document est illégal et les clients s'exposent à une amende s'ils partent sans reçu. Beaucoup de restaurants acceptent les principales cartes de paiement, mais il est conseillé de prévoir des espèces, surtout dans les bars, les cafés et les établissements familiaux.

LES MENUS

Beaucoup de restaurants proposent des menus à prix fixe *(menù a prezzo fisso* ou *menù turistico)*. Certains prévoient, une fois par semaine, un menu de spécialités sardes, avec des plats régionaux comme le *porceddu* (cochon de lait), qu'il faut d'ordinaire commander à l'avance. Les établissements haut de gamme offrent parfois un menu appelé *menù degustazione* ou *menù gastronomico*, composé de cinq ou six spécialités.

LES JOURS DE FERMETURE

Tous les restaurants ont un jour de fermeture hebdomadaire, sauf pendant la haute saison (juillet et août). Celui-ci est clairement indiqué

***Dal Corsaro*, l'une des meilleures tables de Cagliari (p. 184)**

pour tous les établissements recommandés dans le présent guide, p. 184-187. Beaucoup de restaurants ferment également un mois pour les congés annuels, souvent en hiver, sauf à Cagliari, où ils ferment en août.

LA CUISINE VÉGÉTARIENNE

La Sardaigne n'est pas la destination idéale pour les végétariens. Si vous mangez du poisson, vous trouverez votre bonheur sur la côte. Dans l'arrière-pays, le choix sera limité aux pâtes et aux soupes, avec du pain frais et des fromages. Sachez que certaines soupes sont à base de bouillon de viande.

À l'heure de l'apéritif, dans un bar d'Alghero

Les fruits frais, dégustés sur la plage, sont très désaltérants

LES RÉSERVATIONS

Les restaurants sont souvent très fréquentés, surtout le soir et en été. Par conséquent, il est conseillé de réserver, même dans les endroits bon marché, ou d'arriver relativement tard pour éviter de longues attentes.

LA CARTE

Tous les restaurants n'ont pas forcément une carte. Le serveur peut vous indiquer les plats du jour et vous aider à choisir. Vous commencerez avec un *antipasto*, ou hors-d'œuvre, comme du saucisson en tranches, du jambon séché ou des légumes à l'huile (cœurs d'artichauts, olives, etc.). Les restaurants de bord de mer servent des fruits de mer en

hors-d'œuvre (palourdes, moules, seiches, petits calmars, anémones de mer, ou assortiment de crustacés). Vient ensuite l'entrée (*primo*), qui est une soupe, des pâtes, des raviolis, ou parfois un plat de riz. Elle peut se révéler assez consistante, comme le *pane frattau* (pain *carasau* dans du bouillon) ou les pâtes *fregula* aux palourdes. Le plat principal (*secondo*) est du poisson ou une viande, comme le célèbre *porceddu* (cochon de lait). Le repas s'achève avec du fromage, des fruits ou un dessert, suivi d'un café et, éventuellement, d'un alcool sarde.

VINS ET BOISSONS

La plupart des établissements, même de catégorie moyenne, proposent une bonne sélection de vins et d'alcools régionaux *(p. 182-183)*. Le plus souvent, les vins proposés sont des productions locales. Presque tous les restaurants ont un vin de la maison.

LES ENFANTS

Beaucoup de restaurants, surtout les établissements familiaux, servent des plats spéciaux ou des demi-portions pour les enfants.

FUMEURS, NON-FUMEURS

Peu de restaurants sont vraiment stricts dans ce domaine – les espaces non-fumeurs sont plutôt rares.

ACCÈS FAUTEUIL ROULANT

Seuls quelques restaurants sont équipés pour recevoir des fauteuils roulants (avec rampes d'accès et toilettes pour handicapés). Toutefois, ils sont souvent de plain-pied. Cela étant, mieux vaut appeler le restaurant à l'avance pour réserver une table d'accès facile et pour qu'on puisse vous aider si besoin.

LÉGENDE
DES TABLEAUX

Symboles des tableaux des pages 184 à 187.

🍽 menus à prix fixe
🍷 bonne cave
♿ accès fauteuil roulant
🚭 espace non-fumeur
⛱ terrasse
Ⓥ spécialités végétariennes
🧒 menus enfants
❄ climatisation
⬤ fermé

💳 cartes acceptées :
AE American Express
MC MasterCard
DC Diners Club
V Visa

Prix moyens pour trois plats, une demi-bouteille de vin, couvert, taxes et service.

Ⓛ moins de L40 000
ⓁⓁ L40 000-60 000
ⓁⓁⓁ L60 000-L80 000
ⓁⓁⓁⓁ L80 000-L100 000
ⓁⓁⓁⓁⓁ plus de L100 000.

Que manger en Sardaigne ?

Bien que la Sardaigne soit entourée d'eau, son plat le plus célèbre, le *porceddu*, n'est pas à base de poisson : il s'agit de cochon de lait cuit à la braise jusqu'à ce que sa chair soit tendre et sa peau croustillante. Il est souvent servi dans des plats traditionnels en liège tapissés de feuilles de myrte, sur une couche de pain *carasau*. La viande cuite à la broche est un grand classique. L'agneau et le mouton sont très présents dans la cuisine sarde. Le fromage le plus connu est le pecorino, au lait de brebis. Les pâtes, souvent faites maison, ont comme toujours en Italie une multitude de formes, même lorsqu'elles sont farcies telles que les *culungiones* (raviolis). Le poisson et les fruits de mer se dégustent sur la côte et l'influence espagnole est manifeste dans la cuisine de l'Ouest.

Sospiri

Les **malloreddus** *sont des gnocchis servis avec de la sauce tomate et de la saucisse hachée, relevée au safran.*

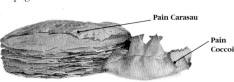

Pain Carasau

Pain Coccoi

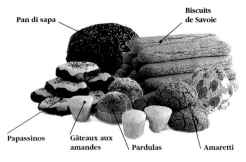

Pan di sapa

Biscuits de Savoie

Papassinos

Gâteaux aux amandes

Pardulas

Amaretti

La **zuppa gallurese** *est une soupe à base de pain rassis, de bouillon et de pecorino râpé, gratinée au four.*

PAINS ET PÂTISSERIES

On trouve une multitude de pains en Sardaigne, depuis les grandes miches jusqu'aux galettes fines et croustillantes. Le plus connu est peut-être le *carasau*, rond et très fin. Les pâtisseries et les gâteaux, souvent à base de farine, de miel et d'amandes, varient d'un village à l'autre.

La **fregula** *(ou fregola), petits grains de pâte proches de la semoule, est servie avec des palourdes ou dans du bouillon.*

Le **succu** *est de la fregula cuite dans du bouillon de mouton avec du safran et du pecorino.*

Les **culungiones** *sont de gros raviolis fourrés de purée de pommes de terre, de jaune d'œuf, de menthe, d'oignons et de fromage, nappés de sauce.*

Le **pane frattau** *se prépare avec du pain* carasau *trempé dans du bouillon et agrémenté de pecorino, de sauce tomate et d'œufs.*

La **cordula** est une tresse formée de tripes d'agneau cuites à la broche.

Le **porceddu** se déguste pour les célébrations traditionnelles. Un jeune cochon de lait d'environ 4 kg est cuit à la broche sur des braises et arrosé régulièrement de saindoux fondu.

Le **stufato di capretto** est un ragoût consistant de chevreau, au vin, aux artichauts et au safran. On peut y ajouter de l'œuf pour en faire une fricassée.

Les **buccinis** (buccins) et les arselle (palourdes) sont souvent servis en antipasti.

La **burrida** est du poisson cuit, mariné une journée dans du vinaigre avec de l'ail, du persil et des noisettes.

Le **homard** alla catalana est une spécialité d'Alghero. Ce plat est servi avec une vinaigrette à base de jus de homard, d'œuf, d'huile d'olive et de citron.

Les **seadas** (ou sebadas) sont des beignets farcis au fromage et au zeste de citron, à déguster avec du miel sarde.

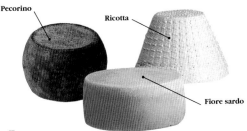

Pecorino

Ricotta

Fiore sardo

FROMAGES SARDES

Le fromage de brebis ou de chèvre se mange frais (caprino, fiore sardo) ou affiné (pecorino, canestrato). La ricotta (au lait de brebis) est toujours crémeuse.

Les **pardulas** (ou casadinas) sont des pâtisseries au fromage frais, parfumées au safran, à la vanille et à l'écorce de citron ou d'orange.

Que boire en Sardaigne ?

La vigne est arrivée en Sardaigne depuis l'est de la Méditerranée. La chaleur du climat donne des raisins très mûrs, transformés en boissons corsées et sombres souvent utilisées comme vins de coupage. Les vins sardes gagnent actuellement en qualité, grâce à une amélioration des pratiques viticoles, une sélection plus rigoureuse des cépages et une meilleure hygiène dans la production. Tous les types de vins sont produits, depuis le rouge *(rosso)* au blanc *(bianco)* en passant par le rosé *(rosato)* et les vins à desserts. Beaucoup sont classés *denominazione di origine controllata* (DOC), qui garantit leur provenance et leur qualité. Les vins sardes sont presque toujours produits à partir d'un seul cépage. Le plus connu est certainement le Vernaccia di Oristano, le premier cru sarde classé DOC.

Anciens récipients viticoles

LES VINS BLANCS

Les vins blancs sardes se dégustent avec du poisson et des fruits de mer. Certains sont assez corsés pour accompagner des viandes, comme le porc. Le Nuragus est un cépage blanc assez répandu, qui donne un vin plutôt neutre, doux et fruité. Du Vermentino, lui aussi très répandu, on obtient des vins à la saveur plus complexe. Le Vermentino di Sardegna et le Vermentino di Gallura, produits autour de Sassari et de Nuoro, sont assez charpentés. Il en existe une version mousseuse. Le Vermentino DOC de Cala Viola et d'Usini est excellent. La région de Campidano produit le Semidano, fruité et sec.

Vernaccia

Le Sinis, un vin légèrement pétillant

Vendanges

BLANCS À DÉCOUVRIR

- *Cantina Sociale della Riforma Agraria, Alghero*
  Vermentino di Sardegna Aragosta
- *Cantina Sociale Gallura*
  Vermentino
- *Tenuta Sella & Mosca, Alghero*
  Terre Bianche

LES VINS ROUGES

Le plus connu est le Cannonau, généralement corsé et charpenté, dont il existe aussi des versions plus légères. La majeure partie de la production vient de la province de Nuoro, dans l'est de la Sardaigne. Ce vin se marie bien à la viande rôtie et au gibier. Le Monica di Sardegna, un rouge sec et parfumé, se boit jeune, de préférence avec du gibier ou des fromages affinés. Parmi les DOC moins connus, citons le Mandrolisai, léger et sec, le Campidano di Terralba et le Carignano del Sulcis. D'autres vins rouges, tels que le Tanca Farrà di Alghero et le Terre Brune del Sulcis sont des coupages de cépages indigènes sardes et importés.

Grappe de Cannonau

Nieddera rosé et Cannonau

ROUGES À DÉCOUVRIR

- *Azienda Giuseppe Cabras, Nuoro*
  Cannonau
- *Tenuta Sella & Mosca, Alghero*
  Anghelu Ruju
- *Attilio Contini, Cabras*
  Nieddera

LES VINS À DESSERTS

La Sardaigne produit quantité de vins à desserts sucrés, blancs ou rouges. Outre le Vernaccia blanc et le Cannonau rouge doux, on trouve le Moscato di Sardegna, à base de muscat, et mis en bouteille au bout de trois ans. Sucré, il a toutefois une bonne acidité et titre 15°. Le muscat de Tempio Pausania est légèrement pétillant, tandis que celui de Cagliari est puissant et sucré. Le Girò di Cagliari, rouge, et le Nasco, à la couleur ambrée, sont corsés et sucrés. Deux vins vinifiés à partir de raisins qu'on a laissé sécher viennent de la région d'Alghero : le Torbato et l'Anghelu Ruju, à base de cépages Cannonau. Les Malvasia de Bosa et de Cagliari sont proches du Vernaccia.

Cantina Sociale della Vernaccia à Oristano

Vernaccia mousseux

Malvasia di Bosa

Vernaccia

Malvasia

Moscato

Vendanges de raisin noir dans les vignes de Cannonau

VINS À DESSERTS À DÉCOUVRIR

- *Centro Enologico Sardo, Villacidro*
  Malvasia
- *Centro Enologico Sardo, Villacidro*
  Moscato Dolce (Muscat)
- *Fratelli Serra, Zeddiani*
  Vernaccia
- *Meloni Vini, Selargius*
  Malvasia di Cagliari
  Cantina Sociale Dolianova
  Moscato di Cagliari

LES DIGESTIFS

L'alcool sarde le plus connu est l'*abbardiente* (de l'espagnol *aguardiente*), une grappa ou eau-de-vie. Parmi les meilleurs figurent le Cannonau, corsé, et le Malvasia, plus léger. Ici, la grappa est aussi appelée *fil'e ferru* (fil de fer), du nom des fils servant à marquer les cachettes de grappa clandestine. La grappa aromatisée au fenouil sauvage, au genièvre ou au chardon est une invention assez récente. Très réputé également, le Mirto, rouge ou blanc, est un alcool à base de feuilles et de baies de myrte sauvage. Le breuvage préféré des Sardes est le Zedda Piras.

Bouteilles couvertes de liège et décorées de motifs typiques

CAGLIARI ET LE SUD

ASSEMINI

Su Zaffaranu

Carte routière C5. Via Coghinas 1.
📞 070-94 11 46. 🔲 V 🚹 🍽
⬤ ven. en hiver, Noël, 1er janv.
🎫 AE, MC, V. Ⓛ Ⓛ

Situé sur la nationale SS130 reliant Cagliari à Iglesias, à 5 km de l'aéroport et à 10 km du centre de Cagliari, ce restaurant spécialisé dans les produits de la mer propose des moules aux petits légumes de printemps, des queues de langoustines à la roquette ou des pâtes aux artichauts et aux œufs de mulet salés.

BARUMINI

Su Nuraxi

Carte routière C4. Route provinciale
(SP). 📞 070-93 68 305. 🍽 🔲 🛅
V 🚹 🍽 ⬤ mar. en hiver. 🎫 AE,
DC, MC, V. Ⓛ Ⓛ

Pratique, en raison de sa proximité des nuraghi. Plats maison typiques comme le *porceddu*, la *fregula* à la sauce ou aux palourdes. Parking pour les caravanes.

CAGLIARI

Antica Hostaria

Carte routière C6. Via Cavour 60.
📞 070-66 58 70. 🔲 🛅 V 🍽
⬤ dim., août, Noël, 1er janv.
🎫 AE, DC, MC, V. Ⓛ Ⓛ

Ce petit restaurant chaleureux occupe le rez-de-chaussée d'un bâtiment ancien. Spécialités de saison : risotto à la chicorée, *pappardelle* (pâtes larges) au saumon et aux crevettes, spaghettis aux palourdes et à la *bottarga* (œufs de mulet séchés), salade de *funghi porcini* (cèpes) et d'*ovoli* (oronges), gibier et poisson.

Lillicu

Carte routière C6. Via Sardegna 78.
📞 070-65 29 70. 🔲 🛅 V 🚹 🍽
⬤ dim., août, Noël, 1er janv.
🎫 MC, V. Ⓛ Ⓛ

Placé derrière la Via Roma, le *Lillicu* sert des plats à base de produits de la mer – roussette (marinée au vinaigre, à l'ail, aux noix et au foie de poisson), soupe de poisson et anémones de mer – sur des tables de marbre blanc.

Saint Remy

Carte routière C6. Via Torino 6.
📞 070-65 73 77. 🍽 ⬤ variable, sam. midi et dim.
🍽 🎫 AE, DC, V. Ⓛ Ⓛ

Il règne une ambiance particulière au *Saint Remy*, installé dans un monastère du XVIIe siècle. Cuisine soignée : raviolis à la ricotta, au safran et à l'orange, *fregula* aux moules, agneau aux artichauts ou aux champignons, calmar aux herbes et aux pommes de terre, poisson au Vernaccia.

Dal Corsaro

Carte routière C6. Viale Regina Margherita 28. 📞 070-66 43 18.
🍽 🔲 🛅 V 🚹 🍽 ⬤ dim., août, Noël. 🎫 AE, DC, MC, V.
Ⓛ Ⓛ Ⓛ

L'une des meilleures tables de Sardaigne. Au menu, salade de calmars aux haricots verts et au vinaigre balsamique, raviolis de poisson aux tomates fraîches, aux palourdes et aux crevettes, filet de dorade au safran et aux pommes de terre.

CALASETTA

Da Pasqualino

Carte routière B6. Via Roma 99.
📞 0781-844 73. 🛅 🚹 🍽
⬤ après 22 h, mar. en hiver, oct. ou févr. 🎫 AE. Ⓛ

Spécialités de la mer : soupe au rouget grondin, rascasse, murène, calmar, crustacés et assortiments de poissons grillés ou poêlés.

CARLOFORTE

Al Tonno di Corsa

Carte routière B6. Via G. Marconi 47.
📞 0781-85 51 06. 🔲 🛅 🍽
⬤ du 23 déc. au 23 janv. 🎫 AE,
MC, V. Ⓛ Ⓛ

Dans la vieille ville, sur la colline dominant le bord de mer, *Al Tonno* sert des plats typiques comme le *musciame* (chair de dauphin séchée au soleil).

Da Nicola

Carte routière B6. Via Dante 46 (hiver) Corso Cavour 32 (été). 📞 0781-85 40 48. 🔲 🛅 🛅 🚹 🍽
⬤ lun. en hiver, de déc. à janv. 🎫 AE, DC, MC, V. Ⓛ Ⓛ

En été, le restaurant déménage en bord de mer. La cuisine mêle traditions arabe et ligurienne : couscous aux légumes, au veau et au bœuf, homard, thon, espadon.

IGLESIAS

Villa di Chiesa

Carte routière B5. Piazza Municipio 9/10. 📞 0781-235 40. 🛅 🛅 🛅 🚹
🍽 ⬤ lun., sauf en août. 🎫 V. Ⓛ Ⓛ

Ce restaurant de poissons, sur une place médiévale, propose des plats succulents comme les spaghettis aux œufs de mulet salés et aux palourdes, ou aux tomates fraîches, ainsi que d'excellents plats de viande et du gibier.

LA CÔTE EST

ARBATAX

Del Porto

Carte routière D4. Via Bellavista 14. 📞 0782-66 72 26. 🔲 🛅 🛅 V 🚹 🍽
⬤ de déc. à mars. 🎫 DC, MC, V. Ⓛ Ⓛ

Sur la mer, à 100 m du bord de mer, *Del Porto* est spécialisé dans le poisson frais. Au menu : *culungiones* et *burrida* (raie marinée).

BAUNEI

Golgo

Carte routière D4. Località San Pietro.
📞 0337-81 18 28. 🛅 🛅 🚹
⬤ d'oct. à Pâques. Ⓛ Ⓛ

Dans un bâtiment de pierre typique, en pleine campagne, ce restaurant sert des plats traditionnels, du *pane frattau* au cochon de lait jusqu'aux macarons à la pâte d'amande.

DORGALI

Colibrì

Carte routière D3. Via A. Gramsci 15.
📞 0784-960 54. 🛅 🛅 🚹
⬤ d'oct. à Pâques. Ⓛ

Cet établissement moderne sert une cuisine typique de la Barbagia : *pane frattau*, *maccarones furriaos* (macaronis au four), cochon de lait rôti et mouton aux herbes.

OROSEI

Su Barchile

Carte routière D3. Via Mannu 5.
📞 0784-988 79. 🍽 🔲 🛅 V
🚹 🍽 ⬤ nov. 🎫 AE, MC, V. Ⓛ Ⓛ

Dans la vieille ville. En été, on mange sur la terrasse donnant sur le jardin ; *bucatini* (pâtes) maison aux crustacés, raviolis au poisson, risotto aux fruits de mer et plats de poisson.

POSADA

Sa Rocca

Carte routière D2. Piazza Eleonora d'Arborea 30. 🚗 *0784-85 41 66.* 🅱 Ⅴ ⚹ ● *lun. en hiver, nov.* 🗄 *AE.* ⓁⓁ

Situé au pied du château, avec vue sur la mer (à 1 km seulement). Cuisine sarde traditionnelle : raviolis, gnocchis aux palourdes, assortiment de poissons grillés, côtelettes de veau grillées et, sur commande, cochon de lait et homard.

TORTOLÌ

Da Lenin

Carte routière D4. Via San Gemiliano 19. 🚗 *0782-62 44 22.* 🅱 🅱 ⚹ Ⅴ ⚹ ● *après 22 h, dim., du 20 déc. au 20 janv.* 🗄 *AE, DC, MC, V.* Ⓛ

Excellentes spécialités de poissons et plats de viande classiques. Raviolis à la *bottarga*, tagliatelles noires au saumon, poisson grillé et, en automne, dorade royale en papillote avec des *funghi porcini* (cèpes).

VILLASIMIUS

Carbonara

Carte routière D6. Via Umberto I 60. 🚗 *070-79 12 70.* 🅱 🅱 Ⅴ ⚹ 🏛 ● *variable, mer. en hiver.* 🗄 *AE, DC, MC, V.* Ⓛ

Spécialités de la maison : risotto *alla corsara* aux crustacés, spaghettis aux palourdes et à la *bottarga*, raviolis au Vernaccia.

LE CENTRE ET LA BARBAGIA

ARITZO

Sa Muvara

Carte routière C4. Via Fontana Rubia 35. 🚗 *0784-62 93 36.* 🍴 🅱 🅱 🏛 Ⅴ ⚹ ● *après 22 h, de déc. à Pâques.* 🗄 *AE, DC, MC, V.* ⓁⓁ

Bonne cuisine rustique de la Barbagia : risotto aux châtaignes,

pasticcio *all'aritzese* (timbale aux pommes de terre, aux champignons, au jambon et aux tomates fraîches), soupes aux herbes, saucisses maison et viandes rôties.

FONNI

Miramontes

Carte routière D3. *Entre Fonni et Désulo.* 🚗 *0784-573 11.* 🍴 🅱 🅱 Ⅴ ⚹ ● *mer., oct.* Ⓛ

À 1 km de Fonni, sur la route de Montespada, ce restaurant campagnard propose une cuisine typique : raviolis, *malloreddus*, *pane frattau*, cochon de lait et agneau cuits à la broche, saucisses maison.

GAVOI

Gusana

Carte routière C3. Gusana. 🚗 *0784-521 78.* 🅱 🏛 ▤ ● *lun.* 🗄 *AE, DC, MC, V.* Ⓛ

Une bonne sélection de plats traditionnels de la Barbagia, à base de *purpuzza* (chair à saucisse) : gnocchis et raviolis maison avec une sauce à la viande, anguilles et truites.

NUORO

Canne al Vento

Carte routière D3. Viale Republica 66. 🚗 *0784-20 17 62.* 🅱 🏛 ▤ ● *dim., 10 j. en août, Noël.* 🗄 *AE, DC, MC, V.* ⓁⓁ

Ce restaurant du centre propose des plats régionaux : *malloreddus*, sanglier, mouton, viande de cheval et cochon de lait, et des poissons grillés, salés ou marinés au vin.

Da Giovanni

Carte routière D3. Via IV Novembre 9. 🚗 *0784-305 62.* Ⅴ ⚹ ● *dim.* 🗄 *AE, V.* Ⓛ

Au cœur de la ville, *Da Giovanni* sert la soupe typique de Nuoro, du *filindeu* (pâtes tressées pochées dans du bouillon de mouton), des *fettucine* (pâtes larges) avec une sauce au sanglier, du ragoût de sanglier et du poisson au four.

OLIENA

Su Gologone

Carte routière D3. Località Su Gologone. 🚗 *0784-28 75 12.* 🍴 🅱 🅱 🏛 Ⅴ ⚹ ▤ ● *nov.* 🗄 *AE, MC, V.* ⓁⓁⓁ

En pleine nature, *Su Gologone* est à 12 km de Nuoro. Le restaurant est réputé pour ses plats de viande : agneau, chevreau et cochon de lait rôtis. Il sert aussi du *pane frattau*, des raviolis, des *malloreddus* et des *seadas* au miel.

ORGOSOLO

Ai Monti del Gennargentu

Carte routière D3. Settiles. 🚗 *0784-40 23 74.* 🍴 🅱 🅱 Ⅴ ⚹ ▤ ● *nov., févr.* ⓁⓁ

Ce restaurant de campagne, situé à 6 km d'Orgosolo, possède son propre verger et un potager biologique. Parmi les nombreux plats typiques que l'on y sont proposés, on trouve de la soupe aux légumes et au jambon, et de la soupe aux pâtes maison et au fromage de brebis.

LA CÔTE OUEST

ALGHERO

Al Tuguri

Carte routière B2. Via Maiorca 113. 🚗 *079-97 67 72.* 🍴 🅱 Ⅴ ⚹ ● *dim., du 20 déc. au 20 janv.* 🗄 *MC, V.* ⓁⓁ

Cet établissement occupe trois étages d'un charmant bâtiment du XVᵉ siècle qui a été rénové. Carte de saison : moules aux fèves, pâtes fraîches aux oursins, poisson à la majorquine et soupe à l'oignon aux œufs.

Rafel

Carte routière B2. Via Lido 20. 🚗 *079-95 03 85.* 🅱 🅱 ⚹ ● *jeu. en hiver, nov.* 🗄 *AE, DC, MC, V.* ⓁⓁ

Chez Rafel, les entrées sont préparées au dernier moment : sauces fraîches aux palourdes, aux œufs d'oursins (en hiver) et à la chair de crabe. Soupe de poissons sur commande.

La Lepanto

Carte routière B2. Via Carlo Alberto 135. 🚗 *079-97 91 16.* 🅱 🅱 🏛 Ⅴ ⚹ ○ *tard.* ● *lun. en hiver.* 🗄 *AE, DC, MC, V.* ⓁⓁ

Restaurant de la vieille ville, avec des vérandas donnant sur la mer. Carte proposant essentiellement des produits de la mer et des plats traditionnels : homard, spaghettis à la mode d'Alghero, pâtes aux aubergines et aux langoustines.

Légende des symboles *p. 179*

BOSA

Tatore

Carte routière B3. Via IV Novembre.
📞 0785-37 31 04. 🍽️👤♿🔊📺
🚹🍴⚫ mer. Ⓛ

Spécialités de poissons : spaghettis *allo scoglio*, avec des crustacés, risotto aux fruits de mer, soupe, assortiment de poissons grillés ou frits.

CABRAS

Sa Funtà

Carte routière B4. Via Garibaldi 25.
📞 0783-29 06 85. 👤♿🔊🚹
⚫ dim., janv., févr. 🔲 V. ⓁⓁⓁ

Petit établissement élégant dans la tradition d'Oristano. Au menu : soupe aux herbes (en hiver), *bottarga* (œufs de mulet séchés), *burrida* (poisson en sauce épicée) ou mulet frais.

CUGLIERI

Meridiana

Carte routière B3. Via Littorio 1.
📞 0785-394 00. 🍽️👤♿🚹
🍴⚫ mer., mi ou fin oct., 2 semaines en janv. 🔲 V. ⓁⓁⓁ

Spécialités de poissons : salade de langoustines et de champignons, calmar frit aux courgettes, oursins au pain grillé, *bottarga* et figues, risotto à l'espadon, soupe de palourdes et de moules. Réservation conseillée.

GHILARZA

Al Marchi

Carte routière C3. Via Concezione 4.
📞 0785-522 80. 👤♿🔊🚹🍴
⚫ lun., août, 2 semaines en janv.
🔲 AE, DC, MC, V. ⓁⓁ

Au cœur de la ville. Entrées traditionnelles de l'île, suivies de *raviolini* dans une sauce légère aux tomates et aux épinards, *porcini* (cèpes), mouton cuit en papillote, viande grillée sauce au vin.

ORISTANO

Da Gino

Carte routière B4. Via Tirso 13.
📞 0783-714 28. ♿🚹🍴⚫
dim., de mi-août à début sept. Ⓛ

Dans un bâtiment caractéristique du centre d'Oristano, entièrement restauré, on déguste des pâtes aux oursins ou aux anémones de mer, le « homard spécial de Gino » ou de célèbres plats de gibier.

Da Giovanni

Carte routière B4. Via Colombo 8.
📞 0783-220 51. 🍽️👤♿🔊📷
🚹🍴⚫ lun. 🔲 DC, MC, V. ⓁⓁ

Le propriétaire est un passionné de plats de la mer. Le poisson, venu directement du port, est servi en entrée et en plat principal. Sauce de fruits de mer, spaghettis aux oursins et à la *bottarga*, calmar grillé, bar au Vernaccia, ragoût de seiche aux pois, dorade royale, denté et homard.

Il Faro

Carte routière B4. Via Bellini 25.
📞 0783-700 02. 🍽️👤♿🔊📷
🚹🍴⚫ après 22 h, dim. soir.
🔲 AE, DC, V. ⓁⓁ

Il Faro est connu pour sa cuisine traditionnelle et ses poissons de saison : mulet, bar, dorade royale. Raviolis à la ricotta et aux pointes d'asperges, et desserts sardes.

PORTO TORRES

Li Lioni

Carte routière B2. SS131, Località Li Lioni. 📞 079-50 22 86. 👤♿📷
V 🚹🍴⚫ après 22 h, mer., nov.
🔲 AE, DC, MC, V. ⓁⓁ

En pleine campagne, à 3 km de Porto Torres, vous êtes reçus dans un cadre rustique. Tous les plats de viande sont cuits sur un feu de cheminée. Goûtez aux macaronis à la sauce au sanglier ou au mouton, aux *culungiones*, ou encore aux brochettes de veau au barbecue.

STINTINO

Silvestrino

Carte routière B2. Via Sassari 12.
📞 079-52 30 07. 🍽️👤♿🔊📷
V 🚹⚫ après 22 h en hiver,
jour de fermeture hebdomadaire variable, de mi-déc. à mi-janv.
🔲 AE, MC, V. ⓁⓁ

Situé au centre de Stintino, au rez-de-chaussée d'un hôtel. Il règne au *Silvestrino* une atmosphère familiale. Depuis plus de 50 ans, on y sert la célèbre soupe de homard, du poisson grillé et les succulents *baci alla Silvestrino*, des croquettes cuites au four farcies au fromage et nappées de béchamel et de tomates.

LE NORD ET LA COSTA SMERALDA

ARZACHENA

Grazia Deledda

Carte routière D1. Sur la route de Baia Sardinia.
📞 0789-989 90. 👤♿📷
⚫ de nov. à avril. 🔲 AE, DC, MC, V.
ⓁⓁⓁⓁ

Ce restaurant qui donne sur la magnifique baie de Cannigione est joliment décoré avec de très beaux meubles traditionnels. La cuisine est raffinée : soupe d'*ovoli* (oranges) et de *porcini* (cèpes) et *moscardini* (poulpe) au Vermentino. Prix très élevés, mais les fruits de mer sont toujours de première fraîcheur.

Tiana

Carte routière D1. Località Tiana, sur la route de Palau. 📞 0789-821 95.
👤♿📷🚹⚫ lun. 🔲 AE, DC, MC, V. ⓁⓁ

Des hors-d'œuvre variés de fruits de mer, des spaghettis au homard, un assortiment de poissons frits et grillés et des spécialités de Gallura. À savoir : le *Tiana* n'est qu'à 2 km de l'agitation de la Costa Smeralda.

CASTELSARDO

Fofò

Carte routière C2. Lungomare Anglona 1. 📞 079-47 01 43. 🍽️
👤♿📷 V ♿ ⚫ mer. 🔲 AE, DC, MC. ⓁⓁ

Les homards du centre piscicole voisin sont accommodés de différentes manières, comme en une délicieuse soupe aragonaise. Goûtez aussi au risotto *alla corsara*, avec des crustacés. Sur commande, on peut déguster du cochon de lait ou de l'agneau.

LOIRI – PORTO SAN PAOLO

Cala Junco

Carte routière D2. Viale Pietro Nenni 8/10. 📞 0789-402 60. 🍽️👤📷
V 🚹🍴⚫ mar. en hiver, 15 j. en janv. 🔲 AE, DC, MC, V. ⓁⓁ

Le *Cala Junco* est situé en bord de mer, à 20 minutes seulement d'Olbia. Plats de poissons et mets traditionnels. Parmi les entrées, goûtez les soupes comme la *zuppa gallurese* et la *minestra della nonna* aux bettes et, bien sûr, les pâtes maison. Difficile aussi de résister au *Mazzamurro* (sorte de flanc fait avec du pain trempé dans du lait, du pecorino et des tomates), à la *fregula* aux moules et au *pane frattau* au homard.

OLBIA

Bacchus 2

Carte routière D2. Via G. D'Annunzio (Centro Martini). **[** 0789-216 12. **&** 📷 **V** 👫 🍴 ▤ 🍷 *dim. en hiver.* ○ *à midi seulement en été, de fév. à nov.* 🅰 *AE, DC, MC, V.* ⓁⓁ

Entrées avec des associations originales de légumes et de poissons, *culungiones* farcis au fromage et à la menthe, morceaux de filet de bœuf roulés avec du jambon fumé, calmars farcis et sélection de succulents desserts.

Gallura

Carte routière D2. Corso Umberto 145. **[** 0789-246 48. 🍴 ▤ 🍷 **V** 👫 ▤ 🍷 *après 22 h, dim., du 15 au 30 oct., du 20 déc. au 6 janv.* 🅰 *AE, DC, MC, V.* ⓁⓁⓁⓁⓁ

Ici, la créativité est le maître-mot, à commencer par les pâtes (à la sauge, aux carottes ou au safran) et les délicieuses sauces (fleurs de courgettes et moules). Succulents desserts.

PALAU

Il Porticciolo

Carte routière D1. Piazza del Comune. **[** 0789-70 85 98. **&** 📷 👫 🍷 *lun.* Ⓛ

Petite trattoria familiale, avec une carte qui change tous les jours en fonction du marché. Cuisine simple et savoureuse, avec des plats de poisson et de viande. Goûtez le homard *alla catalana*. Parmi les desserts, essayez le tiramisù : un vrai délice.

Zio Nicola

Carte routière D1. Porticciolo Turistico. **[** 0789-70 85 20. **&** 📷 👫 🍷 *mer. en hiver.* 🅰 *DC, MC, V.* ⓁⓁ

Ce restaurant du port est tenu avec beaucoup de professionnalisme. À la carte, viandes et poissons, grillés ou poêlés, accommodés avec soin. Nombreuses tables à l'extérieur, dans un grand jardin ombragé. Service rapide et de qualité.

La Gritta

Carte routière D1. I Faraglioni di Porto Faro. **[** 0789-70 80 45. **V** 📷 👫 🍷 *du 15 oct. au 15 mars.* 🅰 *AE, DC, MC, V.* ⓁⓁⓁⓁ

L'une des meilleures tables de Sardaigne, avec une grande terrasse couverte donnant sur la baie de Porto Rafael. Au menu, calmar farci à la sauce au safran, *linguine* à la sauce au poisson et poisson aux pommes de terre et aux olives. Excellente carte des vins, avec des grappas inoubliables.

PORTO CERVO

Gianni Pedrinelli

Carte routière D1. Località Piccolo Pevero. **[** 0789-924 36. 🍴 **V** **&** 📷 **V** 👫 🍷 *à midi sauf sam. et dim., nov.* 🅰 *AE, DC, MC, V.* ⓁⓁ

Spécialités de la maison : *fregula* aux moules, aux tomates fraîches et aux palourdes, pâtes au homard, gnocchis maison, poisson au sel et cochon de lait grillé.

PORTO ROTONDO

Il Baretto

Carte routière D1. Piazzetta Rudalza. **[** 0789-340 18. 🍴 **V** **&** 📷 👫 ▤ 🍷 *d'oct. à Pâques.* 🅰 *AE, DC, MC, V.* ⓁⓁⓁ

Comme le restaurant n'ouvre qu'en été, la plupart des tables sont en terrasse, mais vous pourrez aussi choisir la salle climatisée. Spécialités : poisson frais, bien sûr, raviolis à la ricotta, cochon de lait.

SASSARI

L'Assassino

Carte routière B2. Vicolo Ospizio Cappuccini 1B. **[** 079-23 50 41. 🍴 **V** **&** **V** 👫 🍷 *dim.* 🅰 *AE, DC, MC, V.* Ⓛ

Restaurant typique de Sassari, avec quantité de plats de viande (agneau, porc et cheval) et, en hiver, pieds d'agneau aux herbes ou en sauce.

Gianni e Amedeo

Carte routière B2. Via Alghero 69. **[** 079-27 45 98. **&** 👫 🍷 *dim., août.* 🅰 *AE, DC, MC, V.* ⓁⓁⓁ

Décor rustique mais cuisine haut de gamme, dans la meilleure tradition. Des classiques, comme

les *gnochetti* ou les raviolis sardes au pecorino, à la menthe et aux pommes de terre. Pour terminer, laissez-vous tenter par des *seadas* avec un verre ou deux d'alcool de Mirto (myrte).

SAN TEODORO

La Columbella

Carte routière D2. Piazzetta di Puntaldia. **[** 0784-86 41 76. 🍴 **&** 📷 **V** 👫 🍷 *dim. soir, lun. en hiver.* 🅰 *AE, DC, MC, V.* ⓁⓁⓁⓁ

Ce restaurant possède une terrasse donnant sur la mer. Cuisine et ambiance raffinées, et pas moins de 50 plats, essentiellement de poisson. Raie au four aux raisins et pâtes maison aux fruits de mer et pesto vous en donneront un aperçu.

SANTA TERESA DI GALLURA

Canne al Vento

Carte routière C1. Via Nazionale 23. **[** 0789-75 42 19. 🍴 **V** **&** 📷 👫 🍷 *le midi, après 22 h, lun., du 30 sept. au 1er avril.* 🅰 *MC, V.* ⓁⓁ

Restaurant familial servant des plats sardes typiques comme la *zuppa cuata*, une soupe au pain, au fromage et au bouillon de mouton, des raviolis au citron et du mouton aux herbes.

Riva

Carte routière C1. Via del Porto 29. **[** 0789-75 43 92. 🍴 👫 ▤ 🍷 *mer. en hiver.* 🅰 *AE, DC, MC, V.* ⓁⓁⓁ

À 200 m seulement du port, un restaurant de poissons qui, en été, propose aussi du cochon de lait, du *pane frattau* et des *malloreddus*. Spécialités : risotto de fruits de mer, soupe de moules et de couteaux, raviolis de poissons, spaghettis au crabe et dorade royale au Vermentino ou au Torbato.

TEMPIO PAUSANIA

Il Pizzicotto

Carte routière C2. Via Gramsci, 37. **[** 079-67 04 77. 🍴 **V** **&** **V** 👫 ▤ 🍷 *ven.* Ⓛ

Cuisine simple et rustique : *zuppa gallurese* à base de pain de blé dur, de fromages et bouillon de viande, gnocchis faits maison, *seadas*, et vaste choix de pizzas et de galettes.

Légende des symboles *p. 179*

BOUTIQUES ET MARCHÉS

L'artisanat d'art est très diversifié en Sardaigne. Vous trouverez ainsi toutes sortes de produits qui ne se rencontrent pas ailleurs : tapis tissés à la main, nappes, *pibbiones* (tissus brodés), corbeilles, etc. Tous sont fabriqués avec des matériaux de qualité et suivant des techniques traditionnelles, mais certains ont adopté des formes modernes. On trouve aussi des épingles

Olives

et des broches en corail et en filigrane, des terres cuites et des faïences, ainsi que des objets en liège et en fer forgé. Les boutiques des stations balnéaires vendent les souvenirs habituels : cendriers en forme de nuraghi, poupées en costume traditionnel, objets en coquillages, etc. Côté gastronomie, vous pourrez rapporter du pecorino, des œufs de mulet salés, des confiseries et du vin.

HORAIRES D'OUVERTURE

Le matin, les magasins ouvrent généralement de 9 h à 13 h. L'après-midi, ils ouvrent à nouveau de 16 h à 20 h (16 h 30 à 20 h 30 en été). En ville, la plupart des commerces ferment deux ou trois semaines en août, tandis que sur la côte, les magasins ne sont ouverts que de juin à septembre.

Potier à l'ouvrage

MOYENS DE PAIEMENT

La plupart des boutiques et des grands magasins acceptent les cartes bancaires, mais mieux vaut s'en assurer à l'avance. Les petits commerces et les artisans préfèrent souvent les paiements en espèces. Le commerçant est tenu de vous remettre un reçu *(ricevuta fiscale)*. Ce document obligatoire peut vous être demandé lorsque vous quittez le magasin. Vous en aurez également besoin si vous désirez échanger un article.

GRANDS MAGASINS

Le principal grand magasin de Cagliari est **La Rinascente** de la Via Roma. Les autres grands magasins sont **Upim** et **Standa**, que l'on retrouve dans d'autres localités sardes. Récemment, des centres commerciaux ont vu le jour à la périphérie des agglomérations, offrant un vaste choix de commerces : magasins de chaussures et d'habillement, supermarchés et fast-foods.

ARTISANAT

Les produits de l'artisanat local se trouvent dans toute l'île. Dans les villages, les femmes proposent leurs productions devant leur maison.

Les boutiques appartenant à l'Istituto Sardo Organizzazione Lavoro Artigianale (**ISOLA**), l'Institut sarde de l'artisanat, vendent des produits de qualité provenant des coopératives locales : tapis, nappes, cuir, bijoux, corbeilles, terres cuites,

Produits artisanaux dans une boutique agréée par l'ISOLA

objets en bois sculpté et en fer forgé. L'origine et l'authenticité de ces produits sont garanties.

La *Fiera del Tappeto* (foire au tapis), qui se tient à Mogoro à la fin juillet et en août, permet de faire des affaires. On trouve aussi des produits artisanaux dans les fermes faisant chambres d'hôtes. Une publication de l'ESIT, *Sardegna - Un Mare di Tradizioni*, fournit une liste d'adresses utiles.

Étal de poisson à San Benedetto, le marché couvert de Cagliari

SPÉCIALITÉS RÉGIONALES

Vous pourrez acheter des spécialités gastronomiques sardes dans les supermarchés, chez les traiteurs, dans les magasins spécialisés, ou directement chez le producteur.

Le **Mercato Coperto di San Benedetto**, le marché couvert de Cagliari, propose un excellent choix de spécialités régionales. **Vaghi** vend de la *bottarga* (œufs de mulet). Elle s'achète aussi directement chez le producteur : Fratelli Manca, à Cabras. Quant au poisson fumé, on

Fête de San Francesco, célébrée à Lula, avec du *porceddu* grillé

Assiette de miel sarde

en trouve chez **Sarda Affumicati**, à Buggerru.

Pour les gâteaux et les confiseries, allez chez les **Sorelle Piccioni** à Quartu Sant'Elena, chez **Colomba Codias** à Olbia et **Acciari** à Porto Torres. La visite d'une cave *(cantina)*, où l'on peut déguster avant d'acheter, en

plus de son intérêt, est un bon moyen pour faire des affaires. Les boutiques de marchands de vin *(enoteca)* proposent parfois également de goûter les vins.

La publication de l'ESIT, *Sardegna - Un Mare di Delizie*, fournit là encore une foule d'adresses.

CARNET D'ADRESSES

ARTISANAT

Alghero
ISOLA
Via Catalogna 54-56.
070-95 21 44.

Cagliari
ISOLA
Via Bacaredda 176-178.
070-49 27 56.

Nuoro
ISOLA
Via Monsignor Bua 10.
0784-315 07.

Olbia
Sardartis srl
SS125, km 313.
0789-669 33.

Cerasarda
Route de Palau, km 2 800.
0789-500 32.

Oristano
ISOLA
Via Tirso
& Via Lombardia.
0783-21 18 77.

Porto Cervo
ISOLA
Sottopiazza.
0789-944 28.

Sassari
ISOLA
Viale Mancini.
079-23 01 01.

SPÉCIALITÉS RÉGIONALES

Alghero
Campu Fioridu
Via Sassari 4.
079-98 21 52.

Sella & Mosca
I Piani.
079-99 77 00.

Buggerru
Sarda Affumicati
Portixeddu.
0781-549 14.

Cabras
Fratelli Manca
Via Cima 5.
0783-29 08 48.

Cagliari
Mercato San Benedetto
Via San Benedetto.

Vaghi
Via Bayle 25.
070-65 17 60.

Olbia
Colomba Codias
Via Australia 12.
0789-682 26.

Ozieri
Pasticceria Pietro Pinna
Via Pastorino 35.
079-78 74 51.

Porto Torres
Acciari
Corso Vittorio Emanuele 38.
079-51 46 05.

Quartu Sant'Elena
Sorelle Piccioni
Via Marconi 312.
070-81 01 12.

Sassari
Fratelli Rau
Via Gorizia 7.
079-29 22 64.

Tonara
Salvatore Pruneddu
Via Porru 7.
0784-638 05.

VINS

Cabras
Azienda Attilio Contini
Via Genova 48.
0783-29 08 06.

Cagliari
Enoteca Cagliaritana
Scalette Santa Chiara.
070-65 56 11.

Jerzu
Società Cooperativa Vitivinicola di Jerzu
Via Umberto I 1.
0782-700 28.

Oristano
Cantina Sociale della Vernaccia
Stabilimento Rimedio.
0783-331 55.

Quartu Sant'Elena
Cantina Sociale
Via Marconi 489.
070-82 60 33.

Olbia
Enoteca e Ristorante Il Portico
Via Assisi.
0789-256 70.

Sant'Antioco
Cantina Sociale
Via Rinascita 46.
0781-830 55.

Sassari
Cantina Fratelli Dettori
Via Manunta 2.
079-39 55 01.

Serdiana
Cantina Argiolas
Via Roma 56.
070-74 06 06.

Qu'acheter en Sardaigne ?

Des dessus-de-lits et des taies d'oreiller aux tapis tissés à la main en passant par les corbeilles en asphodèle, en roseau ou en raphia, le choix de produits traditionnels et artisanaux est très vaste. Les plus belles vanneries viennent de Flussio et de Castelsardo. Certains articles ménagers, comme les ustensiles de cuisine et la vaisselle, sont en liège ou en céramique, matériaux servant également à fabriquer de grands plats ou des statues. Les plus beaux bijoux en filigrane et en corail, portés par les femmes pour les fêtes et les mariages, viennent d'Alghero et de Bosa.

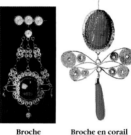

Pendentif en filigrane

Boutons en or

Épingle et boucles d'oreilles

BIJOUX

Les bijoux traditionnels, comme les boucles d'oreilles, les broches et les boutons, souvent utilisés pour décorer les robes sardes, sont en filigrane ou en corail. Les artisans réalisent aussi des bracelets et des colliers modernes.

Broche   **Broche en corail**

Amphore circulaire   **Vase**

*À **Calangianus**, dans la Gallura, près de la Costa Smeralda, le liège sert à réaliser quantité d'objets pour la maison : boîtes, porte-parapluies, coupelles, bacs à glaçons, etc.*

Bac à glaçons en liège

Vases et cruches aux formes modernes

TERRES CUITES

Les poteries sardes sont tournées à la main et vernies avec des pigments naturels. Les objets les plus répandus sont les vases, les plats et les cruches, aux formes simples et fluides. Certains potiers leur ont donné des allures modernes.

*La **vannerie** est un artisanat ancien, toujours très pratiqué. Les corbeilles sont en paille, en raphia, en palmier nain, en asphodèle ou en osier, dans de belles couleurs naturelles.*

Tapis fabriqué à Nule   **Tapisserie de Mogoro**

TAPIS ET TAPISSERIES

Parmi les étoffes tissées à la main, on trouve des tapis en laine, des nappes, des dessus-de-lits et des tapisseries. Les tapis sont en laine colorée, ornés de motifs géométriques ou floraux. Les *pibbiones* sont des tapis avec un motif en relief, brodé avec de petites aiguilles sur un tissu de couleur neutre.

Un *pibbiones*

La sculpture sur bois est une tradition bien ancrée, qui donne naissance à des coffres, des articles de cuisine, des planches à découper et des masques de cérémonie.

La dentelle est un artisanat rare qui exige une grande dextérité. À Oliena, on trouve de magnifiques châles en soie noire rehaussée de broderies colorées. À Bosa, on voit des femmes confectionner des dentelles.

Masque sculpté   **Dentelles de Dorgali**

SPÉCIALITÉS GASTRONOMIQUES

Parmi les produits typiques, gâteaux et fromages varient d'une région à l'autre. Entre les confitures, le vin, les alcools au citron et à la myrte, les œufs de mulet salés et les légumes à l'huile, les tentations ne manquent pas.

Gâteaux sardes typiques

Œufs de mulet salés   **Liqueur de myrte**   **Assortiment de spécialités locales**

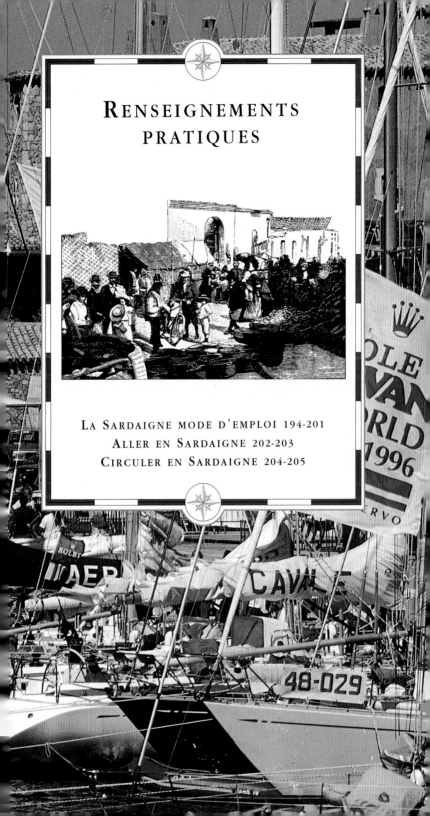

RENSEIGNEMENTS PRATIQUES

LA SARDAIGNE MODE D'EMPLOI

Les plages et les eaux cristallines de Sardaigne exercent un attrait irrésistible sur les visiteurs, et le littoral, surtout au nord-est, est très fréquenté en juillet et en août. La découverte de l'île hors saison, qui permet d'éviter les hordes de touristes, a aussi ses attraits. Au cœur de l'été, la température monte parfois très haut, et la découverte des villes et des campagnes, riches en histoire, en sites anciens, en traditions ancestrales et en paysages sublimes, est bien plus agréable au printemps, au début de l'été ou à

Panneau d'information touristique

l'automne. Bien que le tourisme soit relativement récent en Sardaigne, les monuments et les musées connaissent les mêmes problèmes de financement et de personnel que sur le continent. Attendez-vous à vous heurter à des pancartes indiquant *chiuso per restauro* (fermé pour travaux). Les renseignements ne sont pas toujours faciles à obtenir, mais il y a de plus en plus d'offices de tourisme, fournissant cartes et guides. Toute tentative, même hésitante, pour parler italien sera accueillie avec enthousiasme.

Un peu de fraîcheur dans la canicule

QUAND SE RENDRE EN SARDAIGNE ?

En juillet et en août, toute l'Italie prend ses vacances et la cohue est permanente, surtout sur les ferries d'Olbia et de Cagliari et dans les hôtels et les villes du bord de mer. Les prix montent en flèche et les réservations deviennent indispensables. Les régions les plus fréquentées sont la Costa Smeralda, les plages à proximité du Golfo di Cagliari et les environs de Stintino.

Les meilleurs mois pour découvrir les charmes de l'arrière-pays sont mai, juin et septembre. Le printemps est une saison privilégiée, lorsque les fleurs éclosent.

En hiver, le froid peut être vif, surtout en altitude.

INFORMATION TOURISTIQUE

En fonction de la taille et du statut des localités, on trouve différents types d'offices de tourisme. Chaque capitale provinciale possède un **Ente Provinciale per il Turismo** (EPT), un office de tourisme provincial fournissant des informations et des brochures. Certaines localités ont une **Azienda Autonoma di Soggiorno e Turismo** (AAST), ou office de tourisme local.

Dans les bourgs et les villages, c'est le Pro Loco, ou la mairie, qui joue ce rôle. Pour des informations sur les excursions et les visites, adressez-vous à l'EPT ou à l'**Ente Sardo Industrie Turistiche** (ESIT), l'office de tourisme de Sardaigne.

Les journaux locaux, tels que La *Nuova Sardegna* et l'*Unione Sarda*, publient une liste détaillée et quotidienne des différentes manifestations.

Les internautes trouveront une foule d'informations sur les vacances à la ferme, les expositions et les manifestations sur le site suivant : www.sardinia.net.

LA DOUANE ET L'IMMIGRATION

Les résidents de l'Union européenne (UE), les Suisses et les Canadiens n'ont pas besoin de visa pour tout séjour inférieur à trois mois. Les ressortissants de l'UE n'ont besoin que d'une carte d'identité ou, comme les visiteurs de pays hors UE, d'un passeport. Ces derniers peuvent apporter avec eux 400 cigarettes ou 100 cigares ou 500 g de tabac, 1 l d'alcool, 2 l de vin et 50 g de parfum. Vous ne pouvez faire entrer des objets de valeur comme les appareils photo ou les montres que pour un usage personnel. Les visiteurs de pays hors UE peuvent demander le remboursement de la TVA (IVA) sur les achats dépassant 650 000 lires.

Paysage enneigé de l'arrière-pays, spectacle courant au cœur de l'hiver

BOUTIQUES, BANQUES ET BUREAUX DE POSTE

Vous trouverez dans les chapitres précédents les horaires des musées et des sites archéologiques. Quant aux commerces, ils sont ouverts de 8 h ou 9 h à 13 h, et de 15 h 30 ou 16 h (en hiver) à 19 h ou 20 h (à partir de 17 h en été), du lundi au samedi. Un jour par semaine, ils ferment plus tôt. Les banques sont ouvertes du lundi au vendredi de 8 h 30 à 13 h 30 et de 15 h 30 à 16 h 30, les bureaux de poste de 9 h à 13 h et de 18 h à 19 h. La poste italienne est très lente. L'opérateur national de télé-communications, Telecom Italia, exploite un grand nombre de téléphones publics à pièces et à cartes (*scheda telefonica*).

Boutique élégante proposant des produits artisanaux

MUSÉES ET MONUMENTS

Les musées et les sites archéologiques sont généralement ouverts tous les matins, sauf le lundi. Beaucoup sont aussi ouverts l'après-midi et, en été, les horaires d'ouverture sont plus étendus.

Le prix des billets d'entrée des musées varie de 2 000 à 8 000 lires, avec des tarifs réduits ou des entrées gratuites pour les enfants, les jeunes de moins de 18 ans et les personnages âgées.

Dans l'arrière-pays, les églises sont souvent fermées dans la journée et certaines n'ouvrent que pour la messe. Vous pouvez demander au curé (*parroco*) ou au sacristain la clef d'une église fermée pour une visite rapide. Une petite contribution aux œuvres sera alors appréciée.

FÊTES ET FESTIVALS

Les fêtes sardes, souvent enracinées dans l'histoire, sont hautes en couleurs et pittoresques. Les périodes les plus riches en célébrations sont

Les célébrations traditionnelles rythment toujours l'année en Sardaigne

le carnaval et Pâques. Les offices de tourisme fournissent des informations sur les fêtes et les manifestations. Les dates sont indiquées pour chaque ville dans le présent guide.

VOYAGEURS HANDICAPÉS

Malheureusement, les installations pour les visiteurs handicapés sont rares, même dans les villes, et le tourisme peut se révéler frustrant pour les personnes en fauteuil roulant.

Pour tout renseignement sur l'assistance fournie aux handicapés, contactez les bureaux de l'ESIT à Cagliari.

CARNET D'ADRESSES

OFFICES DE TOURISME EN SARDAIGNE

ESIT
Via Mameli 97,
Cagliari.
070-602 31.
FAX 070-66 46 36.
appel gratuit 167 01 31 53

EPT Cagliari
Piazza Deffenu 9.
070-65 16 98 ou
070-65 48 11.

Aéroport Elmas
070-24 02 00.

EPT Nuoro
Piazza Italia 19.
0784-300 83 ou
0784-323 07.

EPT Oristano
Via Cagliari 278.
0783-741 91.

EPT Sassari
Viale Caprera 36.
079-29 95 44 ou
079-29 95 46 ou
079-29 95 79.
Bureau c/o aéroport
Fertilia.
079-93 51 24.

AAST Alghero
Piazza Portaterra 9.
079-97 90 54.

AAST Arzachena
Via Paolo Dettori.
0789-826 24.

AAST La Maddalena
Via XX Settembre 24.
0789-73 63 21.

AAST Muravera
Via Machiavelli 3.
070-993 07 60.

AAST Olbia
Via C. Piro 1.
0789-214 53.
Bureau Golfo Aranci.
0789-216 72.
Aéroport
Costa Smeralda
0789-214 53.

AAST Santa Teresa di Gallura
Piazza Vittorio Emanuele I 24.
0789-75 41 27.

AAST Sassari
Via Roma 62.
079-23 17 77 ou
079-23 13 31.

AMBASSADE

51, rue de Varenne
75007 Paris
01 49 54 03 00

OFFICE DE TOURISME EN FRANCE

ENIT
23, rue de la Paix
75002 Paris
01 42 66 66 68.

INDICATIFS NATIONAUX

Pour appeler en Sardaigne depuis les pays suivants, composez le préfixe indiqué ci-dessous puis le numéro.

00 390 - France, Belgique & Suisse

0 11390 - Canada

Santé et sécurité

Dans l'ensemble, la Sardaigne est une destination sûre, et quelques précautions simples permettent de passer un séjour sans soucis. Pour éviter les vols à la tire, surveillez votre argent et vos affaires dans les ports très fréquentés et dans les villes. Ne laissez pas d'objets de valeur dans votre voiture si le parc de stationnement n'est pas surveillé. En été, les incendies de forêt sont un véritable fléau. En cas d'urgence, conformez-vous aux instructions de la police ou des pompiers. Si vous tombez malade, adressez-vous à la pharmacie (*farmacia*) la plus proche.

SÉCURITÉ DES BIENS

Il n'est jamais recommandé d'avoir beaucoup d'espèces sur soi. Les principales cartes de paiement (Visa, MasterCard, American Express et Diners Club) sont acceptées dans beaucoup de magasins, de restaurants et d'hôtels. On trouve facilement des distributeurs automatiques de billets (*bancomat*) dans les villes, mais une commission est prélevée sur les retraits en devises étrangères. Il est donc préférable de se munir également de chèques de voyage.

Les vols de voitures sont peu fréquents, surtout dans les petites villes. Toutefois, en cas de vol, signalez-le immédiatement à la police ou aux carabinieri. Vous aurez besoin du procès-verbal pour votre assurance.

INCENDIES

Les incendies de forêts constituent une véritable calamité en Sardaigne, surtout en été. Hormis quelques rares

Le feu, un danger permanent

incendies accidentels provoqués par des cigarettes mal éteintes, la plupart des feux sont d'origine criminelle. Les forêts et les taillis sont parfois détruits pour accroître les zones de pâturages, mais le plus souvent, le but est de créer des terrains à bâtir. Une loi interdisant la construction dans les zones ravagées par le feu a été adoptée, mais cela n'a pas arrêté les incendiaires. En période de canicule, le feu se propage rapidement dans les broussailles desséchées du maquis. Le principal ennemi des pompiers est le vent, qui peut propager l'incendie sur de grandes distances en très peu de temps. La lutte contre le feu est assurée par les brigades de pompiers locales, ainsi que par des gardes forestiers, des volontaires et des Canadairs stationnés dans des points stratégiques de l'île.

SOINS MÉDICAUX

La Sardaigne est dotée d'hôpitaux et de services d'urgences (*pronto soccorso*), ainsi que de pharmacies qui fournissent conseils et médicaments. Les soins médicaux sont gratuits pour les citoyens de l'UE, qui doivent être munis du formulaire E111 (délivré par la Sécurité sociale).

Toutes les stations balnéaires possèdent une Guardia Medica (centre de soins d'urgences) équipée pour dispenser des soins aux estivants. Les centres saisonniers sont souvent fermés en hiver. En cas d'urgence en basse saison, il faut se rendre dans l'un des grands hôpitaux.

Les pharmacies sont ouvertes du lundi au vendredi de 9 h à 13 h et de 16 h à 19 h, et le samedi matin. La liste des officines de garde la nuit et les jours fériés est affichée sur la porte des pharmacies.

RÈGLES DE PRÉVENTION DES INCENDIES

1. Éteignez soigneusement vos cigarettes avant de les jeter.
2. N'allumez jamais de feu en dehors des emplacements clairement indiqués.
3. Si vous voyez un incendie, signalez-le aux pompiers locaux.
4. Ne vous arrêtez pas pour regarder un incendie. Vous risqueriez de bloquer la route et de gêner les opérations de lutte contre le feu.
5. Attention à la direction du vent : il est très dangereux d'être sous le vent d'un incendie, qui risque de se propager rapidement.

Policiers au bord de la plage Il Poetto, près de Cagliari

ACTIVITÉS DE PLEIN AIR

Comme vous allez passer beaucoup de temps en plein air, certaines précautions méritent d'être observées.

En été, sur la plage ou dans l'arrière-pays, faites attention au soleil : il provoque de graves brûlures et des insolations. Lorsqu'il y a du vent, on ne se rend pas toujours compte de l'intensité des rayons.

Si un orage éclate, ne vous abritez pas sous un arbre isolé ou sous des rochers, qui risquent d'attirer la foudre.

Le camping sauvage est interdit, mais si vous obtenez l'autorisation du propriétaire d'un champ, vous pourrez planter votre tente en dehors des terrains de camping. Prenez soin d'emporter tous vos déchets et n'allumez pas de feux.

N'oubliez pas qu'en Sardaigne beaucoup d'animaux paissent en pleine campagne : cochons, moutons, vaches et chevaux peuvent venir voir si les tentes ne cachent pas des choses intéressantes à manger. Dans

Le camping sur la plage est interdit, mais il est possible dans certains cas de s'arranger avec les propriétaires

les régions de collines, évitez les chiens de bergers, dressés à chasser les intrus.

Lors des randonnées dans la campagne, vous pourrez trouver des portails ou des barrières en travers de votre chemin. Demandez toujours l'autorisation de passer. Ensuite, n'oubliez pas de les refermer derrière vous. Pensez à emporter suffisamment d'eau pour les longues randonnées, les villages pouvant être rares et éloignés. Sachez également qu'en Sardaigne il n'y a pas de serpents venimeux.

NUMÉROS D'URGENCE

Premiers secours
☎ 113.

Police (Carabinieri Pronto Intervento)
☎ 112.

Pompiers (Vigili del Fuoco)
☎ 115.

Secours routiers (Soccorso Stradale)
☎ 116.

Urgences médicales
☎ 118.

Renseignements
☎ 12.

Informations maritimes
☎ 196.

Secours en montagne (Soccorso Alpino)
☎ 070-72 81 63 ou 28 62 00 ou 0784-310 70.

BANQUES

Les banques ouvrent généralement de 8 h 30 à 13 h 30 et de 15 h à 16 h 30, du lundi au vendredi. Toutes sont fermées le week-end et les jours fériés. Les cartes de paiement, autrefois considérées avec suspicion, sont aujourd'hui volontiers acceptées par les hôtels, les restaurants et les magasins, surtout dans les zones touristiques. Les plus répandues sont les cartes Visa et MasterCard (Access). Vous n'aurez aucun mal à trouver des distributeurs automatiques de billets *(bancomat)* dans les villes.

CHANGER DE L'ARGENT

Les aéroports sont équipés de changeurs automatiques de devises, mais il est conseillé d'avoir un peu d'argent italien sur soi en arrivant pour payer les dépenses immédiates. Il est plus avantageux de changer de l'argent dans les banques, qui prélèvent des commissions moins élevées. La devise italienne est la lire *(lira,* pluriel *lire).* Il existe des billets de 1 000, 2 000, 5 000, 10 000, 50 000 et 100 000 lires. Les grosses coupures ne sont pas toujours acceptées pour les petits achats. Si vous optez pour des chèques de voyage achetez-les dans une banque ou auprès d'une société connue. La commission de change étant forfaitaire, il n'est pas conseillé de changer de petits montants. Les bureaux de change, ouverts aux mêmes horaires que les commerces, sont utiles lorsque les banques sont fermées.

Billets de banque italiens

Sports nautiques

En dépit de l'éblouissante beauté de son arrière-pays, la Sardaigne doit essentiellement sa renommée à son littoral. Avec le développement du tourisme, beaucoup d'installations de sports nautiques, notamment de voile, de planche à voile et de plongée, sont apparues. Presque toutes les stations balnéaires comptent des centres de plongée et des écoles de voile, et beaucoup de villages de vacances sont bien équipés pour ces sports. Les amateurs de canoë-kayak sont moins gâtés : les rivières navigables sont rares, et le kayak de mer n'est que peu pratiqué.

Voilier le long de la côte

VOILE

Avec sa mer turquoise et sa côte superbe, la Sardaigne est un véritable paradis pour tous les plaisanciers : yachts de luxe des milliardaires ou petits dériveurs de location, tous croisent au large de la Costa Smeralda. Les conditions de navigation sont très variées et, en raison des vents forts et changeants, même les plaisanciers expérimentés se plaisent à naviguer le long des côtes sardes. Le volume 1A du *Portolano del Mediterraneo*, publié par l'Istituto Idrografico della Marina Militare, est une source d'information précieuse pour les plaisanciers. La brochure *I Porti Turistici della Sardegna* (ports de plaisance de Sardaigne), disponible dans tous les offices de tourisme, est également très utile. L'autorisation du capitaine du port est nécessaire pour s'amarrer dans la plupart des ports sardes.

PLONGÉE

Le littoral fera le bonheur des plongeurs expérimentés. Les endroits les plus renommés sont les côtes d'Asinara et de la Gallura, le Capo Caccia, Carloforte, le Golfo di Orosei et les environs de l'île de Tavolara. Beaucoup de centres de plongée, souvent installés dans des magasins de sports, organisent des excursions en mer. On trouve aussi des équipements de plongée en vente ou en location.

Plongeur dans les eaux transparentes de Sardaigne

PLANCHE À VOILE

On peut louer des planches à voile sur la plupart des plages touristiques. Certains centres de voile proposent aussi des planches et des cours. Les règles de sécurité

Véliplanchiste en pleine mer

PLAGES PRÉFÉRÉES DES VÉLIPLANCHISTES

Les meilleures plages pour la pratique de la planche à voile sont :

Bosa Marina
Poetto – Cagliari
Calagrande – Isola di Sant'Antioco
Saline – Isola di Sant'Antioco
Monti d'a Rena – La Maddalena
Porto Massimo – La Maddalena
Porto Taverna – Porto San Paolo
Lotzorai
Marinella – Olbia
Porto Istana – Olbia
Torre Grande – Oristano
Porto Pollo – Palau
Capo Testa – Santa Teresa di Gallura
La Cinta – San Teodoro
Putzu Idu – San Vero Mìlis
Platamona - Sorso
La Pelosa – Stintino

L'école de voile du Centro Velico Caprera

sont les mêmes que pour la voile : les vents peuvent être puissants et changeants (surtout le mistral), ne sortez donc pas trop loin.

CANOË-KAYAK

Les rivières se découvrant en canoë-kayak sont peu nombreuses, et les changements de temps rendent la pratique de ce sport encore plus délicate. Cependant, on peut en faire sur les lacs ou sur certaines parties de la côte.

AUTRES ACTIVITÉS

La côte sarde compte d'innombrables criques se prêtant à l'observation de la vie marine, entre les rochers

ou en eau libre. Mieux vaut réserver la plongée au tuba aux plongeurs expérimentés : les vents et les courants puissants peuvent être dangereux.

La pêche sous-marine au harpon est interdite, mais la pêche en eau douce est autorisée dans les lacs. Un permis est nécessaire pour pêcher dans les rivières.

Certains villages de vacances proposent des excursions en mer et des dériveurs pour explorer la côte.

En kayak dans le cadre somptueux de la Cala Sisine

CARNET D'ADRESSES

VOILE ET PLANCHE À VOILE

Yacht Club Cagliari
Marina Piccola.
070-37 03 50.

Windsurfing Club Cagliari
Marina Piccola.
070-37 26 94.

Carloforte Yacht Club
0781-85 50 08.

Gruppo Vela LNI Carloforte
0781-85 56 18.

Windsurfing Vela Club Portoscuso
Portoscuso, Cagliari.
0781-50 95 38.

Centro Velico Caprera – La Maddalena
Porto Palma.
0789-73 85 29.

Club Nautico La Maddalena
Via G. Cesare 20.
0789-73 83 32.

Gruppo Vela LNI Alghero
sur le quai.
079-98 40 93.

Circolo Nautico Arbatax
0782-66 75 66.

Circolo Nautico Olbia
Via Genova 69.
0789-261 87.

Yacht Club Porto Rotondo
0789-340 10.

Yacht Club Alghero
079-95 20 74.

Yacht Club Costa Smeralda – Porto Cervo
Porto Cervo.
0789-913 32.

Circolo Nautico Oristano
Torregrande.
0783-21 01 72.

PLONGÉE

Acqua Pro Scuba Center
La Maddalena.
0789-73 53 85.

Area Mare Diving
Cannigione.
0789-884 28.

Nautilus
Palau.
0330-21 09 75.

Oyster Sub Diving Center
Palau.
0789-70 20 70.

Orso Diving Club – Porto Cervo
0789-990 01.

Time to Dive – Portisco
0789-335 12.

Centro Sub Isuledda Compagnia dell'Avventura
Cannigione, Arzachena.
0789-862 53.

Centro Sub Tavolara
Porto San Paolo.
0789-403 60.

Aqua Diving Center Puntaldia
Puntaldia,
San Teodoro.
0784-86 43 90.

Tanka Village Diving Center – Villasimius
070-79 51.

Air Sub Service – Villasimius
070-50 68 63.

Carloforte Tonnare Diving Center
Carloforte.
0781-85 48 40.

Centro Sub Caribù
c/o Villaggio Capo Caccia.
079-94 66 66.

L'Argonauta Diving Center
Cala Gonone.
0784-930 46.

CANOË-KAYAK

Canoa Club Cagliari
070-65 13 18.

Associazione Italiana Kayak da Mare – Cagliari
070-66 04 89.

Scuola Canoa Cagliari
070-37 24 87.

Canoa Club Acque Selvagge – Cagliari
070-72 58 25.

Canoa Club Oristano
0783-21 03 35.

Sports de plein air

Longtemps délaissé en raison du développement à tout-va du tourisme sur la côte, l'arrière-pays sarde offre quantité de possibilités pour pratiquer des sports de plein air. Les meilleurs moyens pour découvrir ses paysages extraordinaires sont la marche et l'équitation. D'ailleurs, les centres hippiques se sont multipliés et connaissent aujourd'hui un franc succès. Vous trouverez plusieurs possibilités de randonnée et d'escalade et l'île compte de plus en plus de sentiers balisés.

Centre hippique de Su Rei dans le Sulcis

ÉQUITATION

La Sardaigne se prête parfaitement aux excursions et aux randonnées équestres. Le cheval fait partie intégrante de la culture locale depuis l'époque phénicienne : beaucoup de fêtes et de célébrations religieuses s'accompagnent de courses et de joutes équestres.

Les nombreux sentiers muletiers, chemins et routes secondaires, loin des voitures et du bruit, permettent des balades très agréables et beaucoup sont d'un niveau de difficulté accessible aux débutants.

Il y a presque une centaine de centres et de clubs hippiques de toutes tailles en Sardaigne. La plupart proposent aussi bien des leçons et des sorties pour débutants que des randonnées pour cavaliers expérimentés.

La majorité des écuries et des clubs se trouvent près de Cagliari, Nuoro et Oristano, mais les fermes de vacances *(p. 170)* sont de plus en plus nombreuses à proposer des randonnées équestres à leurs clients, quel que soit leur niveau. Le Supramonte, Giara di Gesturi et la Valle della Luna sont les trois destinations les plus prisées et les plus intéressantes pour les amateurs de longues randonnées dans la campagne sarde.

ESCALADE

Dans les années 60, l'alpiniste italien Alessandro Gogna a publié *Mezzogiorno di Pietra* (« midi de pierre »), qui a fait connaître les possibilités d'escalade en Sardaigne. Depuis, le nombre d'amateurs n'a fait que croître et les rochers et les falaises les

Parcours aménagé en bord de mer pour les amateurs d'escalade

plus difficiles de l'île sont abordés par des grimpeurs venus de toute l'Europe. Les régions les plus intéressantes pour l'escalade sont le Supramonte (Surtana, l'Aguglia), les falaises d'Iglesiente (Domusnovas), où des prises ont été installées récemment, et la région d'Isili, dans la province de Nuoro.

Les alpinistes se devront de lire *Pietra di Luna* de Maurizio Oviglia, le guide d'escalade le plus récent sur la Sardaigne.

La **Sezione di Cagliari del Club Alpino Italiano** vous fournira des informations supplémentaires. Pietra di Luna (070-28 87 46 ou 29 18 28), **Barbagia Insolita**, l'**Associazione La Montagna** et **Marcello Cominetti** (0471-83 65 94) organisent des stages et des leçons d'escalade.

BALADES ET RANDONNÉES

L'intérieur des terres est surtout composé de montagnes sauvages, de collines émaillées de ruines préhistoriques, de forêts et de maquis. Rocailleux et sauvages, les paysages se prêtent parfaitement aux promenades, à la randonnée et aux trekkings plus soutenus. Les infrastructures, les sentiers balisés, les refuges et les étapes sont encore peu répandus, mais chaque année, les randonneurs sont de plus en plus nombreux à préférer cette région aux « autoroutes de la randonnée », dans les Alpes.

Les régions les plus intéressantes sont le Supramonte, le massif du Gennargentu et la région du Sulcis (alliant randonnée et découverte du passé industriel). Certaines parties de la côte, très escarpée, seront réservées aux grimpeurs expérimentés.

Dans la région du Supramonte, les alpinistes chevronnés pourront s'attaquer aux gorges de Su Gorroppu, sauvages et abruptes. Cette randonnée de plusieurs jours requiert un équipement spécial pour descendre les parois verticales, et ne convient donc pas aux débutants. Que vous optiez pour la marche ou

LE SENTIER SELVAGGIO BLU

Son nom à lui seul, « sentier sauvage bleu », résume parfaitement cet itinéraire difficile le long du Golfo di Orosei, qui relie Santa Maria Navarrese à Cala Luna. Le Selvaggio Blu a été créé voici quelques années par Mario Verin et Peppino Cicalò. Le circuit exige une condition physique et une

préparation excellentes, car il implique de l'escalade, des descentes en rappel et de la marche avec un lourd fardeau, en raison des distances importantes entre les points d'eau. En contrepartie, les randonneurs découvrent des vues absolument spectaculaires de la côte sarde. Baunei publie un guide du Selvaggio Blu. Pour tout renseignement, ou pour vous procurer le livre, téléphonez au 0782-61 08 23.

En chemin sur le Selvaggio Blu

l'escalade, ou pour une combinaison des deux, munissez-vous d'une carte détaillée (l'IGM publie une bonne carte). Il est également conseillé de calculer soigneusement la durée de la randonnée et les réserves de nourriture et d'eau nécessaires, car il arrive de marcher pendant des kilomètres sans traverser le moindre village.

SPÉLÉOLOGIE

Les montagnes sardes sont criblées de dizaines de grottes fascinantes, dont certaines sont dotées d'infrastructures touristiques. La température à l'intérieur, parfois relativement élevée, correspond environ à la moyenne annuelle de la région. À savoir : certaines grottes

difficiles, comme le Golgo (à Su Sterru), la Grotta Verde du Capo Caccia et la grotte de Su Palu près d'Orosei ne sont accessibles qu'aux spéléologues expérimentés.

TERRAINS DE GOLF

La Sardaigne compte quelques golfs prestigieux. C'est par exemple le cas du **Pevero Golf Club** de Porto Cervo, conçu par l'architecte Robert Trent Jones. Ce parcours de 18 trous est mondialement réputé pour ses tournois.

AUTRES SPORTS

Les activités sportives ne sont pas cantonnées aux montagnes et aux grottes de l'arrière-pays. En Sardaigne, sur les nombreux courts et installations sportives, on pratique aussi des activités plus traditionnelles : tennis, football et natation.

Le golf de Pevero

CARNET D'ADRESSES	RANDONNÉES	Keya	SPÉLÉOLOGIE

ÉQUITATION

ANTE (Associazione Nazionale Turismo Equestre)
c/o Centro Vacanze Ala Birdi, Strada a Mare 24, Arborea.
☎ 0783-80 02 68.

FISE (Federazione Italiana Sport Equestri)
Via Cagliari 242, Oristano.
☎ 0783-30 29 32.

III (Istituto Incremento Ippico della Sardegna)
Piazza Borgia 4, Ozieri.
☎ 079-78 78 52
☎ 079-78 60 02.

RANDONNÉES

Club Alpino Italiano
Cagliari.
☎ 070-66 78 77.

Compagnia dell'Avventura
Cannigione.
☎ 0789-862 53.

Tramontana
Olbia.
☎ 0789-266 60.

Artrek Sardegna
Cagliari.
☎ 070-66 66 80.

L'Asfodelo
Cagliari.
☎ 070-65 76 91.

Segnavia
Cagliari.
☎ 070-91 651 38.

Keya
Quartu Sant'Elena.
☎ 070-82 71 93.

Scoprisardegna
Porto Torres.
☎ 079-51 22 09.

Cooperativa Ghivine
Dorgali.
☎ 0784-934 24.

Barbagia Insolita
Oliena.
☎ 0784-28 81 67.

Cooperativa Monte Maccione
Oliena.
☎ 0784-28 83 63.

Associazione La Montagna
Rome.
☎ 06 32-168 04.

SPÉLÉOLOGIE

Federazione Speleologica Sarda
Via De Magistris, Cagliari.
☎ 070-27 23 31.

Società Speleologica Italiana
Via Zamboni 61, Bologne.
☎ 051-25 00 49.

GOLFS

Villaggio Arbatax Golf Club
☎ 0782-66 70 65.

Is Molas Golf Club
Santa Margherita di Pula.
☎ 070-92 410 13.

Pevero Golf Club
Porto Cervo.
☎ 0789-962 10.

ALLER EN SARDAIGNE

La Sardaigne est desservie par les principales compagnies aériennes européennes, dont la Meridiana sarde et la compagnie italienne Alitalia. De plus, en été, l'île est la destination d'un grand nombre de vols charters à des prix intéressants ; ils peuvent être associés à des voyages organisés. Si vous ne trouvez pas de vol direct ou en correspondance, sachez qu'Alitalia et Meridiana assurent des vols intérieurs réguliers depuis les villes d'Italie continentale, tout au long de

Avion de Meridiana

l'année. L'île est également desservie par un excellent réseau de ferries et de car-ferries depuis la Corse, Marseille et l'Italie. Les bateaux les plus lents assurent de longues traversées, avec des couchettes pour les trajets de nuit ; sur les lignes plus rapides, qui sont aussi plus chères, le trajet est deux fois moins long. En juillet et en août, il est difficile de trouver des places, surtout sur les car-ferries. Il est recommandé de réserver longtemps à l'avance.

ARRIVER EN AVION

Les principaux aéroports de Sardaigne sont l'aéroport **Elmas** de Cagliari, l'aéroport **Fertilia** d'Alghero et l'aéroport d'**Olbia-Costa Smeralda**. Ils ne sont pas très éloignés des centres-villes, auxquels ils sont reliés par des transports en commun et des taxis. En été, des cars font la navette entre l'aéroport d'Olbia et les différentes localités de la Costa Smeralda.

En été, la compagnie sarde Meridiana assure des vols directs entre Paris, Nice ou Lyon, et la Sardaigne. En hiver, les liaisons s'effectuent *via* Milan ou Rome. Alitalia

dessert Cagliari et Alghero, *via* Rome ou Milan. D'autres compagnies aériennes, comme Swiss Air ou la Sabena, assurent des vols depuis les grandes villes européennes, *via* une ville d'Italie continentale. Les vols charters, assurés en été, sont souvent mieux desservie en haute saison.
Les passagers venant d'outre-Atlantique devront prendre une correspondance en Italie (liaisons régulières avec Rome par la TWA, United Airlines ou Delta) ou dans une autre ville européenne. Quant aux visiteurs en provenance du Canada, ils peuvent voyager sur Canadian Airlines.

Car-ferry Sardinia Ferries

BILLETS ET TARIFS

Il existe des charters desservant la Sardaigne à des prix tout à fait intéressants. Les tarifs varient considérablement au cours de l'année, les périodes les plus chères étant

L'aéroport d'Olbia, qui dessert l'Est et la Costa Smeralda

Car-ferry Tirrenia

l'été, Noël et Pâques. La compagnie sarde Meridiana propose des vols économiques en basse saison.

Depuis le Canada, il est souvent meilleur marché de voyager sur un vol à tarif réduit pour Londres, Francfort ou Amsterdam et, de là, de prendre un vol charter pour la Sardaigne.

FERRIES

L a Sardaigne est bien desservie depuis les ports d'Italie continentale, mais aussi depuis Marseille (Porto Torres), Propriano (Porto Torres) et Bonifacio (Santa Teresa di Gallura). La traversée peut être plutôt longue (jusqu'à 16 heures de Naples à Cagliari, 7 heures de Civitavecchia à Olbia), mais des compagnies aux tarifs plus élevés assurent des liaisons beaucoup plus rapides. Pour les traversées de nuit, on peut réserver une cabine.

Des ferries partent de Civitavecchia, Pales, Gênes, Livourne, Palerme, Trapani et Tunis en Tunisie. Ils desservent les principaux ports touristiques de Sardaigne, comme Cagliari, Olbia, Golfo Aranci, Palau et Porto Torres. Le service rapide de **Sardinia Ferries** relie Civitavecchia ou Livourne à Golfo Aranci en un peu plus de 4 heures. **Tirrenia** assure une liaison comparable entre La Spezia ou Civitavecchia et Olbia (4 ou 5 heures de traversée).

VOYAGES ORGANISÉS

L a plupart des agences de voyages proposent des séjours en Sardaigne. Le bord de mer est la destination principale, mais il y a aussi quantité de séjours à l'intérieur des terres. Les villages de vacances offrent souvent un bon choix d'activités sportives : plongée, planche à voile, leçons de voile, équitation, etc.

Ferry Moby Lines

CARNET D'ADRESSES

AVIONS

Meridiana
Cagliari
informations
📞 *070-65 13 81.*
réservations
📞 *070-66 91 61.*
Aéroport Elmas, Cagliari
📞 *070-24 01 69.*
Olbia
informations
📞 *0789-529 99.*
réservations
📞 *0789-529 10.*
Aéroport Costa Smeralda, Olbia
📞 *0789-526 34.*
Rome

📞 *06-47 80 42 33.*
réservations
📞 *06-47 80 41.*
Milan
📞 *02-58 41 71.*
réservations
📞 *02-58 41 73 44.*

Alitalia
Cagliari
📞 *070-601 01.*
Aéroport Elmas, Cagliari
📞 *070-24 00 79.*
Sassari
📞 *079-29 27 85.*
Aéroport Fertilia, Alghero
📞 *079-93 50 33.*
Rome
réservations
📞 *06-656 41.*
ℹ️ *06-656 43.*

FERRIES

Tirrenia
Cagliari
informations
📞 *070-65 46 64.*
réservations
📞 *070-66 60 65.*
Olbia
📞 *0789-246 91.*
Porto Torres
📞 *079-51 46 00.*

Compagnie méridionale de navigation
Marseille
📞 *04 91 99 45 00.*

Moby Lines
Milan

📞 *02-86 52 31.*
Olbia
📞 *0789-279 27.*
Cagliari
📞 *070-65 53 59.*
Rome
📞 *06-444 05 27.*

Ferrovie dello Stato
Cagliari, car-ferry
informations
📞 *070-65 79 94.*

Sardinia Ferries
Olbia
📞 *0789-252 00.*
Milan
📞 *02-72 00 03 24.*
Gênes
📞 *010-59 33 01.*
Livourne
📞 *0586-89 89 79.*

Circuler en Sardaigne

La plupart des routes sardes sont très sinueuses. Cependant, si leurs innombrables virages ne sont pas du goût des automobilistes pressés, ils ne gêneront en rien les vacanciers qui sauront prendre leur temps pour découvrir l'île. À l'exception de quelques voies principales, comme la N131 qui relie les quatre coins de l'île, les routes serpentent dans les montagnes et dans les plaines. Même s'il y a peu de circulation en dehors des villes, comptez donc toujours très large en planifiant un itinéraire. Par ailleurs, ces routes peu fréquentées conviennent parfaitement aux cyclistes.

Troupeau de moutons sur une route de campagne

CIRCULER EN VOITURE

Étant donné l'inefficacité des transports en commun et la beauté des paysages, la voiture est le meilleur moyen pour découvrir l'île.

Sachez toutefois que les petites routes peuvent être momentanément bloquées par des troupeaux de moutons. De même, les panneaux de signalisation ne sont pas toujours clairs et font même parfois carrément défaut, justement quand on en a le plus besoin. Dans ce cas, n'hésitez pas à demander votre chemin : les Sardes se feront un plaisir de vous renseigner. L'essence peut aussi poser problème, les stations-service étant rares dans l'arrière-pays. Enfin, en cherchant une église ou un site archéologique en dehors des sentiers battus, on est souvent contraint d'emprunter des sentiers peu praticables, poétiquement appelés « routes à revêtement naturel ».

Une bonne carte routière récente est indispensable. L'une des meilleures, à l'échelle 1/200 000, est publiée par le Touring Club Italiano.

LOCATION DE VOITURES

La plupart des loueurs internationaux sont représentés en Sardaigne, avec des agences dans les localités portuaires (Olbia, Cagliari, Porto Torres) et dans les aéroports de Cagliari Elmas, Olbia-Costa Smeralda et Alghero Fertilia. Hertz consent des remises aux passagers de Meridiana. Plusieurs voyagistes proposent des billets avion + voiture.
Avis 167-86 3063.

Europcar 167-86 8088.
Hertz 167-82 2099.
Maggiore 1478-670 67.

RÉGLEMENTATION ROUTIÈRE

Les limitations de vitesse sont les mêmes que dans le reste de l'Italie : 50 km/h en agglomération, 90 km/h sur route et 130 km/h sur autoroute. Le port de la ceinture de sécurité est obligatoire et les conducteurs et les passagers de motos et de cyclomoteurs doivent porter un casque.

LOCATION DE BATEAUX

On peut louer des voiliers dans beaucoup de ports, pour une durée variant d'un jour à une semaine. Le prix inclut parfois un équipage. Cette formule permet de découvrir l'île loin des stations balnéaires bondées. Renseignements auprès des autorités portuaires.

BICYCLETTE ET VÉLO TOUT-TERRAIN

Les routes paisibles de la côte ou de l'intérieur des terres sont idéales pour les promenades ou les randonnées en vélo. Quant aux routes de montagnes, elles feront le bonheur des amateurs de VTT. Les offices de tourisme proposent des itinéraires en vélo et plusieurs associations fournissent des informations sur les circuits en VTT.

La voiture de location, une solution pratique pour découvrir l'île

Excursion en VTT dans les oliveraies, près de Sassari

LA SARDAIGNE EN VTT

Team Mountain Bike Orosei
☎ 0784-913 30.

Società Ciclistica Mountain Bike
Dèsulo.
☎ 0784-61 92 52.

Pool Bike Serramanna
☎ 070-91 384 34.

Mountain Bike Club Taxus Baccata
Gonnasfanadiga.
☎ 070-979 98 64.

Mountain Bike Team Sardegna
Sinnai.
☎ 070-76 70 20.

Team Spakkaruote
Presso Superdue
Carbonia.
☎ 0781-640 84.

Club Mountain Bike Città di Sassari
☎ 079-27 37 47.

CIRCULER EN TRAIN

L es trains sardes à voie étroite sont davantage une attraction touristique qu'un véritable moyen de transport. Les trains étant lents et les horaires peu pratiques, la visite de l'île par le rail devra être combinée avec les liaisons par autocar, mieux adaptées, de l'Azienda Regionale Sarda Trasporti (ARST).

Un voyage en train digne du XIXe siècle, comme celui entre Cagliari et Sòrgono *(p. 109)*, constitue une façon pittoresque et reposante d'admirer les étonnants paysages sardes, qui fascinent voyageurs et photographes.

Au printemps, les **Ferrovie della Sardegna** (chemins de fer sardes) organisent des voyages en train de Cagliari à Mandas et Seui par le Trenino Verde *(p. 92-93)*, avec des wagons de 1913 tractés par des locomotives à vapeur des années 30.

Ferrovie della Sardegna
Via Cugia 1, Cagliari. ☎ 070-30 14 10 ou 070-30 62 21.

CIRCULER EN AUTOCAR

L es cars de l'**Azienda Regionale Sarda Trasporti** (ARST) desservent pratiquement toutes les villes, stations balnéaires et localités. Pour répondre à la demande du nombre croissant de visiteurs, l'ARST a mis en place un abonnement touristique *(biglietto turistico)*, accessible uniquement aux visiteurs, qui permet de voyager sur tous les autocars. Les billets valables 7, 14, 21 ou 28 jours, à partir du premier jour d'utilisation, coûtent respectivement 61 500, 105 000, 147 000 ou 189 000 lires.

BUREAUX D'INFORMATION DE L'ARST

Cagliari ☎ 070-409 81
  ou 070-409 83 24.
Gùspini ☎ 070-97 02 36.
Lanusei ☎ 0782-402 92.
Nuoro ☎ 0784-322 01
  ou 0784-322 04.
Olbia ☎ 0789-247 29
  ou 0789-211 97.
Oristano ☎ 0783-717 76.
Sanluri ☎ 070-930 70 26.
Sassari ☎ 079-26 01 24.
Siniscola ☎ 0784-87 85 91.
Villacidro ☎ 070-93 22 40.

Le célèbre Trenino Verde

Index

Les numéros de page en **gras** renvoient aux entrées principales.